读经解典

人文卷

王义军　主　编
王　文　副主编

中国青年政治学院文化素质教育丛书

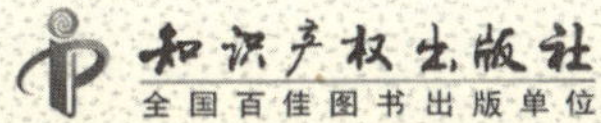

责任编辑：范红延　　　　责任校对：韩秀天
装帧设计：智兴设计室　　　　责任出版：卢运霞

图书在版编目（CIP）数据

读经解典.人文卷/王义军主编.—北京：知识产权出版社，2011.7
（中国青年政治学院文化素质教育丛书）
ISBN 978-7-5130-0368-1
Ⅰ.①读… Ⅱ.①王… Ⅲ.①人文科学—著作—简介—世界 Ⅳ.①Z835
中国版本图书馆CIP数据核字（2011）第027894号

中国青年政治学院文化素质教育丛书
读经解典·人文卷
DUJING JIEDIAN（RENWENJUAN）
王义军　主编　　王　文　副主编

出版发行：知识产权出版社
社　址：北京市海淀区马甸南村1号　　　　邮　编：100088
网　址：http://www.ipph.cn　　　　邮　箱：bjb@cnipr.com
发行电话：010-82000860转8101/8102　　　　传　真：010-82005070/82000893
责编电话：010-82000860转8026
印　刷：北京富生印刷厂　　　　经　销：新华书店及相关销售网点
开　本：880mm×1230mm　1/24　　　　印　张：8.5
版　次：2011年7月第1版　　　　印　次：2011年7月第1次印刷
字　数：209千字　　　　定　价：28.00元

ISBN 978-7-5130-0368-1/Z·459　(3312)

中国青年政治学院文化素质教育丛书
读经解典·人文卷

主　　编：王义军
副 主 编：王　文
执行主编：范红延

人文经典、人文学科与人文教育（代序）

■王义军

目前，人文经典阅读受到冲击已经是一个不争的事实。人文经典，读还是不读，已经成了一个问题。与此同时，人文学科的地位也一路下滑。以大学招生为例，最近10年，北大、清华每年揽得的高考状元多进入了金融经管各科，鲜见高分考生选读文史哲的。在学生的培养过程中，以就业为导向的专业设置和培养方案，也使得以人文学科为主要内容的通识教育课程推行起来困难重重。当今社会，传统的“读书无用论”已被扬弃，知识经济时代，任谁都不敢轻视工具性知识的价值，因此，人们一般不再笼统地认为读书无用，但确有相当多的人认定“读人文书籍无用”。在这一新的“读书无用论”冲击之下，“读书只为稻粱谋”，人们的阅读取向在很大程度上为功利主义和实用主义所左右，并直接影响到了大学的办学理念、专业和课程设置以及学生培养的各个方面。

人文经典的阅读是否可有可无？人文学科的沦落是应该的吗？人文经典与人文学科关乎人文教育，而人文教育关乎大学的本质。现代大学的功能最初就起源于包括语言、文学、哲学、历史、艺术等在内的人文学科的功能。大学的这一本质功能如果没有了，大学还是大学吗？从社会发展史的角度看，现代大学与现代社会是互相发明的，一流强国是与一流高等教育分不开的。教育的方向关乎着社会发展的方向，教育方向上的偏差迟早会反映到社会中来，成为社会问题。现在，当我们看到市场经济规则不断地而且在更深层次上侵入大学校园，有用与无用越来越多地成为衡量一切的标准时，我们不得不承认，我们的大学已经出现了失去其本质功能的迹象。中国作为后起的市场经济国家，对资本、技术和市场的追逐成为流行的社会风气有其客观必然性，但具有引领社会责任的大学如果在这一流行风中不能把持住自己，社会发展走弯路将是必然的。

人文教育的功能是建立在人文学科独特价值基础之上的。正如许多学者了解的那样，从世界范围来看，人文学科的危机不是现在才有的，而是从近代早期就开始了。在欧洲，自文艺复兴之后，关于“两种科学”、“两种文化”的讨论和争论便不绝如缕。在经历200多年科学主义世界观和科学主义文化的统治之后，最近100多年来，随着人文学科与自然科学和社会科学在对象和方法上的逐渐剥离，人文学科以前所未有的态势复苏，形态各异、方法多元的各种主义、思潮不断涌现，在这场文化变革中产生的新思想、新观念深刻地影响了现代化之后的西方社会，成为资本主义在20世纪能够自我调整、自我纠错并继续保持生机的思想资源。这一历史过程说明，人文学科和人文教育不仅为培养健全的个体人格、提升个体生命的价值和意义所必需，而且负有引领和改变社会，把握社会前进方向的责任和使命。对于正别无选择地走在现代化道路上的当代中国，发生于100多年前西方文化体系中的这场“学科危机”前前后后的情形，可以给我们很多的启示。

大致说来，从17世纪后半叶近代科学革命开启至19世纪末，是自然科学凯歌行进的200年，是科学主义思潮兴起，进而一统人类思想文化观念天下的200年，也是人文学科被挤压、被边缘化的200年。1687年，牛顿《自然哲学的数学原理》一书的出版，既标志着人类科学时代的开端，也意味着人文学科危机的正式开始。此书是人类自然知识的首次大综合，以运动三定律和万有引力定律为核心所构造出来的经典力学体系，既圆满解释了地面物体的运动，又成功描述了天体运动，打破了自亚里士多德以来天地截然不同的信条，描绘出一幅壮美且统一和谐的自然图景。“经典力学理论体系的完美和实用威力的强大使物理学家深信，天地四方、古往今来发生的一切现象都能够用力学来描述。只要给出系统的初始条件，就能毫无遗漏地把握它的因果性链条。”[1]此后的200年间，经典力学不仅是科学解释的最高权威和最后标准，是“真理”的同义语，而且逐渐成为主导人类精神活动的世界观和方法论。

18世纪，力学世界观和方法论开始侵入“人和社会”这一人文学科的传统领地，越来越多的人相信，力学原理不仅可以用来解释整个自然界，而且可以解释人类社会、可以解释人的精神以及人的思维活动。如18世纪法国哲学家拉梅特里，继笛卡尔“动物是机器”的观点之后，他提出“人是机器”，认为人只不过在结构上比动物更精巧而已。同其他动物相比，人有心灵或理性，但他认为心灵并不是什么特殊的东西，它只不过是比较精细的物质组织的产物，无非是“比最完善的动物再多几个齿轮，再多几条弹簧，脑子和心脏的距离成比例地更接近一些，因此所接受的血液更充足一些，于是那个理性就产生了；难道还有什么别的不成？”[2]19世纪法国思想家、实证哲学创始人孔德则将力学概念及其方法论系统引入社会历史领域并创建社会学。在其《实证哲学教程》一书中，孔德提出，人类智力的发展永远必须遵守“一条伟大的根本规律”，“这条规律就是：我们的每一种主要观点，每一个知识部门，都先后经过三个不同的理论阶段：神学阶段，又名虚构阶段；形而上学阶段，又名抽象阶段；科学阶段，又名实证阶段。换句话说，人类的精神受本性的支配，在对它的每一项探讨中，都相继地使用了三种性质基本上不同、甚至根本相反的哲学方法：首先是神学方法，其次是形而上学方法，最后是实证方法。”[3]在孔德看来，在实证阶段，人类的理智已充分发展，承认绝对知识不可求，于是不再探讨宇宙的起源和目的，不再追究本原，只是力图去把握现象中不变的先后关系和相似关系，即发现在现象中起作用的规律，同时，对事实的解释严格限定在现象范围内。因此，科学就是一切。

19世纪是科学大发展的世纪。经典力学之后，自然科学进入到分门别类研究的时期，化学、地质学、生物学、医学、心理学等相继从广义的物理学或自然哲学中分离出来，使人类对自然界的认识越发深入而具体，经验和实证方法的有效性得到进一步确认，世界的物质本性也因此而得到进一步体现。到19世纪后期，自然科学差不多已完成对哲学和人文学科领域的全面入

[1]李醒民著，《激动人心的年代——世纪之交物理学革命的历史考察和哲学探讨》，四川人民出版社1984年，第7页。

[2]［法］拉梅特里著，《人是机器》，顾寿观译，商务印书馆1959年版，第66页。

[3]洪谦主编，《西方现代资产阶级哲学论著选辑》，商务印书馆1982年，第25，26页。

侵，“物质”成为物理学的研究对象，“精神”成为新兴的实验心理学的研究对象，人的起源与本性成为生物学的研究对象，与此同时，经验主义和实证主义方法全面流行，被认为是获得“真理”的不二法门，新兴社会科学领域，如经济、法律等学科的学者都纷纷转向实证主义。经验和实证方法的背后是感觉主义认识论，这一点到19世纪80年代由奥地利物理学家、科学思想家恩斯特·马赫系统地阐释出来。19世纪后期，力学世界观受到科学发展的冲击而出现衰落迹象，马赫是最早洞察到这种迹象的人之一，为挽救科学世界观的危机，并为各门学科谋求一个统一的基础，他选取了一条纯粹经验主义的道路，力图从科学中排除一切不能由经验证实的所谓“形而上学”命题。马赫指出，尽管牛顿一再声明“不做假设”，但还是引入了超经验的绝对时间、绝对空间、运动等概念，他的超距作用式的“万有引力”学说也只是一种假说，本身并无法感知。马赫认为，在牛顿力学中，应该把基于经验的部分与任意约定的部分区别开来，自然的性质不能借助于所谓不正自明的假设来捏造，而只应该从经验中引出。他断言：一个超出认识范围的东西，一个不能被感觉到的东西，在自然科学中是没有意义的。在他看来，凡科学命题，必须是经验上可证实的，科学理论中的所有命题必须能够还原为关于感觉的命题，换言之，所谓科学理论无非是用理论术语表达出来的感觉。因此，表面看来，科学家面对的是外部世界，实际上面对的是自己的感觉。作为感觉对象的物体和作为感觉主体的自我都是一系列感觉的“复合体”。物体和自我都只是纯粹的思想符号，真实存在的只是感觉。作为传统哲学支柱的“物”和“我”，其实都是多余的假设，是“形而上学”的根源，应该剔除。而“自我”一旦消失，人文学科赖以立足的所谓“精神领域”也就不复存在了。

因此，19世纪后期人文学科遇到的危机已不是一般的危机，而是丧失自己研究对象的危机，是根本的危机。而19世纪末开始登上思想史舞台的德国哲学家胡塞尔则从中看出，这场危机表面上是学科危机，实际上是欧洲文化和欧洲文明的全面危机。在“跟着感觉走”的经验主义影响冲击下，欧洲人一度稳定的价值系统为相对主义的各种世界观所取代，科学失去了基础，人们的生活失去了方向。然而，危机也激发了思考，孕育了生机。正是这场危机引发的思想震荡打破了理性主义和科学主义一统天下的局面，并兴起了对两千多年的西方文化传统从根本上进行清算和批判的思想热潮，推动了西方哲学和文化由传统向现代的转型。对自然科学及其世界观的全面反思，对科学主义局限性的揭示，对人文学科的独特对象与价值的发现和论证，对资本主义条件下人的异化现象的深刻批判是这场文化变革中的重要内容。

人文学科的地位和价值归根结底取决于它有无独立的研究对象，有无非它处理不可的问题。人文学科究竟有没有自己的专属领地？这个问题的另外一个问法就是，科学是万能的吗？科学能处理人类面临的所有问题吗？对此，早在18世纪，康德就已给出了回答。

康德是传统西方哲学与现代西方哲学的分水岭，时间上晚于康德的黑格尔反而不是，原因就在于康德提出的“重建形而上学”的任务，包涵了反对科学主义的任务，他的哲学本质上是人本主义的。康德认为，思维主体与思维对象割裂的二元论，以及由此而来的对思维对象的精密确定是近代哲学和科学思维方式的根本特征。这一思维方式既是近代科学迅速崛起的内在根据，也是导致科学霸权主义的思想根源，正如后来胡塞尔所分析的那样：“伽利略从几何的观点和从感性可见的和可数学化的东西的观点出发考虑世界的时候，抽象掉了作为过着人的生活的人的主体，抽象掉了一切精神的东西，一切在人的实践中物所附有的文化特性。这种抽象的结果使事物成为纯粹的物体，这些物体被当做具体的实在的对象，它们的总体被认为就是世界，它们成为研究的题材。”[1]问题是，这个对象真的那么“纯粹”吗？事实不是。康德发现，认识对象不是在认识活动开始之前就摆在那里了，而是在认识活动中生成或建构起来的。对象的生成有两方面来源，其一是“物自体”（“纯粹物体”）作用于感官得到的感性表象，其二是我们的先天认识形式，感官只提供散乱的材料，要形成完整统一的对象，还需要主体先天直观形式的安排和知性思维方式的综合统一。在认识过程中，主体首先使用存在于自身之中的直观形式接纳和安排感觉到的材料以形成感性表象，然后经过知性思维的综合连接，给它们以统一性和规律，用康德的话说就是：“一切必然性，绝无例外，皆根据于先验的条件。因此，在我们所有的经验对象中，势必有先验的意识统一为基础，没有这个基础，就不可能思维任何直观对象。”[2]在康德这里，认识对象不是独立于主体的客观存在（“纯粹物体”），而是包含主体性因素在其中的对象意识，而且，在认识过程中，即在对象的生成过程中，主体性因素自始至终占据着主动。主体靠内在于自身的先天认识形式，把多样性的感性材料综合统一于具有普遍性和必然性的形式之下，从而构成了科学知识，因此，在人的理性和自然的关系上，不是自然牵着理性走，不是理性到自然中去寻找法则，而是理性为自然立法。

[1] ［德］埃德蒙德·胡塞尔著《欧洲科学危机和超验现象学》，张庆熊译，上海译文出版社1988年版，第71页。

[2] 康德著，《纯粹理性批判》，蓝公武译，商务印书馆1960年版，第219页。

康德哲学在认识论上的任务是解决近代自然科学如何可能的问题，也就是要弄清科学知识究竟是什么。康德的先验意识学说表明，主体性是所有必然性的源泉，因而是所有严格意义上的知识的源泉。在现代科学和哲学中，主体性因素在知识和思想构建中的作用已经是一个常识性问题。爱因斯坦的狭义相对论表明，主体对客体的时空特性的认识，受制于主体对参照系的选择，受制于主体与客体的关系。爱因斯坦认为，马赫的实证主义哲学的缺陷在于，把科学理论仅仅看成是对经验材料的一种整理，而没有看到思维的自由构造在科学概念形成过程中的作用。量子力学则提示人们，在对微观客体的认识中不可能排除主体操作活动和观测工具的影响，因为人们无法直接观察微观粒子的行为，只能在人工安排的特定条件下进行观测，因而观测过程不可避免地要受到干扰。因此，量子理论所描述的是观测过程中主客体的整体行为，而非独立于观测者和仪器的“纯粹物体”。现代科学哲学还发现，观察和实验都离不开理论，认为科学从纯观察开始是荒谬的，观察者的已有观念或“先入之见”渗透到了从观察到形成假说的全过程。现代解释学则证明，历来为理性所摒弃的“先见”或“偏见”实际是主体的“前理解”状态，“前理解”不仅使理解成为可能，而且在理解的每时每刻都参与其中。这种“先见”或“偏见”不但不应是理解所要排除的对象，恰恰是理解的先决条件。康德的历史功绩在于，在18世纪近代自然科学蓬勃发展，经验主义和实证主义方法大行其道的时代，就率先对其背后的自然观和世界观进行革命，并开启现代哲学观念之先河。其思想遗产包括：确立主体性原则，将自由能动的主体意识视为科学知识之源，突出了人的精神本质，进而为科学知识划定界限，防止理性以及科学越界，为自由精神留下了地盘，从而客观上，为以探索人类精神为己任的人文学科预留了空间。

康德的先验意识学说深刻地揭示了人的二重本质。人既是自然存在，又是精神存在；既是感性存在，又是理性存在；既是受客观世界制约的，又是自由能动的。而在康德看来，人之为人不在于它的自然的、感性的和被决定的那一方面，而在于它精神的、自由的、能动的这一方面。康德为此所做的种种区分和剥离，如先天和后天、自由与必然、分析和综合、形式与质料、信仰与知识、科学与形而上学等，最终要实现的是人与物的区分和剥离。而在康德心目中，自由、灵魂、信仰、道德精神、形而上学等，对人来说是无比重要的，而且，这些领域是科学知识不能到达的，因为知识要通过判断来表达，而判断总要涉及经验。上述问题关涉到无限，意味着终极，人不可能形成关于它们的经验。

简单地说，对人文学科来说，康德的意义在于，他明确地说出，在客观世界之外，有一个专属于人的纯主观、纯精神领域，而且，由于它是科学知识之根，是科学知识得以建立的前提和基础，因而是科学知识无力进入的一个领域。纯精神、物自体等领域不能为科学所知，并不意味着这一领域不存在，正是在被康德为防范科学入侵而封存下来的这一领域，日后的胡塞尔及其开创的现象学进行了富有成效的探索。

在胡塞尔的时代，实验心理学的发展尖锐地提出了这样的问题，即一切心理的东西都可以还原为物质的东西，心理过程可以用物理的、化学的、生物的过程来作出科学的、精确的解释，于是“心物”之间的原则界限似乎真的就不存在了，精神归根结底还是物质的，可以由物质科学来揭开它的谜底。胡塞尔创建现象学的时候，面临的正是这样一条经验主义路线的挑战，其严重性在于，在历经200年对精神学科的迂回、包剿之后，经验科学现在则把手直接伸向了人的心灵、人的精神领域。胡塞尔现象学的任务就是，要用理性的、然而又是非实证科学的方式向人们说明，那个被康德封存下来的“纯精神”、“纯自我”到底是什么。现象学的根本目标就是要把这样一个纯思想性的精神世界展示出来。

在1900～1901年出版的两卷本《逻辑研究》中，胡塞尔一反他早期所接受的经验主义立场，将“心理主义”作为主要批评对象。胡塞尔指出，“心理活动”是一个非常复杂的过程，其中当然包含了物理的、生物的过程，人的心理活动有其生理学基础，比如人的脑神经系统等，因而在一定意义上，“心理的”东西的确可以还原为“物质的”东西。然而，“心理”的特点，不在于它的活动过程，而在于其内容，我们通常所谓的对与错，就是指“判断内容”，而不是指“判断活动”。作为生理过程，“心理活动”遵循自然规律，而“心理内容”则是思想领域里的事，遵循思想规律，二者有着原则区别。这个“内容”不是物质世界刺激的结果，而是理性主体的一种建构，是精神的创造。那么，这个“内容”究竟是什么，胡塞尔说，它是一种“意义”，我们可以从语言中发现它。

胡塞尔指出，语言符号本身具有两方面功能，一方面它是有“所指”的，指称一个具体的对象或事实；另一方面，它又是一种表达，描述一个普遍的思想。前一种作用是经验性的，具有可验证性，后一种则是思想性的，具有自明性。“所指”与对象有关，“表达”则与意义有关。比如，

“我头疼”这句话，既指我当下的感觉，这种感觉是我私人的、无法向他人传递的，然而此刻未体验到头疼的听众也能理解这句话的含义，则表明这句话还有普遍知识的意义，听众可不经感觉经验而能理解。我们通常所谓“无意义”，也有两种意思，一种是对象上不允许，一种是意义上不允许。于是就出现了这样的情况：有些语句，特别是神话和小说里的语句，可能只有意义，而没有指称。例如“孙悟空三打白骨精”这个语句显然是有意义的，但由于“孙悟空”这个专名指的是一个虚构人物（动物），是一个事实上不存在的对象，因而不能认为这个语句具有指称。就文艺作品来说，人们关心的是语句表达的思想（意义）以及由此激起的美感，而不管它真实与否。这意味着，意义可以游离于客观对象，而具有一种独立性。意义的独立意味着精神的自由。

“所指”与客观对象的关系归根结底是一种“事实”的因果关系，因为有这样一个对象存在，所以语词才能有所指。然而，意义与客观对象的关系就不是这样一种事实的关系，毋宁说，这是一种纯观念性、纯思想性关系。在意义世界里，主体与客体、思想与存在的关系都与感性经验世界很不相同，在这个世界中，思想与对象的关系是一种能动的创造性的关系，对象的意义是主体赋予的，意义的真实是思想的真实，是主体的“真实想法”或发自内心的“真情实感”。而在感觉经验中，对象是主动的，感觉经验的真实与否，要有赖于客观对象是否真实存在。正是主体内心涌动、涌现的“意义”，而不是客观对象刺激形成的“感性表象”构成了人的内心世界，它不同于客观的、可数量化描述的因而也是僵死的（既定的）“事实世界”，而是鲜活的、自由能动的精神世界。探索这个世界的任务不能属于以既定事实为对象的“科学”，它应属于精神科学。

胡塞尔对意义的认识来自他从传统西方哲学发掘出来并经由他精心打造的“意向性”理论，这是一种关于意识的学说。胡塞尔认为，“意向性”是人的意识活动的根本特征，一切意识均是对某物的意识，不管这个“某物”是否实际存在，自我都会以特定的方式指向它、涵盖它，“意识某物”是意识的基本结构。意识就意味着“意识什么”，意识不是一个静待外部材料来填充的空壳，而是一开始就是有内容的，意识的内容和对象与意识本身，或者说存在与思维，是一个不可分割的整体。由于意识的这一“不需假以外物”的先验性、自足性特征，我们就得承认，凡是对我们的意识呈现出来的东西，或者说，凡是我们想到的东西，作为意向对象，都是同样合理的，都是我们世界的一部分。我们可以想象事实上并不存在的事物，可以想象上帝的存在，可以想象一个“至大无外”的包含整个世界于其中的“大全”，也可以想象一个“至小无内”的原子，可以塑造一个现实中并不存在而只存在于作家心目中的文学形象，也可以在永远不会完美的现实世界之外设想出一个完美的理想世界，于是，意识的对象可以“有名无实”，“名实”可以相分、相异。正因为“名实不符”，因为“名至而实不归”，人们才有目标，进而有行动，有革命和改良，有创造和超越，也因而才有了不同于动物自然进化史的人类社会和人类文明的发展史。这样的一种意识对象，实际是人的精神创造物，是思想性存在，而非现实存在，它不是物质性的，而只是代表一种“价值”，是思想本身为从绝对性、普遍性角度把握世界而设定的一种对象。对这种对象的认识与对物质对象的认识，有着不同甚至是相反的规律，原来对立着的双方，无不得到最终的、绝对的、直接的统一。这是一种理想性存在（理念），其本质不是由作为思维中介的概念来把握的，而是意识直接“呈现”或“显现”出来的，因此，这种存在与其本质是直接统一的；这是一种想象的存在。思维与存在，思想与思想构建的对象是直接统一的；对这种对象的认识，没有感觉，可以理解，没有表象，可以思维，所以，普遍与个别是直接统一的；在这种对象身上，现象与本质之间不存在一层帷幕，事物的“显现”不仅是对感官，而且也是对意识的“显现”，现象就是事物本身，因此，现象与本质是直接统一的，现象就是本质，本质就是现象。

胡塞尔认为，这个由意义或思想性存在所构成的世界，其内容和规律都大不同于那个物质的、可量化的既定事实的世界，这是一个具有能动意识的活生生的人的世界，实证科学不适用于这个世界，适用于这个世界的唯有“人文科学”，哲学现象学就是这样一种“人文科学”。在胡塞尔看来，哲学按其本性，一定是先验主义的，但历史上的先验哲学，包括笛卡尔和康德，都不彻底，他们都摆脱不了“心物二元论”的思维模式，只有现象学才把欧洲哲学中的先验主义贯彻到底，“心”才完全摆脱“物”而独立出来，成为一门严格的科学，这就是人文科学。欧洲文明近代以来的危机，症结在于以“自然科学的态度”代替了“人文科学的态度”，混淆了这两门学科的特点。现在到了要正本清源的时候，对“人文科学”的向往和自觉追求应重新成为欧洲文明的核心部分。

如果说康德哲学在认识论上的主题是自然科学如何可能的问题，那么胡塞尔的现象学则回答了人文学科如何可能的问题。康德的批判哲学表明，自我确非仅仅是自然的一部分，精神领域确非科学所能进入。胡塞尔的现象学则明确揭示出了那个“纯自我”、“纯精神”到底是什么，它与物质世界到底有何不同，人文学科究竟是如何运思的。进而，胡塞尔表明，人文学科有自己独立的对象，有自己独特的方法，而且由于人文学科以人的意识、精神和心灵为对象，以对人类生活的总体把握为旨归，事关价值与伦理目标，是科学和人类其他一切活动最终都不得不问的终极问题，其对于人类文明和人类生活的意义就更为基础和根本。

“从来的先验哲学都是要为知识或世界找基础，但最后都证明自己还缺乏基础。康德的批判哲学是这样，胡塞尔的现象学也是这样。”[1]胡塞尔现象学立论的基础是普遍的先验主体性，而这一立场本身是需要辩护的。由于要恪守这一立场，胡塞尔在循序渐进地深化自己思想的过程中，遇到了一些困惑并留下了只能等待后来的现象学家去化解和处理的问题，这应该是任何一个有生命力的思想体系都无法避免的，否则思想也就完结了。作为阅读者和思考者，我们更应关心的是他所提出的问题，以及他所发明的极富启示意义的运思方法。不可否认，胡塞尔在完成从经验主义到先验主义的转变之后，一生都走在探索人类精神世界的道路上，既要反对走经验主义路线的科学主义，又要同传统人文学科内部的浪漫主义和非理性主义的积习做斗争，以普遍科学的态度，而不是自然科学的态度；以普遍理性的立场，而不是工具理性的立场，全力推进哲学及人文学科的科学化，使人文学科的地位及价值，获得了不仅是情感上的认同和支持，而且是逻辑上和学理上的有效辩护和论证。现象学是20世纪最富生命力的哲学运动之一，从海德格尔到萨特，从存在主义到解释学都可视为这场运动的成果，而且其影响越出哲学遍及人文各科，至今不衰，成为20世纪西方人文学术复兴的重要思想源头，其现实效应已经惠及到了西方文明在当代的可持续发展。

[1]张汝伦著《现代西方哲学十五讲》，北京大学出版社2003年，第221页。

对于本书要讨论的这个话题来说，现象学及其效应，不仅为人文学科的地位和价值提供了有效辩护，而且为基于人文学科的人文教育的必要性给出了哲学的、因而是本源性的理由。

从现代大学发展史来看，重视人文学科建设、重视由阅读经典而形成的人文教育是那些世界名校得以成功的关键。在我国，办世界一流大学的目标在十几年前就已提出，呼唤真正大学精神的声音也一直不断。虽然大学的治理涉及从国家的教育方针到管理体制、办学理念再到培养方案等多个方面，这其中有很多一时还难以理清的分歧和争议，但是，对人文学科独特价值的认识，对经典阅读的意义，以及对人文教育重要性的认识都不应该再有怀疑，而且要有切实的措施和行动。

中国青年政治学院自20世纪80年代中期建校以来就十分重视对学生的综合文化素质教育，20多年来，尽管专业数量大幅增加，培养方案年年修订，但对通识类、人文类课程在学分、学时上的比重都一直予以充分的保障，并通过大量的讲座、读书沙龙等方式引导学生阅读经典，营造读书氛围。重视学生的综合文化素质教育，是中国青年政治学院在20多年的办学实践中形成的重要传统，也是学校本科教学质量获得好评的重要经验。本书作者均是我校耕耘在人文学科各领域的好老师，他（她）们中，既有年逾古稀的资深学者，也有刚及而立之年的学术新秀，更有年富力强的中年骨干。需要提到的是，作者中还有于2006年11月1日以51岁的盛年而不幸患病去世的吴小龙老师。小龙老师学术造诣深厚，讲课出神入化，他开设的《中国通史》等课程堂堂爆满，受到各专业学生们的欢迎。他真正做到了既教书又育人，对学生满怀责任和爱心，他的学生和我们这些同事们至今仍深深地怀念他。收录到本书中的各位老师的文章，或解读名著名篇，或畅谈读书治学之道，是老师们积多年读书、教书乃至人生经验之所得，都在心底酝酿、积淀已久，不吐不快，这才有了书中各篇文字。我相信，课堂之外读一读本书，听听老师们的心里话，一定会有益于青年学生们的读书与生活。

目录

I 文学篇

雷永生 1936年生于天津。1960年毕业于北京大学哲学系。先后在北京大学哲学系、河北大学哲学系、北京市社会科学院哲学所、中国青年政治学院社科部从事哲学教学和科研工作。现为中国青年政治学院教授、东方文化研究所所长。著有《西方认识论史纲》（合著）、《唯物史观形成史稿》、《皮亚杰发生认识论述评》（合著、主编）、《新编哲学教程》（合著、主编）、《别尔嘉耶夫》、《东西文化碰撞中的人——东正教与俄罗斯人道主义》等，译有《古代辩证法史》（合译）、《历史唯物主义与文化问题》、《俄罗斯思想》（合译）、《自我认识——别尔嘉耶夫思想自传》等，发表论文150多篇，主编的丛书有"世界十大思想家丛书"、"世界现代十大思想家丛书"、"西方人道主义思想史丛书"等。

封建主义“现代化”的畸形儿

——从《羊的门》说开去

■雷永生

读完李佩甫的长篇小说《羊的门》[1]，很自然地想到前几年看过的卢跃刚的《大国寡民》，甚至想起早些年读过的陀思妥耶夫斯基的《卡拉马佐夫兄弟》中的宗教裁判大法官。这几本书在某些方面颇为相近，在一些重要的思想上可以说一脉相承。但是，《羊的门》的独到之处在于塑造了一个封建主义“现代化”的畸形儿，让中国读者感到它离我们最近，对我们最亲切。甚至可以说，它是将我们身感耳熟而又习以为常的事物掰开了给我们看，或者说是既用卫星摄影审视社会的全景，又用显微镜放大社会细胞所感染的病毒。正因为如此，它才具有极强的震撼力。

❶李佩甫著，作家出版社2009年出版。

豫中平原的一个叫呼家堡的小村子，由于老支书呼天成几十年的经营，成为一个远近闻名的“先进村”。这里天天学习“老三篇”，事事都有村规村法管着，人们住着一样的房子，享受着一样的“幸福生活”，什么事情都要听老支书的。呼天成使用各种手段编织了密密麻麻的关系网，上通县、市、省，甚至中央，培养和输送了一批县市的官员。这种关系网像铁桶一样包裹着呼家堡，不怕任何的风吹雨打。作品细致入微地刻画了这个封建主义现代化的畸形儿，堪称中国当代文学的经典之作。

在近34万字的小说中，作者给我们展示了一个在改革开放中富裕起来的中国农村的基层单位——呼家堡，精心塑造了一个在呼家堡执政40年的“当家人”呼天成。呼天成神通广大，不仅在村中说一不二，半神半人，而且眼观六路，手伸八方，靠着非凡的眼力和过人的智慧，经营了一个庞大的关系网，上通中央、省、部，下达市、县、镇，横及各部门。于是，他不仅带领全村走上了富裕之路，实现了经济上和生活上的“现代化”，成为远近闻名的富村，而且为各级政府输送了大批干部，使其在政治上立于不败之地。甚至当呼天成一手培养的呼国庆（县长、县委书记）出现政治危机时，呼天成都能巧施妙计，顺利化解。在他执政的40年中，曾有多次机会上调，成为“脱产干部”（以县委书记为起点），从而攀登官梯，但他一概回绝，总是要与乡亲们“活在一起活，死在一起死”，刻意经营呼家堡。功夫不负有心人，他成功了，他把呼家堡变成了“社会主义的新农村”，他自己则成了呼家堡的太上皇。从现象上看，这个“社会主义新农村”整齐划一，“这里的房舍的确是一排一排、一栋一栋的……全是两层两层的楼房。那楼房的格局是一模一样的：一样的房瓦，一样的门窗，一样的小院，院子里有一样的厨房和厕所”。房间的布局是一模一样的，连家具摆放的位置也是一模一样的：“一样的小喇叭，一样的窗帘，一样的沙发，一样的挂钟，一样的彩电，一样的空调，一样地贴着一个老人的画像。”不仅如此，当你越过一片片整齐划一的田野时，你还会看到一大片整整齐齐的坟墓，“一排一排，一方一方，一列一列的，每个坟墓前都有一个碑刻的编号，每个编号都有规定的顺序……在这里，死亡之后，仍然排列着编号和顺序……在坟墓前的花墙上，写着几个赫然的大字：地下新村”。[1]此情此景使人们想起了1958年，在那大办人民公社的浪潮中，伴有全民作诗作画的热潮，我曾在河北的农村看到不少描绘“共产主义新村”的诗画，大都与呼家堡的民用建筑类似。读到此处，我被弄糊涂了：怎么？那个曾经被认作空想的中国农民的理想变成了现实吗？这究竟是怎么回事呢？这是我读《羊的门》时所产生的最大的疑惑。因此，我不仅将它当做一本小说，而且还作为对此疑惑的艺术阐释。

[1]《羊的门》，作家出版社，第10～12页。以下凡引此书只注页码。

不管怎样，你得承认这里农民的生活水平是不低的，肯定要超过眼前中国教授的平均水平。摆脱贫困，这是多少年来中国农民的梦想。小说中呼家堡的农民不仅实现了这个梦想，而且实现了小康。这是呼天成给他们带来的——呼天成这样想，呼家堡的农民也这样想。这是呼天成在呼家堡被神化的基础。大概在中国各地的富裕村都会有这种现象：带领农民致富的领头人成为绝对权威。然而，那些权威远不能与呼天成相比，他们对中国农民的心理以至中国人的国民性没有呼天成挖掘得深广，他们对中国传统的政治权术玩弄得没有呼天成娴熟，他们对中国传统道德的伪善没有呼天成把握得准确，他们在扮演中国社会特殊而普遍的两面角色方面没有呼天成老道。呼天成除了从物质上给呼家堡人实惠外，更注重从精神上、心理上、道德上控制呼家堡人，他在这方面所花的几十年的工夫，是其他的富裕村的带头人所望尘莫及的。如果全面地看，那么呼家堡的民用建筑所反映的就不仅是呼天成对于中国农民向往的物质生活的理解，同时也是他对中国农民精神状态、心理状态的理解。这种理解就是他在呼家堡进行统治的思想基础和心理基础。正是由于他的这种理解接近了中国文化之根，触及了中国人的灵魂，所以他成功了。

就拿盖房来说吧。多少年来，中国农民梦寐以求的两件事是土地和房屋。自从土地公有以后，盖房就成了生活中最大的追求目标。然而，盖房总是以一家一户为单位的，这看来是天经地义的：但是，呼天成从大寨学习回来之后，却决心要改变这种自古以来的习惯。这不仅是由于他对整齐划一的大寨窑洞的欣赏，认为那才体现了共产主义精神；他想得更深，看得更透："他要建的不仅仅是整齐划一的房舍，他要建造的，是一座有凝聚力的'新村'！那在全国，也将是独一无二的。这个念头在他心里已经埋了很久了。现在，它越来越明晰了。他心里非常清楚，建房并不是他的目的。首先，他要推倒呼、王、刘三姓赖以生存的基础，推掉那一直妨碍他的'辈分'。宅子是人的基础啊，那一代一代传下来的宅基，贯穿了多少人的血脉故事？又联络了多少亲情和纠葛？在平原的乡村，盖房是联络感情的最好时机，那时候，不管谁家盖房，凡是沾亲带故的，都是要去帮忙的。你搭把手，我擩个忙，这么丝丝连连的，就一代代永远扯不清了。那墙头上垒的并不只是黄土，那是时光，那是'辈分'，那扯不清的粘连，足可以消解任何权威！那么，要真正树立起一种权威，就必须拆掉这些东西。"不仅如此，还要看到，"宅基是藏人的，推掉一家一户的宅基，人就无处可藏了。到了那时候，房子是村里的，人赖以生活的基础就彻底发生变化了"。当然，"这些，呼天成是不会轻易跟人说的"。[1]

[1] 第229～230页。

在现今的中国农村，有不少整齐划一的房舍，但这些房舍的策划者们却少有如呼天成这样的心机。囿于平均主义和计划经济的观念，他们会在经济条件许可的情况下，建设整齐划一的公有的房舍，然而有谁看到住房建筑的改变的深远意义呢？他们大概只是想到改善一下农民的住房条件而已。

当然，建造整齐划一的房舍，还只是从外部树立呼天成权威的一种手段。要想牢固地树立他的权威，还必须从根本上征服百姓的心。这一点呼天成非常之清楚，所以他绞尽脑汁，大胆而又细心地向农民的心灵进攻。这种进攻的目的是征服人心，而要征服人心，首先就要使之自我贬低，使每个人对自己丧失信心，甚至让每个人失去人格。这是呼天成策略上的第一步。使呼天成明白这一点的最典型的事件是“抓贼”：在三年困难时期，人们实在饿得不行，许多人就在地里拿一点青玉米、红薯、豆荚之类，夹在衣服里带回家，聊以充饥。呼天成认为此风不可长，于是带领民兵首先抓了三个人在村门示众。没想到全村人收工返回时，竟然聚集于村口与之对峙，这着实使呼天成吓了一跳：几百人的“脸叠在一起的时候实在是太可怕了，就像是一垛一垛的森森可怖的墙，那墙是一层一层的；那黑白混浊的眼仁重重叠叠地木着，看去就像群狼咆哮前的沉默！你猜不透那层层叠叠密不透风的脸墙后边到底隐藏着什么样的念头”[1]——这是人们对自己没有丧失信心和人格时的状态。但是，当他以“主”的意识为支撑，用坚强的意志壮“胆儿”，愤怒地喊出“贼！”“一窝贼！人没脸，树没皮，百方难治！偷！偷吧！偷光！偷净！”时，却一下子镇住了几百号人。此时“他突然发现，在这块土地上，人是很软弱的东西，在某些时刻，人简直是不堪一击。那么多的人，那么多的脸，就在一瞬之间，全都发生了奇妙的变化。人脸上就像刻了字一样，那就是一个‘贼’字。一个‘贼’字使他们的面部全都颤动起来，一个‘贼’字使他们的眼里全都蒙上了一层畏惧，一个‘贼’字使他们的头像大麦一样一个个勾下去了，一个‘贼’字使他们偷眼望去，相互之间也产生了防范。那一层一层、看上去很坚硬的脸在一刹那间碎了，碎成了一种很散很无力的东西，那些脸就像是掉在地上的豆腐，一个个软塌塌灰蒙蒙的，灰出了一片迷茫和籁然”。连呼天成都产生了迷惑：“这就是书上所说的‘人民’吗？”但是，他毕竟是呼天成，是只看实际而不重视书本的呼天成，在那一瞬间，他的自信心陡然增强了，“他觉得他顷刻间就越过了众人，脱颖而出……他在心理上已高出众人很多很多”。于是，他明白了：“心很小，人很大，心是人的主。”“只要镇住了心，就镇住了人。”只要镇住了人的心，就能做人的“主”。[2]

有了这样的认识，呼天成勇气倍增。他的目光中“增添了更多的‘主’的意识，他的目光就成了一把刀子，他把众人分割了，他把那一层一层令人

[1] 第78页。

[2] 第78～79页。

恐怖的脸墙分割成了一个一个的被审查者，一个一个在有罪和无罪中分拣的羔羊”[1]。不仅在“抓贼”事件中他大获全胜，而且从此他从已经占领的制高点上不断地主动出击，用“惯偷”孙布袋不断被抓又不断游街的事件（这一事件完全是呼天成一手制造的：他与孙布袋进行了一场交易，让孙布袋每天在地里偷点东西，然后被抓被游街，而呼天成答应给单身汉孙布袋娶一房媳妇）来不断地抽众人的脸，使人们觉得自己身上有与孙布袋一样的东西，这种精神烙印使人们永远不能恢复自己的人格。

[1]第80页。

呼天成的第二步策略是利用各种会议上“集体意识课”。在呼天成看来，这是树立绝对权威的极好形式。首先，“在会议上，呼天成成了真正的主宰，成了一呼百应的核心”。其次，他可以制造议题。当然，这种制造也不是无中生有，而是抓住人们的错误，“‘错误’是现成的，人是不可能不犯错的。人只要活着，就会有错，那议题也就是现成的了”。再次，他可以利用会议对人的脸面进行分割，“他把人分成了一个个的层面，每一次开会，头和尾都有了一些差别和区分”。这些差别和区分“产生了意想不到的效果。呼天成发现，就是这些简单的形式，使人心有了战栗感和等级感”。例如，他可以封一些人为“积极分子”，一些人为“骨干”，一些人为“骨干的骨干”，一些人为“模范”，而批评另一些人为“落后分子”“退步分子”，等等。这样，人们的荣辱就完全依赖于呼天成了，人们的脸面能否维持就在呼天成的一句话，呼天成的地位大大地膨胀了起来。呼天成使用这种形式越来越熟练，以至可以随时召集而利用之。当王麦升在扒旧房时砸断了手指时，他高举这个断指，对人们说：这不仅仅是指头，“这是一种精神！是‘一不怕苦、二不怕死的精神！’”他不仅当众表扬王麦升的“精神”，而且当即让王负责全部扒旧房的工作。这显然是一种“抬举”，呼天成非常明白这种即时的“抬举”的重要意义：“在这里，‘抬举’已不仅仅是看重，它是‘脸面’的先导，是一种公认的‘份儿’，是带有某种身份意义的崇高，也可以说是活人的最大愉悦。‘抬举’，几乎成了乡人在精神上的最大追求。”[2]人们为了在会议上受表扬或至少是不要被批评，而严格要求自己，而努力表现，而听支部的话，而把自己完全交给“党”（也就是呼天成）。至于利用德顺和“窄过道”（一个泼妇）之间的矛盾而开展的全村男女老少的“斗私会”，更是起到了人人自我贬低的作用，这种作用必然引发出对呼天成的绝对权威的绝对顺从。

[2]第233页。

心理制服还得从制度上加以巩固。呼天成又制定了“呼家堡法则”。这个法则有10条，包括：

1.村歌：晨曲《东方红》，晚曲《大海航行靠舵手》；

2.村操：名为“呼家堡保健操”，内有扁担运动、锄地运动、扬场运动、打畦运动等；

3.村规：钟声就是命令，安装在各家各户屋门上方的广播匣子不能关，更不能私自拆除；“不须放屁”（释：外人来参观时，该说的说，不该说的不说。有利于“建设”的话多说，不利于“建设”的话不说）；不准打架斗殴、玩纸牌；不准养狗；

4.评议法：又称月月红。实行“评工记分，按劳取酬”的分配方法。评的方法有“背靠背”“脸对脸”“脱裤子”（工分降下来的人要当众进行检查）等；

5.干部法：亦称亮相法，也叫“墙上挂”。让干部接受群众监督；

6.学习法：又叫“老三篇”制，（老三篇）人手一册。学习也记工分，而且学习分重于劳动分，政治分重于劳动分；

7.奖惩法：又叫“刺刀见红”，奖的名目繁多，获奖不仅可以得到荣誉称号，还能被提拔当干部。惩的名目亦很繁多，如“洗心”“醒脑”“过思想箩”“开帮助会”等；

8.民兵巡逻制度；

9.婚姻法：又叫“传统法”，婚嫁都要接受一次由领导班子进行的传统教育；

10.请假制度：又叫“歇法儿”，实行三审制。

“呼家堡法则”是呼天成领导艺术的具体体现。他将多年“洗脑”“洗心”的措施加以法制化，使之不仅用舆论的力量维持，而且用法规的强制力量加以巩固。道德和法规，双重力量从人的内（心灵）和外（社会关系）两个方面进行管制，从而使极“左”时代流行的、几乎被所有农村废止的一套作法，在呼家堡却盛行不衰。人们到了这里就好像回到了20多年以前。

呼天成有“充分的理由”相信他所做的一切的正义性。他给农民带来了今天的好日子，他使呼家堡有了今天的显赫，呼家堡人该满足了吧!对此呼天成深信不疑，当一个省里的领导来参观时，呼天成不无得意地说：“呼家堡没有一个人愿意脱离集体，打都打不走啊!”所以，当他听说刘庭玉要带着老婆孩子离开呼家堡时，简直像头顶响起了一声炸雷。他想：刘庭玉“的确是把屎罐摔到了我的脸上!不，狗儿（即刘庭玉）是整整扣下了一个屎盆子！！

他为之奋斗了40年的呼家堡，在今天，在他无比辉煌的时候，竟然有人蔑视他的存在，连招呼都不打，说走就走!没有天了吗?没有日月了吗？没有世界了吗？”多少年来，“没有一个人敢公开地和他对着干，这一次，他是遇上了”。[1]他反复思索这件事的起因，想来想去，只想出了一条，即他的统治的疏忽：“他大意了。”他感慨地说：“草是要锄的，牲口是要用鞭子抽的。草隔一段不锄它就要疯长，牲口隔一段不抽也会尥蹶子。”[2]他坚定地相信呼家堡是他用40年心血熔炼的一块铁板，尽管这块铁板现在出现了缝隙，但他会将其焊得完美如初。

[1]第66～67页。
[2]第68页。

呼天成为什么这么自信?这与他对农民的认识有关，也与他的社会观和自由观有关。在他看来，农民需要的就是吃饭穿衣，生活有保障，谁能满足农民的这些要求，谁就能做他们的主人。农民对自由民主不感兴趣，因为那不能当饭吃；如果有人能让农民吃饱，农民宁可将自己的自由双手奉送。这种理解是呼天成全部统治术的基础，也是他理直气壮地进行统治的心理根据。在这里，让我们想起了陀思妥耶夫斯基在《卡拉马佐夫兄弟》中所描述的宗教裁判大法官的心理。这位宗教大法官非常坚定地相信：人民“没有我们是永远永远不能喂饱自己的。在他们还有自由的时候，任何的科学也不会给予他们面包，结果是他们一定会把他们的自由送到我们的脚下，对我们说：‘你们尽管奴役我们吧，只要给我们食物吃。’他们终于自己会明白，自由和充分饱餐地上的面包是二者不可兼得的，”所以，“随着面包你就可以得到一面无可争辩的旗帜：只要你拿出面包，人们就会崇拜你，因为面包是绝对无可争辩的东西。”[3]呼天成和这位宗教大法官一样，都不相信民主自由对人的意义，呼天成更不相信民主自由对中国农民有什么意义，他相信的只是：人要生存，为了生存什么都可以牺牲，为了生存甚至可以被奴役；只要你能满足人的生存需要，你就是人的“主”。这就是他为什么实在不理解刘庭玉要出走的原因。

[3]《卡拉马佐夫兄弟》上册，人民文学出版社，1994，第379～380页。

呼天成的成功不是偶然的，正是在中国的改革开放的大环境中，呼家堡这种奇特的模式才有可能存在，过去被视作空想的“社会主义新农村”才有生存的空间。这首先是由于大环境使农村脱离了贫困，如果像20世纪50年代至70年代的中国的经济状况，呼天成的事业决无成功的可能。所以，中国的经济体制改革，市场经济的建立，乃是呼天成成功的前提条件。有的人将这种模式的存在绝对化，认为它的存在证明了“文革”中盛行的农村管理的极“左”办法的生命力和有效性，将之誉为真正社会主义的农村模式，那是完全错误的。在生产力极为低下的情况下，这种模式只能引导农村走向“贫穷的普遍化”（马克思语）。

但是，为什么同是在市场经济的条件下，绝大多数的农村并没有保留极“左”的模式，而单单在呼家堡这类的地方保留了这种模式呢？这与它的带头人有关。这里的带头人不仅极为留恋极“左”的模式，而且对农民有着比较深刻的了解，认为只要能满足人们温饱的需要，这种极“左”的模式就能存在下去。同时，这里的带头人还有两种不同的道德标准，一种道德标准施用于内部，这是“集体主义”、“共产主义”的道德标准；另一种道德标准施用于外，这是市场经济条件下的道德标准，甚至是腐败官场的道德标准。他必须能够灵活地运用两种道德标准，游刃于大环境和小环境之间。我们看到，呼天成就是这样一个高手，他在两种环境中游刃有余，并且总结出一句精彩的话，叫做“内方外圆”。

不过，这种极“左”的农村模式终究是带着封建主义色彩的“现代化”，终究是在改革开放中出现的畸形儿，终究是与市场经济相悖的，终究是与中国政治的民主前途相悖的，终究是与农民政治觉醒和文化水平提高的方向相悖的，所以，它是不可能长期存在的。

张跣，男，1970年生，陕西旬阳人，中国青年政治学院中文系副教授。先后毕业于西北大学、北京师范大学，文学博士。主要从事文艺理论、应用写作的教学与研究。已出版学术专著《赛义德后殖民理论研究》（2007），与人合译《狱中札记》（2000）等。在《文艺研究》、《外国文学》、《国外理论动态》等期刊发表论文数十篇，其中数篇被人大《复印报刊资料》等书刊转载。现为中国中外文艺理论研究会会员、中国写作学会会员、北京市文艺学会理事。

资本主义：从精神气质到物质消费

■张　跳

❶《新教伦理与资本主义精神》（于晓、陈维纲等译，北京：三联书店1987年版）是德国思想家马克斯·韦伯（1846～1920）最知名又最具争议的作品。韦伯是近代社会科学发展史上世界公认最有影响的人物之一，在社会学领域中与卡尔·马克思、迪尔凯姆并驾齐驱。该书的独到之处也在于，它把资本主义不仅仅看作是一个经济学和政治学的范畴，而且还看作一个社会学和文化学的范畴，极为注重探究资本主义经济兴起过程中非经济因素的重要意义。韦伯通过丰富的新教徒宗教行为和经济行为的经验统计资料，揭示了宗教信仰和日常经济行为之间的关系，得出了近代资本主义的产生和新教伦理，尤其是其中的“天职观念”以及经济与思想，有着内在的亲和关系的结论。

❷《东方学》（王宇根译，北京：三联书店1999年版）是巴勒斯坦裔美国思想家爱德华·赛义德（1935～2003）最具影响力的作品。赛义德是后殖民主义文化理论的实际开创者，也是批评领域多元文化主义的奠基者之一。《东方学》被认为是直接开创了后殖民领域的“源卷”。该书主要从“话语”的角度解释政治权力与东方主义的密切关系，批判东方主义的文化霸权。该书认为，东方主义是与西方殖民主义和帝国主义紧密联系在一起的西方关于东方的话语形式，通过使东方成为西方属下的他者，东方主义服务于西方对东方的霸权统治。东方主义的主要做法是，用二元对立的表述系统，对东西方各自的特征进行预先分别，然后再把这些特征打上本质化的标签，从而使东西方之间的差异根深蒂固。

大概没有哪个词汇会比“资本主义”更让人莫衷一是、争论不休。它不仅和血淋淋的原始积累联系在一起，也和虔敬进取的新教伦理密切相关；它不仅带来了自由民主的新声，也把殖民和侵略散播在世界各地；它不仅创造了巨大的物质财富，也使得我们的精神世界在很大程度上变成了物质和消费的奴隶。关于资本主义的著作汗牛充栋，在这里我们分别从三个角度选读三本经典作品与大家分享：通过马克斯·韦伯的《新教伦理与资本主义精神》❶，我们观察资本主义精神的现代变迁；通过爱德华·赛义德的《东方学》❷，我们探讨伴随资本主义的发展而产生的东西方文化关系；通过斯图尔特·霍尔等人的《做文化研究：索尼随身听的故事》[1]，我们关注全球化资本主义时代的消费现象。

一、危机下的资本主义精神

在写给时任美国总统布什的一封信中，巴勒斯坦民族解放组织主席阿拉法特饱含讥讽，字字针砭："我手下的部长的确有腐败行为，他们有时会贪污几千美元。不过，和你们国家的'精英们'相比，他们的勇气和魄力实在是不值一提——我听说安然和世通的老板能够造出几十亿美元的假账，令一个世界性的跨国公司一日之间倒闭关门，数万人一觉醒来就没了饭碗。我打算请安然公司的老板做我的财政顾问，他好像在公司破产之后仍旧逍遥自在。"

不知布什总统看后会作何种感想。安然、世通、施乐等公司动辄几十亿美元的假账，不仅仅让布什虚火上升，更重要的是它严重打击了人们对资本主义制度的信心，甚至在伦理和精神的层面上撼动了资本主义的基础。英国《经济学家》杂志在其封面文章中惊呼："美国资本主义正在受到打击。"《金融时报》更为直截了当地提出了"挽救资本主义的计划"。但是，种种"挽救计划"似乎都不可能触及伦理与精神，那是更隐秘也更具决定意义的地方。

1. 回到马克斯·韦伯

我们不妨回到1904年的马克斯·韦伯，探寻资本主义有怎样的伦理和精神。

在其对现代社会科学影响广泛和深远的《新教伦理与资本主义精神》一书中，通过对西方资本主义发展史上的产业地域分布、职业统计、宗教构成、教育类型等诸多因素的考察，韦伯着重论证了资本主义发展与新教伦理的关系。在韦伯看来，对资本主义精神发生影响的酵母，应该到西方宗教精神，尤其是新教精神中去寻找。"新教"，德文原文为"Protestanten"，意为"抗议者"，指的是16世纪欧洲宗教改革运动中出现的各教派以及随后又从这些教派中分化出来的更多教派（包括路德教、加尔文教、虔信教、卫理公会、浸礼教派等）的统称。韦伯认为，新教伦理中所包含的多方面的精神

[1]《做文化研究：索尼随身听的故事》（霍炜译，北京：商务印书馆2003年版）是英国理论家斯图尔特·霍尔（1932～ ）等人合著的文化研究专著。通过对索尼随身听的个案研究，该书从表征、认同、生产、消费和规范五个过程所构成的"文化循环"出发，剖析了隐藏在这种科技产品背后的政治经济和社会脉络，以及由此而衍生出来的文化现象。作为一种文化现象的索尼随身听是如何被表征的，与之相联系的是什么样的文化认同，它是如何生产和消费的，以及运用什么机制规范它的销售和使用，这是该书研究的基本问题。该书认为，随身听不仅只是从物质上生产出来满足人们某种需要的物件，不仅具有使用价值和交换价值，而且，某种文化意义和文化价值的东西也早已被深深地铭刻其中。

和心理基质，尤其是天职观念、命定说、禁欲主义、忏悔期限论等内容，是资本主义企业精神必不可少的内容和动力因素。

天职观念和禁欲主义是新教伦理也是韦伯所谓资本主义精神的核心内容，这里不妨多说几句。在韦伯看来，资本主义经济精神具有以下的涵义：其一，对金钱的追求或者通俗地说赚钱成为一种“合理的伦理原则”，成为一种“精神气质”，而不单是那种到处可见的商业上的精明。其二，赚钱，表现着一种“与一定宗教观念有着密切关系的情感”，是资产阶级必须完成的一项义务。换言之，赚钱，这是一种为职业劳动献身的精神，带有宗教“天职”的成分，有钱不赚、失去赚钱的时间和机会等于渎职。“天职”一词“把完成世俗事务的义务尊为一个人道德行为所能达到的最高形式”，不可避免地使日常的世俗行为具有了宗教意义。认认真真地完成上天所交付的世俗使命，“敬神如神在”是韦伯眼中的新教伦理要旨。在韦伯看来，赚钱的天职是“资本主义文化的社会伦理的最重要特征，一定意义上也是资本主义文化的根本基础”。

韦伯认为，基督教禁欲主义本来就存在着某种明确的合理特质；而在新教伦理中，禁欲主义更是发展成了一种系统的合理行为方式。它使一个人能够抑制感情，坚持按照清教所宣扬的永恒动机行动。禁欲主义最紧迫的任务在于，通过使其信徒的行为规律化，消除自发的、出于冲动的享乐，让他们能过一种警觉而又睿智的生活。在韦伯看来，限制消费的行为与谋利行为结合起来，其结果是“强制节省的禁欲导致了资本的积累。在财富消费方面的限制，自然能够通过生产性资本投资使财富增加”。

通过相得益彰、互相促动的天职观念和禁欲主义，把限制消费的行为与谋利行为结合起来，促进财富的增长，完成上天交付的世俗使命。这大概是韦伯思想的基本内容。所以他最后得出这样的结论：“现代资本主义精神，以及全部现代文化的一个根本要素，即以天职思想为基础的合理行为，产生于基督教禁欲主义。”

而现在，让时任美国总统布什感到尴尬和棘手的是这样一种现实：清教徒的禁欲主义因天主教的丑闻而蒙羞，诚信因华尔街的假账而动摇，对财富创造的信仰因CEO的贪婪而堕落。一方面，经济增长乏力，许多跨国大公司经营困顿，甚至入不敷出。另一方面，CEO们的年薪增长速度大大超过社会平均财富的增长速度。而且这种景象显然大有愈演愈烈之势。近几年，执行官和经理人的年薪像膨胀的气球一样迅速进到了9位数的亿元级年薪阶段。即使是像世通公司这样丑闻频曝、欲盖弥彰、随时面临坍塌的大型企业，其高层经理们的幸福生活似乎也丝毫没有受到影响——就在世通公司申请破产的时候，该公司前首席财务官斯科特•苏利文的豪华住宅仍在紧锣密鼓的建设中。而安然公司的那些妙龄白领，除了充当裸体封面女郎以示抗议之外，也没有了更好的办法。不仅如此，舞弊成风，贪婪盛行，已经成为商业领域公开的秘密：会计公司为了获取审计咨询费而屈从于客户的不正当要求；董事会的董事不能真正代表股东行使监督权；CEO们忙于在个人的小算盘上精打细算现实的收入，不愿更多地顾及企业的长远发展；数以万计的小股东们在资本市场上看着自己的退休金化为废纸。

在“天职”蜕变成了“天谴之职”、“禁欲”堕落成了“尽欲”之后，CEO和CFO们也大变活人般地成了令人感到陌生和惊恐的UFO。也许此时布什总统的对手不是本•拉登、萨达姆、阿拉法特们，而是那些不仅高谈阔论而且举足轻重的CEO、CFO们——他们不仅掌握着经济命脉，也掌握着资本主义的精神命脉。尤为重要的是，对于资本主义的经济命脉乃至“精神命脉”，与其说他们在维系，不如说是在蚕食。

尽管对资本主义模式和资本主义精神的反思与怀疑已经在媒体的喧嚣与躁动中荡漾开来——我们其实不必当真，以为资本主义真的就要怎么样了，也不必当真以为资本主义精神真的已经怎么样了。或许，在社会经济高度发展、社会经济关系网络日益复杂和深刻的今天，我们倒是应该认真思考一下，资本主义的“精神”到底是什么？甚至，资本主义有“精神”吗？现在还需要那些似乎已经老旧的“新教伦理”吗？

2. 韦伯的意义

事实上，对新教伦理在资本主义发生史上的地位，即使韦伯本人在其著作中也从未下过肯定的、独断的结论。在历史因果模式上，韦伯始终秉持多元、相对的立场。就在写作《新教伦理与资本主义精神》的时候，韦伯对当时欧美资本主义现状也并不满意。与施宾格勒和汤因比相比，他更早也更敏锐地感觉到资本主义的机械理性对人性的吞噬：文明的发展可能在很大程度上要以文化堕落、道德沦丧为代价。尽管通过历史的分析，他发现了新教伦理与资本主义精神的密切关系，但是他还是禁不住诅咒起了资本主义文明。在该书的最后几页，他说：深受机器生产技术和经济条件制约的资本主义经济秩序，已经把“财富”这一昔日圣徒们随时可以抛掉的“轻飘斗篷”，变成了一只禁锢人性、污染灵魂的“铁的牢笼”。他接着发表了一段略带悲观和无可奈何的独白：

没有人知道将来是谁在这铁笼里生活；没有人知道在这惊人的大发展的终点会不会又有全新的先知出生；没人知道会不会有一个老观念和旧思想的伟大再生；如果不会，那么会不会在某种骤发的妄自尊大情绪掩饰下产生一种机械的麻木僵化呢，也没人知道。因为完全可以，而且是不无道理地，这样来评说这个文化的发展的最后阶段：专家没有灵魂，纵欲者没有心肝；这个废物幻想着它自己已达到了前所未有的文明程度。

韦伯其实是在告诉我们，任何一个社会时期，特别是社会转型的时期，都不会是一首静谧谐和的田园诗，而更像是一场乱哄哄的闹剧，鱼龙混杂，泥沙俱下。尽管他真正想要告诉我们的是，开创出现代工业文明的，不是那些投机政客、暴发户和奸商，而是在天职观念引导下克制、诚信地创造财富的新教徒们。也许正是这样的矛盾，使得他只能多少有些无可奈何地把资本主义分为“合理的资本主义”和“不合理的资本主义”。对于韦伯理论内在的矛盾，我们也不应该忽视。从方法论上讲，他在一定的程度上对所谓的“资本主义精神”进行了提纯。

尤其是，作为历史分析的韦伯理论本身就有其历史的局限性。这其实是一种必然。在对现代资本主义进行分析和审视的时候，我们至少应该意识到理论武器的历史局限性。事实上，市场经济有着起码的诸如“公平”“公正”的价值系统，而“信用度”是社会价值基础的基础。追求利益最大化和追求信用导致的成本增加，构成了一个基本悖论。现代社会经济机制和经济关系，特别是经济迅速增长的内涵和手段发生了很大的变化，不再是传统意义上“生产—再生产”的缓慢扩张，也不是稍后阶段的小规模的资本扩张，而是更加依靠资本市场来进行大规模、高速度的资本扩张。经济增长带动的投资冒进心理，创新、兼并带来的迅速实现盈利的“CEO文化”，以及解除管制带来的制度漏洞，导致了这一时期道德风险增加。尤其是，随着社会经济关系的日益复杂化，信息不对称的机会也就加大了。这种不对称最终会导致高层管理者受利益因素影响的概率加大，道德风险也因之加大。因而，就以新教伦理为重要内容的所谓“资本主义精神”而言，我们也必须看到它的历史性以及与此相生相伴的局限性。

就像是没有永恒不变的人性一样，也没有永恒不变的资本主义精神。从“不新教伦理”到“新教伦理”、从不诚信到诚信、从不道德到道德的转变，不是靠良心发现，不是靠道德律戒，而是靠市场竞争机制不断健全。换句话说，诚信是有其经济规律性质的，最关键的因素是形成健全的市场竞争机制。因此，尽管可以呼吁“德治”、呼吁信仰、呼吁建立“有教堂的市场”，但是归根结底，机制才是硬道理。从这个角度讲，韦伯的意义主要不在于他说对了什么，而在于他关注了什么和给了我们什么样的向往。

二、文化，依旧东方白日梦

美国《时代》周刊（*TIME*）亚洲版2003年5月5日的封面上，刊载着这样一幅图片：中国的国旗五星红旗上叠印着一张非典型肺炎病人的胸透X光片，国旗的下方首先是红黑两色对比鲜明的大标题《SARS NATION》，然后是对“SARS国度”这一主题的扩展：“这种传染病如何改变中国？”

这本声名显赫的西方杂志在中国人民抗击“非典”最艰难的时刻送给我们的竟然是这样一份“礼物”，冷漠而又残酷。尽管我们并不打算以“AIDS国度”礼尚往来，尽管也许可以假借似是而非的所谓中西文化差异，找出种种理由来排解我们出离的愤怒，但是无论如何我们摆脱不了一种被歧视的、恶心的感觉。事实上，在这一期的《时代》周刊中，刊发了一组四篇以“SARS国度”为主题的文章，可以说是肆意地将非典型肺炎这样一个生理性灾难引申到中国社会与文化的各个层面，尤其是政治变革。在题为《SARS将会改变中国的领导人吗？》的主打文章中，劈头盖脸的问题就是：“中国政府为什么要掩盖SARS？谁在撒谎？为什么撒谎？卫生部部长张文康和北京市市长孟学农被革职是否意味着中国目前正处于自由化的边缘？”在SARS最严重的时候，把人们的注意力向“自由化的边缘”引导，不知是何居心？

其实，何止是《时代》周刊!西方媒体在非典型肺炎问题上对中国的态度几乎是出奇的一致。我们只需看一看西方人自己对于西方媒体的评价就知道他们遵循的是怎样的文化逻辑。意大利记者马达罗先生被誉为“现代马可·波罗”。今年5月24日，在西方媒体把中国称之为“禁地”的时候，马达罗先生第115次来到中国进行实地采访。他指出，西方媒体每天用大量的篇幅报道中国的“非典”疫情，有相当部分是夸大其词的。马达罗认为：“有很多国家暴发过比SARS更严重的流感，有的还发展成了地区性疾病，可是却从来没有遭遇过如此集中的媒体报道！”

满怀狐疑，视为另类，夸大疫情，无限上纲，这几乎成了西方媒体看待中国SARS疫情的共同特点。这其实不是一个独立的事件，在当今世界视，中国为异端，有意无意地歪曲事实，深化中西之间的差异和对立的不在少数；这其实也不只是一个当代的事件，与18世纪以来的西方现代文明进程相依相伴、相辅相成的，也是这样一个视东方文化为“他者”，不断强化文化差异的过程。用爱德华·W·赛义德的话来说，这是东方主义话语在历史和现实中的翻版。

1.“东方的集体白日梦”

在文化研究领域，赛义德以一个出身于中东的阿拉伯人的独特眼光，通过亲身、长期对美国的观察和了解，对西方传统的东方学发起了严厉挑战。在被誉为后殖民主义理论史上“里程碑式的论著”——《东方学》一书中，赛义德指出，西方学术机构对强权政治作出了让步，尤其是在区域研究这样的分支中，话语与权力密切配合，学术与帝国主义互为表里，而西方之于东方便是观看者与被观看者、启蒙者与待启蒙者、统治者与被统治者的关系。

赛义德关于东方主义的基本观点可以概括为以下几点：

①东方主义是与西方殖民主义和帝国主义紧密联系在一起的西方关于东方的话语形式，通过使东方成为西方属下的“他者”，东方主义服务于西方对东方的霸权统治。也就是说，在东方主义话语背后体现出来的东西方关系是一种权力关系，一种支配关系，一种不断变化的复杂的霸权关系。

②东方主义话语体系强化了西方对东方的权力意志。其主要做法是，用二元对立的表述系统，对东西方各自的特征进行预先分别，然后再把这些特征打上本质化的标签，从而使东西方之间的差异显得根深蒂固。

③东方主义二元对立的核心是一种“善恶对立寓言”。这种寓言的表现形式变化万千，但不变的是，在东方主义话语中，东方国家被标以五花八门的消极特征：无声、淫逸、阴弱、专制、落后、非理性。相反，西方则总是被赋予积极的特征：阳刚、民主、理性、道德、强悍、进步。

在赛义德看来，东西方的所谓地域划分可能完全是任意的、想象的。这意味着，东方主义话语所赖以立足的东方及东方居民的形象并不是源自于实际的证据或经验，而是源自于其他的书本，甚至东方学家和东方之间的联系也经常是一种文本的联系。这样，东方学不仅生产出相当数量的关于东方的知识，而且生产出“欧洲对东方的集体白日梦”。

赛义德举了一个有趣的例子：如果你读到一本描写凶猛的狮子的书，然后果然遇到一头凶猛的狮子，这会激发你去阅读这个作者更多的书，并且对其信以为真。如果那本描写狮子凶猛的书还教你遇到狮子时该怎么做，所教的办法又完全行之有效，那么，作者不但会获得更大的信任，他还会受激发去写其他类型的书。

这里面存在着一个非常复杂的相互强化的关系：读者在现实中的经历为其所阅读的东西所决定，但这反过来又影响作家去描写那些为读者的经历所事先确定的东西。于是一本以如何对付凶猛的狮子为主题的书可能会导致一系列以狮子之凶猛、凶猛之源为主题的书的产生。同样，当文本的主题越来越集中——不再是狮子而是狮子之凶猛——的时候，我们也许可以预言：被推荐用来对付狮子之凶猛的办法实际上将会助长其凶猛，使其显露出凶猛，因为凶猛正是其自身所是的东西，实际上也是我们所知或唯一能知的东西。

2. 自我东方主义

事实上，在西方关于中国非典型肺炎的形形色色的报道和评论中，尽管角度不同、形态各异，但几乎无不贯穿着这样一种特点：他们自觉不自觉地以自己的标准，把中国同西方世界在文化方式和生活方式等诸多方面隔离开来，夸大其中的某些差异，尤其是某些“恶”的成分，并将其打上本质化的印记，从而使这些差异根深蒂固。这是典型的东方主义的思维和话语方式。

西方媒体关于中国疫情的报道和评论不仅仅是单一的文化事实，它产生并存在于各种权力的交换之中，在一定程度上由政治权力、知识权力、道德权力的流通来决定。通过《东方学》一书中对于东方主义话语的历史分析，赛义德使我们能够清晰地看到，这种所谓的个人偏见并不仅仅是他们个人政治立场的反映，而是来自于东方主义这一文化机制本身。事实上，不论是支持还是反对殖民主义及殖民偏见的人，当他们试图对东方进行个人化的描述时，总会有一种全能的定义机制作为适于讨论的手段出现。换句话说，是东方主义决定着个人与文本在东方主义网络中的位置，而不是相反。

回过头来反观自身。在我们的文化和生活中，是否也存在着东方主义的某种变种？是否也存在着某种类型的“善恶对立模式”？毋庸讳言，我们自己也经常存在着“泛西方化想象”，或者把西方妖魔化、或者把西方神圣化。正如没有一个整体的、非历史的东方一样，现实中也并不存在一个整体的、非历史的西方。很多人言必称美国，或者言必称海归，显然是颇有西方主义的嫌疑。

更要命的是“自我东方主义”，大概可区分为两种情况：第一种，“投怀送抱型”，不加思考，不加拣择，不仅认识不到西洋眼光的局限性，反而认为西法洋法必胜土法古法一筹，主动投入西方“文化霸权”之下。“非典”时期，有国人撰文说，日本人为什么没有感染“非典”，原因就在于日本人讲卫生，言下之意就是中国人不讲卫生，所以染上“非典”也是罪有应得。这样的文章乍看上去挺有道理，而且勇于开展自我批评，似乎可圈可点。问题在于，它把复杂的事情简单化了，仍然没有摆脱东方主义“善恶对立模式”。第二种，“妄自尊大型”。自以为西方文明早已堕落，只有东方文化才能救人济世。20世纪80年代风靡世界的“儒家资本主义论”，认为“儒家伦理”促进了东亚经济发展，要求在“东亚奇迹”的事实上重新评价东方文化。其实，提出该种学说的是几个一直对东方有好感的西方学者，其思想也是借用马克斯•韦伯的理论，且不无形式主义的比附之嫌。

什么样的主义其实都不重要。重要的是，在轻而易举地说出诸如“西方重分析，东方尚整合”，“西方精确，东方模糊”，“西方天人对立，东方天人合一”甚至“日本人讲卫生，中国人不讲卫生”等这样的断语的时候，我们到底有没有足够的思考。

三、如何成为一个“苹果丝”

有这么一个故事：因为光洁的外壳很容易弄上手印或者划痕，苹果公司的iPod常为人诟病。每当消费者对此作出负面的评价时，温顺忠贞型的“苹果丝”虽则颜面无光，但仍无怨无悔，而凶悍忠诚型的“苹果丝”的反应则有些恼羞成怒：“你爱买不买！谁逼你买了？”面对此情此景，苹果公司的大老板乔布斯非但不急不躁，反而自有高招。他端着一盆水过来，说：“划花了有什么关系？这样更酷，因为每个人划花的都不一样，等用了一段时间之后，你们每个人就都能有一个独一无二，与众不同的iPod了！”两种类型的“苹果丝”顿时大彻大悟，都湿漉漉地笑道，“耶！”真可谓是醍醐灌顶。

这当然是个笑话。但苹果粉丝的执著与狂热却是不争的事实。在讨论苹果产品的论坛里，很多苹果产品的消费者骄傲地宣称“我们不是Mac User，我们是Mac Fans”；在苹果公司推出新品iPhone的日子里，数以千计忠实的“苹果丝”在美国各大城市熬夜排队，苦苦等候这个新“苹果”上市；苹果产品的专卖店则变成了苹果粉丝朝圣的殿堂，在那里，他们可以找到那些极具想象力的“酷”家伙，也找到想象中的自己的形象。甚至，在美国，人们专门制造了“Apple Snob（苹果势利眼）”这么一个词组来指称这些在外人看来愚不可及的家伙。在iPod之前，似乎还没有哪一种商业产品能像iPod这样激发起无数粉丝死心塌地的狂热。

1. 对随身听的文化分析

其实，在可携带设备几十年的发展历程中，iPod只是一个新的、引人注目的进步而已。早在1974年，英国社会学家雷蒙德•威廉斯就已经注意到了人们随身携带的那些小玩意儿，并用“可携带设备的私人化”来描述这一现象。1979年，日本索尼公司推出的WALKMAN随身听则实现了可携带设备的两项突破：一是逃避，它通过耳机将世界关在了耳朵外面，使我们从喧闹的“现实”世界躲入一种“第二世界”，既与他人相邻，又和他人隔开；二是提高，“第二世界”变成了一种音轨，我们对周围世界的认知因此得以重塑。

按照西方文化理论家的观念，对任何一种科技产品的研究，都不仅要了解这种产品在工艺技术方面是如何生产的，也要了解这种产品在文化方面是如何生产的，尤其是，要了解该产品在生产过程当中是如何被赋予了特定的文化意义的。英国文化理论家斯图尔特·霍尔等人对索尼随身听的个案研究被认为是这种研究的一个典范。在出版于1997年的《做文化研究——索尼随身听的故事》这本经典著作中，霍尔等人剖析了隐藏在这种科技产品背后的政治经济和社会脉络，以及由此而衍生出来的文化现象。该书从表征、认同、生产、消费和规范五个过程所构成的“文化循环”出发，主要探讨了如下问题：作为一种文化现象的索尼随身听主要探讨了是如何被表征的，与之相联系的是什么样的文化认同，它是如何生产和消费的，以及运用什么机制规范它的销售和使用。

霍尔等人认为，作为一种科技产品的随身听现在已经进入了我们的文化，对我们的文化产生了相当大的影响，并已经成为我们文化世界的一部分。随身听不仅只是从物质上生产出来满足人们某种需要的物件，不仅具有使用价值和交换价值，而且，某种文化意义和文化价值的东西也早已经被深深地铭刻其中。

这种文化意义表现于各个方面：它不仅给我们提供实际的用途，例如听音乐，而且给我们提供谈资，我们可以谈论它、思考它、想象它，甚至炫耀它；它与我们特有的文化或生活方式的社会实践有关，例如可以边乘地铁边听音乐，可以一边看画展一边听音乐；它与某类人群密切相关，比如年轻人，或者音乐迷；它和某些地方密切相关，比如都市、户外、漫步于博物馆；它的精巧、高技术、多功能设计、微型化的形象，已经成为一种象征，代表着或者表征着一种独特的技术文化或生活方式。

作者指出，随身听实际上是现代“流浪者”——自给自足的城市旅行者“在一个自我保卫、自我设计的声音起跑中穿过城市所必需的装备”。换言之，它不仅是年轻人生存装具不可缺少的部分，而且已经成为一个人的本身形象或自身风格的一部分，是现代晚期文化赋予流动性一种高价值的体现。随身听最大限度地增加了个人选择和便于携带的需要，能够适应一个他或者她所属的社会群体的流动性亦已增加的世界。正是从这个角度，作者进一步指出，流动性既是随身听的实质，也是它的象征。

更为重要的是，霍尔等人指出，随身听的社会生命或者文化意义既不是与生俱来的，也不是自然生成的，既不能由生产厂家简单地“送出”，也不是由消费者被动地“接收”，而是通过消费者在日常生活中对产品的使用，使产品在消费过程中“主动地产生意义”。这种“主动产生意义”的过程大概包括三个阶段。第一个阶段，参照我们头脑中的“真实世界”，通过我们熟悉的图像、概念和话语，我们赋予随身听某种基本的意义（比如，“便携式设备”）。第二个阶段，被建构起来的“随身听”的意义在不断的发展中逐渐涵盖到了不同的语义网络，通过话语关系中的联想、区别与差异赋予其自身的、特殊的文化意义，并不断获得越来越丰富的内涵和新的意义的表征（比如，高科技、现代化、典型的“日本化”，年轻人的娱乐等）。第三个阶段，在社会实践中，通过人们使用它的方式，从而在生活中被赋予了重要性、意义和价值（比如，时尚、个性、品味、流动性、高价值等）。

作者特别指出，对“随身听”的表征而言，广告是一种主要的、也是最具成效的建立意义的实践活动。广告通过语言和图像赋予产品某种特定的意义，不仅将文化的表征与商业利益结合起来，而且将我们理想化的自我形象和我们的无言的欲望衔接起来，从而使我们成为典型的“产品的对象”，“在我们的头脑中，我们成了典型的‘随身听男人’和‘随身听女人’”。

在这一点上，广告语言与其说反映已经形成的文化认同还不如说是通过某种方式的表征来构建认同。

2. 对“认同价值”的消费

霍尔等人对于索尼随身听的文化分析，对于我们理解今日风行的iPod文化显然不无裨益。与WALKMAN相比，iPod则显然是一个巨大的进步。它不仅能存储数以千计的音乐，能够以各种各样的方式播放，能够在iTunes网上商店随时更新播放列表，而且更加简洁明快、小巧紧凑，更加具备运动（而不仅仅是移动）的气质和潜能。尤其是，它卓尔不群的外观设计以及特立独行的PowerPC芯片，更使得这个世界上的人们似乎被分割成了两部分：一部分人畅游于iPod的梦幻世界其乐融融，另一部分人则因为与iPod所营造的那个更酷的世界失之交臂而郁郁寡欢。

事实上，通过霍尔等人对于索尼随身听的文化分析，我们也可以比较清楚地看到，所有的消费都不仅仅是一种经济现象，在很大的程度上，它更是一种文化现象；所有的消费都不是简单地对商品的“使用价值”的消费，在很大程度上，它是一种对商品的符号象征意义的消费，更是一种对“认同价值”的消费。

由此，我们就不难理解，为什么当乔布斯决定让苹果电脑改用比PowerPc芯片性能更好的Intel芯片时，那些铁杆的苹果粉丝们会感到无比的愤怒、委屈，甚至痛不欲生。因为他们在乎的并不是芯片性能上的优劣，而是高贵的苹果一夜之间要和阿猫阿狗们所使用的土鳖芯片Intel搞在一起。这意味着品味上高下分别的丧失，意味着身份上的尊卑秩序的混乱。说到底，这是“认同价值”的坍塌。

显然，这种认同价值，是在巨大的社会语义网络中被逐步构建起来的，它暗含着并且表征着我们同他人的关系。“认同价值”归根结底是一种价值的确认。而确认本身则包含着否认的成分。从这个意义上说，认同同时是一种秩序，是一种分别，是一种拒绝，是一种拒绝“不适合成分”的秩序。这就是Apple Snob。要成为一个“苹果丝”首先要认识到这一点。

于闽梅，河北省承德人。福建师范大学中文系学士，1996～1999年在厦门大学师从林丹娅先生，研究现当代女性文学，获文学硕士。2000～2003年师从童庆炳先生，在北京师范大学中文系获文学博士学位。2003～2005年与黄克剑老师合作，在中国人民大学博士后流动站从事法兰克福学派本雅明思想之研究，博士后出站报告答辩时获得优秀成绩。2005～2006年香港浸会大学访问学者（社会性别研究项目），现为中国青年政治学院副教授。讲授中国古代文论、女性主义电影等课程，为校级精品课“外国文学”主持人。

撰有专著《灵韵与救赎——本雅明思想研究》（文化艺术出版社，2008年）、《异向共建——梁启超、王国维与中国文论的现代转型》（百花洲文艺出版社，2009年）、《谁背叛了谁？——符号的象征与现代女性的身体》（九州出版社，2010年）及《中西戏剧史话》（合著，书苑出版社，2000年）及论文多种。

由“抄检大观园”看《红楼梦》[1]中的闺阁政治

■于闽梅

在古典时代[2]的内外政治格局中，家庭秩序作为“内”政治结构，是一切政治的起点和基石。虽然自楚辞以来就有“香草美人”的隐喻传统来牵连外与内政治格局，但纯粹以“家”的结构来反映古代社会整体建构的作品并不多见。中国古典小说的叙事一向更多地关涉“外”——国家政治的格局，如《儒林外史》等揭示的是科举制下的官场政治格局；这一类型中最多的是英雄演义和传奇，如《三国演义》揭示国家政治的大纷争格局，《水浒传》展现的则是江湖格局（国家政治格局的边缘）等。在《西游记》中，“大闹天宫”更像是表现孙悟空从边缘占据核心结构的一种失败的尝试。而《红楼梦》、《金瓶梅》、《聊斋志异》这一类“言情”为主的小说则把国家政治

❶曹雪芹、高鹗著，《红楼梦》由人民文学出版社出版，中国艺术研究院红楼梦研究所校注，1982年出版。前80回为曹雪芹所作，后40回一般认为是高鹗所续。红学家冯其庸作序，前80回以庚辰本为底本，后40回以程甲本为底本，有注释和校字记。

关于《红楼梦》的研究已有规模宏大的“红学”，主要有探佚红学与索隐红学等，探佚红学以前80回为主，索隐红学的研究以120回为主，它们都以《红楼梦》文本和脂批（后起的索隐研究也以脂批为依据）为索解的主要依据。红学史大概经过了“旧红学—新红学—小说批评学”的演进过程。

❷“古典”在本文中泛指时间大约在辛亥革命前，以儒家宗法制为主的政治、社会、文化体系。故本文多直接以古典政治、古典时期、古典时代、古典社会等词语在诸多方面泛泛而论。

格局背景化，重在揭示古典社会的“内”政治，分别以标举“女儿”、“女人”、“妖女（狐女）”为纲，分别展现了贵族家庭、新兴商人家庭、一般市民家庭的闺阁政治。

1904年，王国维（1877～1927）发表《红楼梦评论》，首先把“红学”引入西方文论的框架内。他以德国哲学家叔本华（Arthur Schopenhauer, 1788～1860）的悲剧理论《作为意志和表象的世界》（*The World as Will and Idea*）为悲剧的基本观念，并据此把《红楼梦》定位为超越了中国传统悲剧的真正的“大悲剧”。王氏接受了叔氏的三层次悲剧的说法：

> 由叔本华之说，悲剧之中又有三种之别：第一种之悲剧，由极恶之人，极其所有之能力以交构之者。第二种，由于盲目的运命者。第三种之悲剧，由于剧中之人物之位置及关系而不得不然者；非必有蛇蝎之性质与意外之变故也，但由普通之人物、普通之境遇，逼之不得不如是；彼等明知其害，交施之而交受之，各加以力而各不任其咎。此种悲剧，其感人贤于前两者远甚。何则？彼示人生最大之不幸，非例外之事，而人生之所固有故也。若前二种之悲剧，吾人对蛇蝎之人物与盲目之命运，未尝不悚然战栗；然以其罕见之故，犹幸吾生之可以免，而不必求息肩之地也。但在第三种，则见此非常之势力，足以破坏人生之福祉者，无时而不可坠于吾前；且此等惨酷之行，不但时时可受诸己，而或可以加诸人；躬丁其酷，而无不平之可鸣：此可谓天下之至惨也。[1]

[1]《王国维文集》第一卷，中国文史出版社，1997年，第11页。

三种悲剧分别为：恶人导致的悲剧、命运导致的悲剧和人类普遍的悲剧。这种分类其实是通过追溯悲剧生成的原因来划分悲剧。善战胜恶而付出巨大的代价，富于道德教喻意味；神意降临厄运加诸于人之上，富于警示与畏惧的提醒，前两种都是中西方传统的悲剧，但在叔本华和王国维看来，传统的悲剧都很平庸，而第三种悲剧才是真正的悲剧，是“悲剧中的悲剧”。那么，叔氏、王氏为何要在悲剧中区分出高低层次来？这是因为他们都极其重视悲剧所反映的世界观。第一种悲剧反映的世界观不过是把人分为善人和恶人，恶欺压善，所以悲剧的意义在于表现善终于战胜了恶，从而达到惩恶扬善的社会和道德目的。但是叔氏、王氏把这种悲剧看成是最低档的悲剧，认为它的意义局限于表现“诗歌的正义”，而缺乏更高的“永恒的正义”。他们同样也看低命运悲剧，人的苦难难道只是为命运或神所决定？在这类俄狄浦斯式的悲剧中，个人所有的抗争均无效，反而加快了不幸的到来，命运或神已经决定了悲剧的必然性。在叔氏、王氏看来，这两种悲剧都只是表现了偶然性，如果没有某个恶人，或者命运和神安排了较好的宿命，他们就假设人可以获得幸福。王国维同意叔本华，真正的悲剧应该表现不幸和痛苦的必然性，悲剧是一种人生的本质和真相，无人可以幸免，悲剧并非命运或恶人所致，而是人的存在本身的“生活之欲”带来的，在“生活之欲”面前，人人无法幸免于难。按叔本华的理解，人生是一个痛苦的钟摆，当欲望未满足时陷入痛苦，当欲望满足时则陷入空虚，而王国维通过把宝玉的“玉”字理解为“欲”，作品中每个人的不幸都是陷入“生活之欲”的必然结果，故而认为《红楼梦》表现了“永恒的正义”，是最高级的悲剧，属于艺术的“最上乘”。

王国维对《红楼梦》悲剧精神的把握从总体上来说是正确的，在方法论上也开创了以西方现代美学研究《红楼梦》的先例。但该文让人稍感不安的是，王国维把《红楼梦》冠之以“永恒的正义”而忽略了旧红学的一些有价值的研究，也把曹雪芹揭示的大家族内部错综复杂的闺阁政治视为“生活之欲”而不予分析。《红楼梦》开篇即标明：“闺阁中本自历历有人，万不可因我之不肖，自护己短，一并使其泯灭也。”[1]可见曹雪芹系有意以古典时代的贵族大家庭为核心展现一整套庞杂的古典社会的闺阁政治构建。

在本文作者看来，通过《红楼梦》这些政治构建来考察古典社会家庭结构和性别之间以及性别内部的矛盾冲突很有意义，这种基于“礼”的家庭建构所展现的“闺阁”政治（即“内”政治）规则很有代表性，可以据此窥见当时的社会性别（Gender）设置，并透视其在当下的不易被察觉但如同血管一样贯穿现代生活的延伸。

[1]本文《红楼梦》引文均引自《红楼梦》，人民文学出版社1982年出版。另需说明的是：由于本文作者对《红楼梦》续本的看法，本文的分析主要基于前80回。

一、《红楼梦》中闺阁政治的框架

古代政治的秩序是“家－国”，家的秩序与国的秩序是一致的。在这个秩序中，君高于臣，父高于子，夫高于妻，男高于女。国家政治中的规则是君君、臣臣、父父、子子；君、父是主体，臣、子是客体。“闺阁政治”效仿国家政治，相对应的原则是“三从”：在家从父、出嫁从夫、父死从子，男性是主体，而女性则是客体。

"德"是主体对客体统治的合法性的来源。男女两性都把"德"放在第一位，虽然"德"的内涵不一样，但却都是合法性的来源。在国家政治层面，如果统治者无德，君不像君，孔子也绝不否认其统治合法性，他的应对之策是或犯颜直谏，怨而不怒，或一走了之，修身自适（"道不行，乘桴浮于海"）；孟子则以"以德行仁"来概括统治的合法性来源，他更尖锐地提出统治合法性的问题，所以孟子对桀、纣等暴君的结局并不同情，"闻诛一夫纣矣，未闻弑君也"。孟子以来，以"德"为中心考察统治合法性的政治传统已经形成。统治者是主体，被统治者是客体。社会对两性的要求也都诉诸"德"，男性重在所谓"三立"（"立德"、"立功"、"立言"），而女子重在"四德"（德、容、言、工）。无论是未婚少女还是已婚妇人，均以贞洁和服从为最重要的"德"。

《红楼梦》中的闺阁政治就是外部世界的投影。在闺阁政治中，男性表面上是"缺席"（Absent）的，但从权力角度而言，其实质却是一种缺席的"在场"（Prcsence）。家族中的"婆婆"虽身为女性，但一般自"多年媳妇熬成婆"之后，一般都成为男性话语的代言人。在这里要区别这类掌权女性的两种身体——生理的和政治的，虽然生理的身体是女性的，但作为家庭统治者的"政治的身体"则为男性的。总之，女性无论地位高低，相对于男性，她们全体都居于客体的地位。女性首先须认可大政治格局中的这一政治规则，由此方有地位可言。虽然这一政治格局中偶尔会出现一些提倡男女平等的男性，如贾宝玉，甚至提倡女优于男，但一旦敲门时无人搭理，就少爷脾气发作，把来开门的婢女一脚踹开，虽然不巧正踹到宠婢袭人。说到底，古典时期男性的这类解放观念是靠不住的，不能据此认为宝玉就是一个男女平等的先驱者或早期资本主义萌芽阶段的革命者。宝玉等充其量也只能成为古典社会中一个不可靠的女性捍卫者。如宝玉与金钏戏言玩闹，惹怒王夫人后却一走了之，留下金钏受辱并自尽；他跟贾珍、贾蓉一起与尤氏姐妹玩乐；跟薛蟠一起喝酒取乐，行黄色酒令；跟贾芸那些庸俗的谈吐等，这些行为都暴露了他仍然是传统性别秩序中的一员，其革命性看起来很可疑。

不仅闺阁内男女两性的设置有着严格的政治秩序，女性之间则又有主仆之别等主客体设置。主奴伦理在《红楼梦》中用的当然不是今天黑格尔式的主体客体概念，而以更有趣的"阴阳"来点明。如第31回中通过湘云与其侍女翠缕的对话用"阴阳"来表现主奴关系，翠缕说："姑娘是阳，我就是阴……人规矩主子为阳，奴才为阴，我连这个大道理也不懂得？"在这里，翠缕以“规矩”来明确主奴伦理，并且认识到这一主奴伦理是“大道理”。湘云也立即夸奖她：“你很懂得。”翠缕无意道破古典社会的“规矩”，阴阳的隐喻可以直接对应于黑格尔的主体、客体的划分。在社会当中，统治者为主体，被统治者为客体。在家族之内，男性为主体，女性为客体。当然，两性之间的关系比黑格尔的主客体更为复杂一些，它不单纯是统治的关系，同时也涉及分工协作的关系。如第55回凤姐心情好的时候叫平儿同桌吃饭，而平儿这一顿“恩”饭吃得甚是辛苦，她“屈一膝于炕沿之上，半身犹立于炕下”，平儿的表现和讲究说明她深知自己“奴”的身份，虽然蒙主子恩宠，但绝不恃宠而骄，逾越规则。赵姨娘虽然是探春、贾环的生母，按当时的伦理秩序，她无法据此摆脱仆人的身份，尽管她的子女可以享受“主人”的待遇和身份。探春正是在这一断裂中重新设置她与生母赵姨娘之间的关系的。当探春理家进入大观园的统治阶层时，赵姨娘第一个站出来要求享受特权，探春则以大政治格局所设立的超越于亲子关系的主奴伦理来据“理”力争、果断拒绝，“我拉扯谁？谁家姑娘们拉扯奴才了？他们的好歹，他们该知道，与我什么相干”。探春甚至直指赵姨娘和舅舅赵国基的仆人身份以迫使赵姨娘服从，“谁是我舅舅？我舅舅年下才升了九省检点，那里又跑出一个舅舅来？……环儿出去为什么赵国基又站起来，又跟他上学？为什么不拿出舅舅的款来？”（第55回）探春清楚地点明她与贾环的主子身份，迫使生母承认她们之间的亲子关系并不能逾越主奴关系。探春不认亲舅舅，直接指认嫡母王夫人的哥哥才算是自己的“舅舅”，这种行为只有放在古典社会的闺阁政治范围里来考察，由闺阁伦理角度才能得到理解，否则很容易以“势力”这样的断语来简单地评判、分析人物。

在闺阁政治中，女性除了阶层（主仆）的划分外，还有未婚少女（“姑娘”）与已婚妇人（“奶奶”）的分界点，这一分界点也可以套用宝玉那更生动的区别，叫“女儿”与“女人”的分界点。正如书中所言，虽然贾宝玉喜欢“女儿”而尤憎“女人”。但就一般闺阁政治规则而言，所有少女都将是“一盆泼出去的水”，虽然少女可能备受关爱，但她在家庭中并不占据实质性的地位。少女时代是准备阶段，她必须有贞洁和服从的美德，学些女工，德行俱佳，以备今后与丈夫的整个家族和谐相处。探春刚开始帮助理家时，众仆“都想着不过是个未出闺阁的青年小姐”（第55回），都没有把她放在心上，后来她不得不通过诸手段压服众人，甚至包括她生母赵姨娘，如此才得到了众人的尊敬。即便如此，在抄家中，王善保家的仍然不以为然，

“素日虽闻探春的名，那是为众人没眼力没胆量罢了，那里一个姑娘家就这样起来”，王善保家的自恃在闺阁政治中已经混出身份和地位了，已经练出一身“眼力”和“胆量”来，敢直接冒犯探春，可见少女在闺阁中的地位比不上已婚女子（如王熙凤）。

未出阁的探春和宝钗都早已深深领会闺阁伦理与女子行事做人之间的密切关联，所以两人在合作理家时颇能惺惺相惜。脂砚斋反复称颂宝钗“曾经严父慈母之明训，又是世府千金，自己又天性从礼合节”，同时，她又不是呆板地来遵守执行闺阁中的伦理守则，脂砚斋反复强调曹雪芹“明写宝钗非拘拘然一女夫子也”，“坦然自若，亦不见逾规越矩也”，“知命知身，识理识性，博学不杂，庶可称为佳人”。[1]宝钗获得了上下一致的伦理支持，连较偏爱黛玉的贾母都给她面子，亲自为她过生日。而平儿和袭人也由于对闺阁中主奴伦理的透彻了解而被宝钗赞为“明白人”，脂砚斋的评语则更令人深思：“必用宝钗评出，方是身份。”

女性的后一个阶段——贤妻良母时代——才可谓女性人生的真正开始，女性一生中全部命运的关键点就在于——必须在家庭中拥有一席之地（获得地位）。《礼记》对于为人媳的规范，非常详尽，“妇礼”代代相传，其基本原则就是“妇将有事，大小必请于舅姑”。[2]女子进入婚姻后，首先对上要孝敬父母公婆，其次要尊敬丈夫，最后是使晚辈和下人爱戴自己，这样“她”才能在严格的伦理秩序中确立自己的位置。如秦可卿虽涉及“淫”之罪，凤姐涉及“妒”之罪，但在第一点上都做得好。尤其是秦可卿，上述三点均无可挑剔，“贾母素知秦氏是个极妥当的人”，婆婆尤氏也喜欢她，夸秦氏“为人行事，那个亲戚，那个一家的长辈不喜欢她？”从谨守礼法的角度而言，这三样的次序并不能有稍稍颠倒，否则就有被赶回娘家（“出”）的危险。究其实质而言，古典社会建构于“孝”之上，故“不孝”之罪尤重于“淫”、“妒”等罪。宋代陆游之爱妻唐婉被陆游母亲驱逐，《孔雀东南飞》中“新妇”被府吏之母逐回，《浮生六记》中陈芸夫妇见弃于大家族，都是因为妻子爱丈夫超过了对公公婆婆的服从。“新婚夫妇如果过分坚持自己的幸福，无异便在破坏这‘三纲五常’的秩序。”[3]

借着妻子与母亲的身份，女性才能在社会上真正地拥有一席之地。按拉康（Lacan）的说法，拥有了“符号”秩序中的位置。一方面，这意味着“她”真正地进入到家庭秩序之中，也将卷入复杂而艰难的斗争；另一方面，这种权力斗争也将侵蚀到“她”的人格，加上闺阁的政治空间狭小，对

[1] 脂甲（总）。见[美]浦安迪编释：《〈红楼梦〉批偏全》，北京大学出版社，2003年，第157页。

[2] [元]陈澔：《礼记集说》（《四部备要》版），1：14甲。

[3] 见《红楼说文学》，选自余国藩著：《红楼梦、西游记与其他》，三联书店，2006年，第129～130页。

人格的破坏尤甚。贾宝玉就以激烈的语言来表达他对此问题的困惑，“奇怪，奇怪，怎么这些人只一嫁了汉子，染了男人的气味，就这样混账起来，比男人更可杀了”（第77回）。的确，由于处在家庭狭窄的空间之内，闺阁政治的错综复杂又非外部世界的真实政治可比。就这一点来说，外部世界由于拥有广大的公共空间，反而简单一点，难怪探春逢怒常言，“我但凡是个男人，可以出得去，我必早走了，立一番事业，那时自有我一番道理。偏我是女孩儿家，一句多话也没有我乱说的”（第55回）。探春明白她将一生受限于闺阁之中，她的所有的努力和出路都只能局限于“家”（“闺阁内政治”）这片狭小的空间。

在抄捡大观园之前的第46、47回中的鸳鸯拒婚事件，其实间接把邢夫人在贾府中的尴尬处境透露给读者。邢夫人犯了极其严重“政治”的错误：她试图帮助丈夫贾赦挖贾母的“墙角”。其时贾赦想要强娶贾母的贴身侍女鸳鸯，邢夫人处在丈夫与婆婆的冲突中，服从丈夫而违背婆婆，企图先让鸳鸯屈服再使贾母无法拒绝此事，邢夫人这种“不孝”行为被贾母不客气地怒斥为：“贤惠也太过了。”“他逼着你杀人，你也杀去？”第71回还写到这一事件的严重后果，“邢夫人自为要鸳鸯之后，讨了没意思，后来见贾母越发冷淡了他”。邢夫人违背婆婆而顺从丈夫，触犯了闺阁基本的伦理原则，加上邢夫人并没有显赫的娘家支撑，导致她在贾府的地位骤降。这种危险的处境也使得“绣春囊”事件被邢夫人视为在贾府“翻身”的机会。我们还可以由此略微涉及闺阁政治所必需的外部支持——娘家的势力，即或者如王夫人、王熙凤那样有显赫尊贵的出身，当贾蓉奉父亲之命向王熙凤借一件摆设时，王熙凤半开玩笑地点出王家的富贵（“我们王家的东西”）；或者如薛宝钗那样有“丰年好大雪（薛），珍珠如土金如铁”的豪富家庭为支撑。宝钗在大观园里以其经济实力常常接济上至小姐（如史湘云、邢岫烟）下至仆人各色人等，第56回目所说的“时宝钗小惠全大体”说的就是她以出手“大方”获得了众人的交口称赞。

当然，尽管外部支持非常重要，但是最重要的仍然是在“内”熟悉闺阁政治的伦理规则。宝钗来到贾府后，得到众口称赞并不只是靠“小惠”，而在于她熟悉地掌握和运用闺阁政治规则，宝钗在闺阁规则方面用心甚多，而且小心谨慎，深恐在人前失于“应候”，“只愁我人人跟前失于应候罢了”（第45回）。王熙凤、王夫人等人也都深明此义，所以侍奉、服从贾母无微不至，虽然王熙凤真正的婆婆邢夫人不满意她，但王熙凤面子上也能做到让邢夫人无可挑剔。在强娶鸳鸯事件中王熙凤先是坦言此事不好办，有可能得罪贾母，但发现邢夫人不理会她的“谏言”后，立即表示服从，可又担心一旦找借口躲开则将被邢夫人怀疑为通风报信，于是她转而要求与邢夫人一起去鸳鸯处，到达之后又以鸳鸯害羞为名避开，这些行为使凤姐虽身处此事件，但既没有得罪邢夫人，也没有见罪于贾母。虽然邢夫人心里“恶绝”凤姐，但一直找不到机会来“修理”一下凤姐。第71回中，邢夫人终于找到一件小事当把柄，当着王夫人等人的面给凤姐难堪，而且态度极为决绝，说完就上车走了，完全不给凤姐解释和回旋的余地。婆婆如此不留情面，使得凤姐完全下不了台，“又羞又气，一时抓寻不着头脑，憋得紫胀”。可见，外部支持固然重要，但对闺阁政治谙熟于心、服从深层的内在的伦理规则才是最重要的。

二、闺阁政治的惩戒：抄检大观园

无论是客体借用、利用伦理道德来达到反抗压迫的目的，或是当权者以暴力镇压那些不屈服的客体，虽然都能产生一定的效果，但代价都很大，都需要打破旧有的道德与政治格局，之后还面临重建道德与政治框架的重任。显然，在古典中国，无论是外部政治的“抄家”，还是闺阁政治中的“抄检”，虽然一时行之有效，但都算不上真正稳定的权力关系。

稳定的权力关系，正如福柯所言，关键不在于制定它的主体，更在于遵守它的客体。在既定的政治格局下，如果双方都能认同（尤其是客体认同）这些道德规则，统治才能真正实现并保持良好的运行。政治秩序的合法性就来自于统治者不是靠暴力镇压被统治者，而是让后者“自愿服从”。

对于闺阁女性而言，服从伦理道德、贞洁自好是底线。这一点，无论是对少女时期的“姑娘”还是对已出嫁的“奶奶”都是一样的。绣春囊上画着“两个人赤条条的盘踞相抱”，少女不应看到这样的东西，而结了婚的正经女人一是不该有这样的东西，二是即便有了也应密藏深纳于房中，绝不能让人看到，尤其是不能让未婚少女看到。绣春囊事件就发生在贾母为大观园赌博事件发怒的同一天。贾母的婢女傻大姐在大观园内捡到绣春囊，邢夫人看到后“吓得连忙死紧攥住”，喝吓退傻大姐后，又发现身边“都是些女孩儿，不便递与”，只好“自己便塞在袖内”（第73回）。邢夫人自鸳鸯事件后在贾府处境岌岌可危，甚至连累了迎春。第71回中南安太妃来拜访，这在闺阁中本来是极为重要的礼仪交往活动，迎春名分上是邢夫人的女儿，探春名分上是王夫人的女儿，且迎春长于探春。但贾母“只令探春出来，迎春竟似有如无”，邢夫人“怨忿不乐，只是使不出来”。这段话正是王桃本评语所说：“极为写出两三层积愤却字字有根有据。”❶

❶王希廉姚燮本批语。见[美]浦安迪编释：《〈红楼梦〉批偏全》，北京大学出版社，2003年，第364页。

邢夫人拿到绣春囊后，并不立即去找王夫人理论，因为在这之前，虽然邢夫人以贾母生日不得滋事为由当众给凤姐没脸，但传到贾母处，立即被贾母驳回，认为是借机打击报复（第71回）。因此，邢夫人心存顾忌，若要有所行动，必稳操胜券方可。邢夫人等了两天之后才让自己的心腹“王善保家的”把绣春囊送去。这是经过充分谋划之后提出的“挑战”。由于还没有查到绣春囊的真正主人，所以邢、王二位夫人的第一反应都是不惊动贾母。接下来马上要发生的《红楼梦》中最惊心动魄的“抄检”（第74回），实际上，曹雪芹已把“抄检”的背后蕴含的权力斗争在第60、61回（“茉莉粉替去蔷薇硝，玫瑰露引来茯苓霜”等）中暗示过，那些琐碎的小事其实就已是两派间水火不容、趋于激烈化的一个信号，只不过那里写的是一个争夺大观园厨房权力的斗争，而这里将要发生的则是大观园整个上层之间权力的纠结。

抄检大观园是贾府闺阁冲突最激烈的表现。本来，按照凤姐的计划，是不会出现抄检大观园这样极端的“政治”行动的。虽然绣春囊事件一发，凤姐本人就是最大的“嫌疑犯”之一，但由于她对于闺阁政治规则一向运用得得心应手，所以她并没有乱了分寸。凤姐的计划是“暗访”，既不惊动，又可清减人员，节约开支。这些充分体现了她冷静的头脑，

在抄检之前，贾母已经开始担心大观园的赌博将涉及道德问题，其实是贾母最先发动了清查大观园的“运动”。当探春说到仆妇们赌牌时，贾母却以小见大，担忧可能有更严重的“别事”发生，“况且园内的姊妹们起居所伴皆系丫头媳妇们，贤愚混杂，再有别事，倘略沾带些，关系不小。这事岂可轻恕”（第73回）。贾母平时虽喜玩笑，但一旦涉及她所说的“别事”，则非常严肃。这次贾母震怒之下，园中被处罚了一大片，连迎春的乳母都被牵连在内，黛玉、宝钗、探春等为之求情，也都被贾母不留情面地拒绝。

贾母早就曾警戒她所怜爱的外孙女黛玉了。当时两个走唱的瞎子来说书，为奉承凤姐，要说《凤求凰》的故事。由此及彼，在“史太君破陈腐旧套”这一回中，贾母严厉地表明态度：“这小姐必是通文知礼，无所不晓，竟是个绝代佳人。只一见了一个清俊的男人，不管是亲是友，便想起终身大

事来，父母也忘了，书礼也忘了，鬼不成鬼，贼不成贼，那一点儿是佳人？便是满腹文章，做出这些事来，也算不得是佳人了”（第54回）。

由此看来，这段话可以反映贾母的三个层次的思路。首先，许多红学家认为这是贾母对宝黛爱情“敲山震虎”，意含贾母对黛玉的严厉警告。其次，如果只停留于第一层的意思，还只是读懂了这段话的一半，虽然贾母的态度是严厉的，但更是针对宝黛之间“私情”的传言而为黛玉辩护。贾母声言小姐均由若干侍女服侍，不可能获得像戏文中所言的私情机会，这是贾母此语的第二层意义。第三，这段话也可以看成贾母的一个底线，即她虽然宠宝、黛，怜“才”怜“佳人”，但一旦发生了触及道德、伦理基础的“贼情”，她是绝不允许的。高鹗在续书中注意到贾母这个伦理底线，虽然他夸大了贾母的反应，把贾母塑造成一个冷酷绝情的人。在第97回，高鹗描写贾母风闻宝玉、黛玉之间有暧昧关系后，绝没有丝毫同情黛玉的表现，而是马上表态以“划分敌友”[1]。她说：“我可是白疼了她了。”不过，如果贾母在此时支持宝黛爱情，对闺阁政治规则的破坏将弱化她本人的地位。

抄检大观园的确是一种“自杀”行为，是贾府衰败（被抄家）之前的一次预演。对于王夫人来说，却又是不得不为之。因为大观园是姑娘小姐们居住的“女儿国”，唯一的成年男子是贾宝玉（贾兰尚没有成年），且是由于贵妃特许，才得以进入大观园居住。因此一旦出了“别事”，甚至可能连累到贵妃。因此，王夫人总是加倍小心，以袭人为内线，遥知内情。“绣春囊事件”涉及的，不仅是一个“违禁物品”的问题，而且是伦理社会的道德底线问题。焦大之所以敢置疑贾府后代统治的合法性，正是因为伦理社会一向以“德”为统治合法性的来源。当然焦大是以一种比较粗鲁的骂街方式来进行“直谏”的，“我要往祠堂里哭太爷去。那里承望到如今生下这些畜生来！每日家偷狗戏鸡，爬灰的爬灰，养小叔子的养小叔子，我什么不知道”（第7回）？贾家荣宁二府，荣国府的名声显然好于宁国府，但在柳湘莲那样的偏激者眼里也都不堪，“你们东府里除了那两个石狮子干净，只怕连猫儿狗儿都不干净”（第66回）。说的虽然是“东府”，但东西府本系贾府一体，所以宝玉当时面子上就挂不住，跟柳湘莲翻了脸。

“绣春囊事件”不管是上达于贾母，还是不小心流传于外，王夫人都将因此丧失贾府当权者的身份。出了这样的大事，此时王夫人、凤姐这边处于下风，只等邢夫人那一派查出真相，双方再进行权力交涉与置换。因此，当邢夫人向王夫人发起了凌厉的“道德”与政治攻势时，王夫人不免手忙

❶施密特语，“政治就是划分敌友”。见[德]卡尔·施密特：《政治的概念》，上海人民出版社，2003年，第138页。

脚乱，立刻一反常态，冲到凤姐住处，而且怕走漏了消息，还不敢多带人，“只带一个贴己的小丫头”，先将平儿喝出。聪明的平儿也马上反应过来，立即到外面对下面的仆妇做了相应的安排。因为平儿一向是府内得力人手之一，既然连她都要回避，肯定是出了大事。果然，王夫人“含着泪，从袖里掷出一个香袋子来”，开始痛斥凤姐：“这性命脸面要也不要？”当凤姐跪下含泪发誓并作了合理分析后，王夫人才敢稍稍排除凤姐的嫌疑：“我也知道你是大家小姐出身，焉得轻薄至此。”“轻薄”是闺阁中的大忌。大观园里众人一起玩笑时，宝玉有时使个眼色，暗示黛玉到隔壁整理衣服再出来，这就是闺阁中的讲究之处。作为贾府的当权者，王夫人在这一点上从来毫不含糊，“素日这些丫鬟皆知王夫人最嫌娇妆艳饰语薄言轻者”，她之所以宠信看起来“笨笨的”、寡言的袭人，驱逐晴雯、芳官、四儿，逼死金钏，都是从闺阁政治的根本（戒轻薄）出发。王夫人让晴雯来见面时，晴雯因一直病着，无法妆饰自己，加上她也聪明，以为这样王夫人就无法挑她的刺，所以“并没十分妆饰，自为无碍”。结果王夫人一见反而更怒，骂她“轻狂样儿”。

可见，除开绣春囊这样涉及“淫贱”的大事件，闺阁中，连妆容过度或毫无妆容、衣冠不整这样的小事，都有可能被加之以“轻薄”、“轻狂”之名。第42回中宝钗训了黛玉一顿，要黛玉跪下忏悔，只因后者在行酒令时引了些“不正经的书”（《西厢记》、《牡丹亭》）。宝钗的“训词”中关键的一点即是最后一句话“最怕见了些杂书，移了性情，就不可救了”。“轻薄”、“移了性情”都严重损害闺阁小姐的“德”和名誉。周汝昌在《红楼梦新证》中猜测由于袭人和赵姨娘告发，黛玉最后被加以“淫贱”之名而落得“心事终虚化”。在我看来，周汝昌这个判断不当。因为在贵族家庭中，一个小姐（姑娘）只要被加以“轻薄”（何须到“淫贱”的地步）或宝钗所谓“移了性情”之蔑称，即使没有实质性的“淫”的行为，也就已经没有前途和活路可言了。而后40回续书中，高鹗让黛玉死前强调“我的身体是干净的，你好歹叫他们送我回去”。这样的描写说明高鹗对于闺阁政治的微妙之处的把握不如曹雪芹。

当王善保家的提出抄检大观园时，王夫人并不只是像第74回目中所谓的“惑奸谗”才同意抄检的，而是她自知大观园出了这样的丑事，为了自保，已经到了不得不进行内抄的地步，所以她说：“若不如此，断不能清的清白的白。”虽然凤姐是大观园的管理者之一，在贾府拥有极其重要的地位，但绣春囊首先冲击到的就是凤姐，即便王夫人听了她的分辩后信任她，但如果通过“暗暗访察”仍然找不到绣春囊的真正主人，凤姐显然脱不了干系。所以，王熙凤“纵有千百样言词，此刻也不敢说，只低头答应着”。凤姐因此暂时丧失了权力，甚至王夫人也主动放权，“邀请”代表邢夫人势力的“王善保家的”来主管这件事。“至晚饭后，待贾母安寝了，宝钗等入园后，王善保家的便请了凤姐一并入园，喝命将角门皆上锁。”可见，抄捡行为实际上是由邢夫人那头的“王善保家的”负责的，凤姐虽然以管理者的身份参加了抄检，但从她对王善保家的那少见的收敛的言辞和态度上可见她此时已经丧失了布迪厄所说的“象征权力”。抄检时凤姐基本上算是“陪同”，最多只能建议王善保家的应该避嫌，不查作为亲戚的薛宝钗的住处。而宝钗平时确也颇为注重闺阁琐碎，她一向自己亲自掌握其住所与大观园之间通道的钥匙，以防下人引出“别事”带累自己。

探春因为参与过管家，已经对贾府内部错综复杂的关系有所了解，“一个个好像乌鸡眼，恨不得你吃了我，我吃了你”。另一方面她又深明自己的立足之处仍然是王夫人一系。虽然探春那些激烈的言辞表面上似乎是针对凤姐的，但“王善保家的”也由于意外掌权，已经头脑发热而丧失了冷静，“他只当探春单恼凤姐，与他们无干”，加上她过于轻视未嫁的女孩（“一个姑娘家”），因而犯了一个很肤浅的“闺阁政治”错误，居然半开玩笑地来调笑探春，结果最后不仅被探春抓住把炳（奴才戏弄主子之罪）当众打了一巴掌。当王善保家的反应过来，试图与探春争执时，探春更让她明白奴仆不具备与主人平等说理的权力，探春喝命自己的丫环侍书来应对。在奴仆中，本来王善保家的辈分远远高于年轻的丫环侍书，但仍然被后者当众骂了一顿，受尽了羞辱。而探春明白自己的每一步骤都合乎闺阁伦理，所以她当众声称她所应做的不过是到“太太”面前请罪，如此而已。

探春在“抄检大观园”中的表现最为突出，这也是《红楼梦》的情节高潮之一，“你们别忙，自然连你们抄的日子有呢！……可知这样的大族人家，若从外头杀来，一时是杀不死的，这是古人曾说的‘百足之虫，死而不僵’，必须先从家里自杀自灭起来，才能一败涂地！”[1]所以清末评点本都说探春此语“凿凿有理，不是撒泼空谈”[2]。在闺阁政治规则中，只有遵照规则行事才能强化统治，而“闹”或“戏”只能破坏规则，只能把政治规则化为游戏或取消。孔子曾经骂曰“唯女子与小人为难养也”，之所以难养，恐怕是女子失“敬”，则成泼妇；小人常“戏”，破坏规则。王希廉此处的评点

❶关于抄检大观园的分析，本文作者认为20世纪70年代的阶级分析虽然有偏激之处，但其矛盾论已经很到位，如对《红楼梦》反映的18世纪中国社会的三大矛盾的揭示，就是中国的马克思主义美学结合毛泽东思想所作的较为经典的分析。该分析认为“抄检大观园是封建统治阶级认为自己即将灭亡之前的一次垂死挣扎”，“但抄检大观园所造成的结果恰恰与贾府封建统治阶级力图挽回封建家族颓势的努力相反”，“加快了四大家族走向灭亡的步伐”，“探春说出了一点，即抄检大观园加速了整个封建家族的崩溃进程，如果说抄检大观园之前贾府靠着外面的架子，虽然比不得以前，但还保持着外面的一番迷人的繁荣假象，那么，抄检大观园之后，就连这一点虚假的繁荣也消失了”。（敦化林业局贮木场工人评论组、延边大学中文系评红小组：《抄检大观园说明了什么？》，见《东北师大学报（哲学社会科学版）》，1974年第4期，第97页。）

❷王希廉姚燮本批语。见[美]浦安迪编释：《〈红楼梦〉批偏全》，北京大学出版社，2003年，第378页。

正把探春的政治斗争与妇人之“泼”和小人之“闹”之间的实质差异区别开来，探春的行为是据“理”力争，是真正有效的反抗。此外，探春的卓越之处在于她比邢、王夫人之辈更具远见卓识，能站在家族的共同利益这一更高层次来看待各种问题。

三、“末世”余波：失效的闺阁政治

赵姨娘的处境与探春形成了极为鲜明的对照。探春是每“怒”则据理力争，旁人更不敢小觑；赵姨娘虽然得到贾政宠爱，并已有一子（贾环）一女（探春）得以巩固她的地位；虽然她以小人之“闹”兼女人之“泼”为获得自己的地位进行了挣扎与斗争，但结果却是每闹必败，在上得不到贾母、王夫人的正眼相看，在下得不到仆妇婢女们的尊敬，她甚至也得不到亲生女儿贾探春的支持与爱。

在《红楼梦》中，凡是不了解闺阁政治的微妙与利害，或者不用心于闺阁政治的人物，都渐渐地被边缘化了。黛玉自从宝钗来到大观园以后，处境越来越微妙，在小说开篇第5回就已经明写在闺阁政治中钗已胜黛，“品格端方，容貌丰美，人多谓黛玉所不及。而且宝钗行为豁达，随分从时，不比黛玉孤高自许，目下无尘，故比黛玉大得下人之心”。迎春虽居三春之长，却被奴仆欺负，被邢夫人骂道“反不及她（探春）一半”（第73回）。另一人物惜春也是如此，惜春甚至对自己那并没有什么过错的丫环（入画）也不保护，只想通过出家来摆脱闺阁纷争与冲突。而对闺阁政治规则特别留心的薛宝钗和探春的地位则扶摇直上。探春以庶出的身份，竟能获得王夫人赏识，在未嫁时就直接进入贾府的管理阶层，同时突破仆妇们轻视“姑娘”而惧“奶奶”的陈规，获得了类似于王熙凤的权威。

凤姐虽然恃强而斗，但她在处理与好色的丈夫贾链之间的关系时，不像她平时处理一般闺阁事物那样深得闺阁政治要领，所以周汝昌认为她真正的结局是以“泼”见弃。但是，凤姐的问题在于她对于闺阁伦理并不是真正地服从，而是试图以假装的“敬”（伪服从）来进行反抗。这就涉及“德”的真伪问题。如果没有把“德”当成康德式的最高律令，像儒家学者那样每日三省自身来达到言行一致，“德”最有可能完全表面化，从而被伪君子利用，这就是“德”的一个死肋。例如，当凤姐发现贾链偷娶尤二姐之后，虽然内心深处恨极了尤二姐，想尽办法置尤二姐于死地，但表面上却热情相待，以姐妹相称，将计就计，借用闺阁政治的规则来实施自己的复仇。可见，闺阁政治虽以“德”为本，但面临的问题与外部政治是一样的，即“德”都有可能被小人们借用、挪用。而闺阁之“德”的问题更大，它本来就建立在女性的“卑”下与不平等之上，这就使这些妇“德”必然遭受更多质问，在这一层面，凤姐式的阴险伎俩在现代眼光看来具备了某些合法性——即客体假装服从“德”的规定，以不道德的、甚至暴力的手段反对那些压抑客体的伦理政治规则。

抄检中处境最微妙的是黛玉。大观园的“抄家小组”把宝钗居处冠以“亲戚”之名而免于查抄，但却到另一个亲戚林黛玉的居处抄检，“开箱倒笼，抄检了一番”。所以许多批本都注：“林姑娘难道不是亲戚？”[1]这本身就大有可疑之处。其中原因，只有不断回溯《红楼梦》的前情才能解出其中关键。袭人对王夫人“揭发的”绝不只是晴雯等几个侍女丫头（第34回），袭人之所以能由此得到王夫人的认可，我们只有再前溯才能厘清，即宝黛诉衷情时（第32回），宝玉出神处误认袭人为黛玉时所诉说的“爱”之“病”，这是宝黛之间最深情的一次告白。也只有这件事才能真正打开袭人告密这个结，这在袭人看来是“不才之事”将至的前兆，这也是作品中没有明写的袭人告密的关键所在，是理解王夫人之所以对袭人告密如此感谢涕零的关键所在，“我就把他交给你了，好歹留心，保全了他就是保全了我，我自然不辜负你”。过后王夫人派人专门送两碗菜给袭人，并且交代袭人不用过去叩头感谢，如此公开的情意连袭人都觉得过了，自言“奇了”、“不好意思”（第35回）。王夫人的行为显然是对告密的再次回应。但就黛玉而言，虽然在那样的场面她知道迅速回避，但她在宝玉诉衷情之后（第34回），仍然在宝玉送到的旧帕上题情诗，虽然她守着礼法的底线，始终没有让宝玉看到这些情诗，但三首情诗的内容都早已跨越礼教的鸿沟，书中说她此时“也想不起嫌疑避讳等事”。抄检大观园时这些帕子历历在目，王熙凤等抄检者不识字，但若示之于王夫人，则黛玉无法逃避“轻薄”、“转了性情”等涉及闺阁的大罪。所以桐本关于此回总评说：“晴雯为王夫人痛恨至此，所以借映黛玉也。恐读者不知，故有‘像林妹妹’云云。”[2]

抄检大观园后，王派虽然以属于邢夫人派的司棋（小说写凤姐见搜出司棋，“只瞅着笑”，脂砚斋此处反复评说凤姐“恶毒之至”）、入画（见脂评：“入画本系宁府人也”）获罪得以保住权力，但付出的代价更大，逼死

[1] 王希廉姚燮本批语。见[美]浦安迪编释：《〈红楼梦〉批偏全》，北京大学出版社，2003年，第377页。

[2] 王希廉姚燮本批语。见[美]浦安迪编释：《〈红楼梦〉批偏全》，北京大学出版社，2003年，第379页。

晴雯、驱逐芳官等戏子，整顿大观园，连李纨、贾兰处一个长得略为妖娆的奶娘都被驱逐。余波一直漫延至曹雪芹所著的前80回，如第77回中“前日园中搜检事情”。故黄本评语反复强调，“园中搜检，此乃将败之兆”❶。愈演愈烈的闺阁政治冲突把花红柳绿、锦衣玉食的大观园的未来命运昭然揭示出来——在互相消耗的政治冲突中，其实并没有受益者。正如李普塞特所强调的，政治稳定既取决于政治秩序的“合法性”，也取决于其“有效性”。“积极的有效性”是运转的工具，是功能性的，它以光明公正和不采取暴力为底线；而“合法性”则是评价性的。如前所述，早在“焦大骂街”的开篇和柳湘莲的评价中，贾府就暴露出它已经丧失了合法性，其统治仅维持在工具层面。而抄检大观园却证明，即便在工具层面，也已经暴露出其统治最后不得不以暴力和不公正收场，这只是一种“消极的有效性”❷，也是冯友兰解释古典政治时所说的低级统治，“霸者则唯以武力征服人强使从己”❸,这是消极统治，合法性无从谈起。

❶王希廉姚燮本批语。见［美］浦安迪编释：《〈红楼梦〉批偏全》，北京大学出版社，2003年，第398页。

❷［美］马丁·李普塞特：《一致与冲突》，张华青译，上海人民出版社，1995年，第138页。

❸冯友兰：《中国哲学史》（上），华东师范大学出版社，2000年，第90页。

结语：另一种延伸

质言之，由于身处末世，曹雪芹已经写不出贾府真正的全盛期（拥有真正的合法性和有效性），贵妃省亲绝不是这个家族由盛而衰的开始，贵妃所带来的“烈火烹油鲜花着锦之盛”只是末世将世前的一个回光返照。曹雪芹也只能在《红楼梦》中通过只言片语让我们略窥一二，稍知仿佛，我们从王夫人在抄检大观园前对凤姐感叹声中，才能隐隐知道曾有过一个真正繁荣的时代：

> 也不用远比，只说如今你林妹妹的母亲，未出阁时，是何等的娇生惯养，是何等的金尊玉贵，那才像个千金小姐的体统。如今这几个姊妹，不过比人家的丫头略强些罢了。（第74回）。

脂砚斋评说：“犹云可怜，妙。在别人视之，今古无此。若在荣府论，实不能比先矣。”这些话，很有《凡例》中所说的“盛席华筵终散场”的味道。安徒生在《豌豆公主》中写过一个关于王后、王子寻找“真正的公主”的故事，王后用许多被子压住一粒豌豆来检验公主。而在王夫人话语中的黛玉之母，其实就是安徒生童话中最后找到的那位“豌豆公主”——“那才像个千金小姐的体统”。在古典社会的全盛期，贵族社会对“闺阁”的“娇生惯养”（即保护）才真正体现贵族时代全部的繁荣。曹雪芹在《红楼梦》中描写的贵族闺阁生活虽然表面上盛极一时，但处处从对统治阶层自身的观照中显露出分崩离析之相，这就是王夫人的感叹中所透露出的时代的大讯息——衰落与瓦解即将到来。这里讲的其实不只是贵族家庭的经济上的问题，更是昭示出古典时代的贵族统治已经在“内”（家庭秩序）先行进入了没落与衰亡时代，正所谓“金玉其外，败絮其内”，“百足之虫，死而未僵”；而“外”部国家秩序的没落崩溃和瓦解则要等到晚清和辛亥，由列强的坚船利炮和社会革命的风云动荡来宣告和验证。曹雪芹通过闺阁之“内”所透露出来的整个古典社会的衰落气息，正是鲁迅所精确概括的“悲凉之雾，遍被华林”[1]，但鲁迅所认为的只有宝玉感受到此讯息的说法，似乎并不准确，或可以改为：“悲凉之雾，遍被华林，然呼吸而领会之者，岂独宝玉而已？”（“岂”为笔者所加）

[1]鲁迅：《鲁迅全集》第九卷，人民文学出版社，1981年，第231页。

曾祥波，男，四川泸州人。四川大学中文系学士，北京大学中文系硕士、博士。现为中国青年政治学院中文系副教授。讲授中国古代文学史（宋元部分）、中国古典文献学、近现代学术经典导读等课程。撰有专著《从唐音到宋调：以北宋前期诗歌为中心》（"东方文化集成丛书"，昆仑出版社2006年3月）；论文《唐宋诗歌转折中被遗忘的一环：对唐末江南诗人群及其诗风的考察》（《国学研究》2004年11期）、《从宋初政治的崇文倾向看宋诗气质的形成》（《北京大学学报（哲社版）》2004年3期）、《偶然性细节的刻画：对三首杜诗的分析》（《文史知识》2007年7期）、《韩白关系考论》（《中国青年政治学院学报》2009年5月）等。

近现代学术脉络中的读书人
——以钱钟书《管锥编》为主

■曾祥波

钱钟书（1910～1998），钱基博长子。1929年入清华大学外国语文系。1935年起先后于牛津大学英国语文系、法国巴黎大学攻读。1938年归国后担任过西南联大外文系教授、湖南蓝田师范学院英语系系主任、上海暨南大学外语系教授、中央图书馆英文总纂、清华大学外文系教授等。1953年起，任中国社会科学院文学研究所研究员直至逝世。

钱钟书著作弘富，游艺多方。《谈艺录》（1948）是对中西诗论中貌异实同的诗心的精微辨析、比较和阐发，每能言前人所未发，既是古典诗话之绝唱，也是对传统文论的超越。《宋诗选注》（1958）从创作理论的高度对中国古典诗歌中的许多问题作出了鞭辟入里的深邃阐发，选本之中至今未有能与之颉颃者。《管锥编》[1]（1979）融通中西，对《诗经》、《易经》、《老子》、《左传》、《史记》、《楚辞》、《太平广记》、《全上古三

[1]《管锥编》（中华书局1986年6月第二版），钱钟书撰，共5册，其中1～4册为正文，第5册为“增订”与“增订之二”合编。

该书对《周易正义》、《毛诗正义》、《左传正义》、《史记会注考证》、《老子王弼注》、《列子张湛注》、《焦氏易林》、《楚辞洪兴祖补注》、《太平广记》、《全上古三代秦汉三国六朝文》10种典籍加以考辨析理，融会中西，打通科限，体大思深，一时无二。

此书获得中国首届“国家图书奖”。

代秦汉三国六朝文》等古籍作了极富创见的阐释，体大思深，字逾百万，涉猎广博，论述精到，绝无空泛之语，诚为空前之作。此外，尚有《十六、十七、十八世纪英国文学里的中国》（1943年《北京图书馆刊》英文版）、《旧文四篇》（1979）、《也是集》（1984，此与《旧文四篇》又合编为《七缀集》）。钱钟书同时还是一位机智隽永、才情横溢的作家。著有散文集《写在人生边上》（1941），短篇小说《人•兽•鬼》（1946），长篇小说《围城》（1947）等，无一不是现代文学史中的名篇佳作。晚清以降，现代学术继承清代古典学术的集大成之势，又得到中西文化大碰撞的契机，呈现出空前繁荣的局面。在这一潮流中，钱钟书以其独特的学术轨迹卓然独立。

钱钟书最显著的治学特点是雅好集部，尤擅以诗心解经、史、子部，尤好言修辞之理与人心之构。《管锥编》论《毛诗正义》第5条“《关雎》四•兴为触物以起”指出：“大抵说《诗》者皆经生，作《诗》者乃词人，彼初未尝作诗，故多不能得作诗者之意也。”[1]此言恰是窥见钱氏著述门径之津航。修辞是造艺为文的重要手段，故探讨文心必须借助修辞，而传统训诂学家特别欠缺的素养也莫过于此，钱钟书对前人的超越同样于此可见一斑。著名的例子就是《七缀集》中的《通感》一文，在钱钟书提出的这个修辞概念的烛照之下，许多古典文本看似扞格之处，无不迎刃而解。《七缀集》中最常被人称引的《中国诗与中国画》一文虽被认为是高屋建瓴之作，但是学界仍时有异议，如阮璞《苏轼的文人画观论辨》。[2]而提及《通感》则众口无异辞。毕竟，历史考据注重个别的、细节性的事件，而诗心文心注重超越一般时空限定的普遍性、规律性的情况。换言之，概括之下，个别泯灭，钱钟书用修辞学、心理学等工具来梳理史学问题，在史实细节的分析中就很容易“以全盖偏”，露出些许破绽。言及此，就涉及学术史上所谓的钱、陈（寅恪）之争。[3]窃以为，陈寅恪是历史学家，讲求特殊性，要探明独一无二的“这一个”；钱钟书是文学家、文艺心理学家，讲求共通性，要说明带有普遍性的“这一批”。出发点和归宿地本来不同，必易地而处之，则两相龃龉。宜观其略，不以一眚而掩大德。

进一步来看，钱钟书论学，于修辞之中尤好谈譬象。他认为比喻“正是文学语言的特点……是文学语言的擅长”。钱钟书对比喻的阐释有两点重要贡献：其一是特地拈出“博喻”手法，《宋诗选注》“苏轼”条题解指出：“（苏轼）在风格上的大特色是比喻的丰富、新鲜和贴切，而且在他的诗里还看得到宋代讲究散文的人所谓‘博喻’，或者西洋人所称道的莎士比亚式

[1]《管锥编》第一册62页，中华书局1979年8月。

[2]此文收入傅杰编《二十世纪中国文史考据文录》（云南人民出版社，2001年12月）。顺便说一句，该书录钱钟书文，选的恰恰是一篇最少钱钟书治学特点的纯史学考据文字《汉译第一首英语诗〈人生颂〉及有关二三事》，其中透露之消息颇可发人之思。

[3]参见胡晓明《陈寅恪与钱钟书：一个隐含的诗学范式之争》，《诗与文化心灵》第三编，中华书局2006年12月。

的比喻，一连串把五花八门的形象来表达一件事物的一个方面或一种状态。这种描写和衬托的方法仿佛是采用了旧小说里讲的‘车轮战法’，连一接二地搞得那件事物应接不暇，本相毕现，降服在诗人的笔下。”[1]其二是对比喻的“两柄”、“多边”等范畴进行了深入广泛的探讨，如《管锥编》论《周易正义》“归妹”之“比喻有两柄亦有多边”条言两柄：“同此事物，援为比喻，或以褒，或以贬，或示喜，或示恶，词气迥异；修辞之学，亟宜拈示。斯多噶派哲人尝曰：‘万物各有二柄’（Everything has two handles），人手当择所执。刺取其意，合采慎到、韩非“二柄”之称，聊明吾旨，命之‘比喻之二柄’可也。水中映月之喻常见释书，示不可捉搦也。然而喻至道于水月，乃叹其玄妙，喻浮世于水月，则斥其虚妄，誉与毁区以别焉。不劳广征，即取晋释慧远《鸠摩罗什法师大乘大义》卷上为例。其称‘法身同化’，无四大五根，‘如镜中像、水中月，见如有色，而无触等，则非色也’，水月之喻，盖以扬之；其言‘幻化梦向’，如‘镜像、水月、但诳心眼’，水月之喻，又以抑之。词章沿用亦然。”[2]又言多边：“比喻有两柄而复具多边。盖事物一而已，然非止一性一能，遂不限于一功一效。取譬者用心或别，着眼因殊，指（denotatum）同而旨（significatum）则异；故一事物之象可以孑应多，守常处变。譬夫月，形圆而体明，圆若明之在月，犹《墨经》言坚若白之在石……如陈子昂《感遇》第一首：‘微月生西海，幽阳始代升’，陈沆《诗比兴笺》解为隐拟武则天，则圆与明皆非所思存，未可穿凿谓并涵阿武之‘圆姿替月’、‘容光照人’。‘月眼’、‘月面’均为常言，而眼取月之明，面取月之圆，各傍月性之一边也……一物之体，可面面观，立喻者各取所需，每举一而不及余；读者倘见喻起意，横出旁申，苏轼《日喻》所嘲盲者扣盘得声、扪烛得形，无以异尔。”这种以文心诗性阐释经、史、子、集四部文本的思路，在钱钟书《管锥编》中一以贯之，所以他进而说：“喻有柄有边，后将随见随说，先发凡于此。”

这一治学理路在诗文选注中的体现则是《宋诗选注》。此书绝非一般意义上诗歌选本所谓的“溯源之注”，乃是自成机杼的“阐释之注”。溯源之注，或注古典（字面之来源），或注本事（事件之来源），而钱氏独辟蹊径，侧重阐释作者之用心所在，连类而集，遂成谈艺之规律。如《宋诗选注》王禹偁《村行》“数峰无语立斜阳”一句的注释：

“按逻辑来说，‘反’包含先有‘正’，否定命题总预先假设着肯定命题。王夫之《思问录·内篇》所谓：‘言“无”者，激于言“有”而破除

[1] 钱钟书《宋诗选注》，第61页，中华书局1989年9月。

[2] 《管锥编》第一册36页，中华书局1979年8月。

之也。'诗人常常运用这个道理。山峰本来是不能语而'无语'的，王禹称说它们'无语'，或如龚自珍《己亥杂诗》说'送我摇鞭竟东去，此山不语看中原'，并不违反事实；但是同时也仿佛表示它们原先能语、有语、欲语而此刻忽然'无语'。这样，'数峰无语'、'此山不语'才不是一句不消说得的废话。（参看司空图《诗品》：'落花无言'，或徐夤《再幸华清赋》：'落花流水无言而但送年华'，都是采用李白《溧阳濑水贞孝女碑铭》：'春风三十，花落无言。'）改用正面的说法，例如'数峰毕静'，就减削了意味，除非那种正面字眼强烈暗示山峰也有生命或心灵，象李商隐《楚宫》：'暮雨自归山悄悄。'有人说，秦观《满庭芳》：'凭栏久，疏烟淡日，寂寞下芜城'比不上张升《离亭燕》：'怅望倚层楼，寒日无言西下'（《历代词人考略》卷八），也许正是这个缘故。"❶

在这里，溯源的意义并不重要，或者说，溯源其实没有绝对的正确性，你怎么能够确定诗人是学习了这一位还是那一位呢？假如这两位都在他之前，而且分别独立成章。类似的阐释还可以参照《管锥编》论《毛诗正义》第11条《行露》"修辞之反词质诘"理解：

"'谁谓雀无角？何以穿我屋！谁谓鼠无牙？何以穿我墉！'按雀本无角，鼠实有牙，岨峿不安，相耦不伦。于是明清以来，或求之于诂训，或验之于禽兽，曲为之解，以圆其说。……窃以为科以修辞律例，笺诗当取后说。盖明知事之不然，而反词质诘，以证其然，此正诗人妙用。夸饰以不可能为能，譬喻以不同类为类，理无二致。'谁谓雀无角？''谁谓鼠无牙？'正如《谷风》之'谁谓荼苦？'，《河广》之'谁谓河广？'，孟郊《送别崔纯亮》之'谁谓天地宽？'。使雀噣本锐，鼠齿诚壮，荼实荠甘，河可苇渡，高天大地真局蹐逼仄，则问既无谓，答亦多事，充乎其量，衹是辟谣、解惑，无关比兴。诗之情味每与敷藻立喻之合乎事理成反比例。"❷这与"数峰无语立斜阳"的注释是同一理路。

在上述例子中，钱钟书对修辞的理解绝没有陷于字斟句酌，而是进入到创作、阅读的心理学层面，换言之，进入心理层面也就意味着进入了现代哲学的有效意义范畴。这是《宋诗选注》之前诗文选本完全不曾达到的高度。文学超越个别的一般性意义在这里凸显出来，人同此心，心同此理，只需要把"同"的意义揭櫫显现，就达到了文学上的规律性理解，所以《谈艺录•序》开宗明义："东海西海，心理攸同；南学北学，道术未裂。"❸而《管锥编》中反复提到："旨归一揆，直所从言之异路耳。"都是在强调这一学理

❶《宋诗选注》，第8页，中华书局1989年9月。

❷《管锥编》第一册74页，中华书局1979年8月。

❸钱钟书《谈艺录》，第1页，中华书局1984年9月。

思路。我们可以说，钱钟书用了《谈艺录》、《宋诗选注》和《管锥编》中成千上万的种种小结裹，八方风雨汇中州，聚义而成此一大判断。

当然，我们也并不是说，就可以用类似的文论分析理路取代哲学的理解。《管锥编》论《毛诗正义》33条《有女同车》之“都犹京样”条指出“人之分都、鄙，亦即城乡、贵贱之判”，[1]但是如果我们去看冯友兰《贞元六书•新事论》第三篇《辩城乡》，[2]就会发现在思路层次的清晰和分析的深刻上，还是哲学家更胜一筹，尽管冯友兰在学识广博的意义上也许不及钱钟书。当然，钱钟书的著述，有时给人“以繁御简”、材料过多的印象，[3]但比起那些材料不足而下笔千言之作，钱著应该更有资格获得免于批评的治外法权。

难能可贵的是，钱钟书如美食家而兼擅厨艺，能评会作，成为现代文学史上风格独树一帜的学者型作家，在他笔下，写作与治学充分地结合起来，《围城》自然是他最为人熟知的作品，我在阅读中发现了不少与钱钟书治学相关的描写性细节。如《管锥编》论《全晋文》卷八九“眼罔响而远视”条：

“王沉《释时论》……‘德无厚而自贵，位未高而自尊；眼罔向而远视，鼻[鼻繆][鼻軋]而刺天’；刻画倨傲之状……烟霞道人《斩鬼传》第二回捣大鬼‘谈笑时面上有天，交接时眼底无物’，即王《论》所状张致，西语谓之给予当场在座者以‘缺席款待’（absent treatment）。”[4]

不知道《围城》描述方、赵首次见面是否来自于类似的阅读经验？小说这样写道：

“那赵辛楣本来就神气活现，听苏小姐说鸿渐确是跟她同船回国的，他的表情说仿佛鸿渐化为稀淡的空气，眼睛里没有这人。假如苏小姐也不跟他讲话，鸿渐真要觉得自己子虚乌有，像五更鸡啼时的鬼影，或道家‘视之不见，抟之不得’的真理。……赵辛楣喉咙里干笑道：‘从我们干实际工作的人的眼光看来，学哲学跟什么都不学全没两样。’‘那么提赶快找个眼科医生，把眼光验一下；会这样东西的眼睛，一定有毛病。’”[5]

再如《围城》中唐晓芙初次出场：

“古典学者看她说笑时露出的好牙齿，会诧异为什么古今中外诗人，都甘心变成女人头插的钗，腰束的带，身体睡的席，甚至脚下践踏的鞋，可是从没想到化作她的牙刷。”[6]

这自然使我们想到了《管锥编》145条《全晋文》卷一一一为“《闲情

[1]《管锥编》，第一册107页，中华书局1979年8月。

[2]冯友兰《贞元六书》，245～256页，华东师范大学出版社1996年12月。

[3]这方面的批评，就我所见以刘皓明《绝食艺人：作为反文化现象的钱钟书》最为激烈。

[4]《管锥编》第三册1170页，中华书局1979年8月。

[5]钱钟书《围城》，人民文学出版社1991年2月。

[6]钱钟书《围城》，人民文学出版社1991年2月。

赋》”所发之愿而作的按语。[1]又如《围城》中写到方鸿渐和唐晓芙初次默契，契机来自沈太太身上那种“文言里的雅称跟古罗马成语都借羊来比喻的愠羝之气”。这个情节的设置也不免让人注意到《管锥编》152条《全晋文》卷一二二“（鲇）鱼”条对体臭的引证。[2]还有，《围城》说到鸿渐相亲打牌赢钱之后的愉悦心情：“他记得《三国演义》里的名言：‘妻子如衣服’，当然衣服也就等于妻子；他现在新添了皮外套，损失个把老婆才不放心上呢。”虽是借用俗语的俏皮发挥，可也能在《管锥编》论《毛诗正义》17条“谷风•夫妇与兄弟”中找到从《周礼》到莎士比亚戏剧的对应文本分析。[3]

反观中国古典学术脉络，在著述体制上与之相似的源头似乎可以追溯到子部“杂考”。子部杂考是宋人所创，即上起王应麟《困学纪闻》、下至顾炎武《日知录》、孙诒让《札迻》的学术札记之作。寻绎《谈艺录》、《管锥编》，时可见其受前人学术札记影响之迹。钱钟书在《围城》中曾经不无反讽地让方鸿渐在准备演讲时翻阅《癸巳类稿》一类书籍，倒不妨视为他潜意识中对此类学术札记十分熟稔的一种证明。另外，我读《管锥编》，时常有这样的感受，其文亦颇似字典辞书之体。而学界流传的种种传闻似乎也在印证这一观感，如称钱氏喜读字书，家中藏书多为工具辞书，所撰英文辞典札记为牛津出版社重金求购而不获云云。这一种学术理论的源头则来自清人的文献梳理之学，如王念孙、王引之父子《读书杂志》、俞樾《古书疑义举例》一类，不过清人以训诂之学治之，而钱钟书则由修辞、文论及心理学诸途径入手，可以说是清代古典文献学的一种现代转化。时论似乎有一种误会，以为《管锥编》的书名代表了钱氏的谦虚，所谓“用管窥天，用锥指地”（《庄子•秋水》），只见一斑而已；其实不然，胡渭的地学名著《禹贡锥指》，书名用“用锥指地”，表明其书为探究“地”学之作；钱氏“管”、“锥”并举，则合“天”、“地”之学而研讨之，其义可谓大矣。

钱钟书的文学创作，似乎尚未有专门的源流研究。我的阅读体会，它很像英国文学中不动声色的讽刺一派，如兰姆、塞缪尔·巴特勒、萧伯纳。特别要提到巴特勒，英国小说家E.M.福斯特在他的随笔《一本影响了我的书》里称赞巴特勒是“转弯抹角的大师”，萧伯纳则对巴特勒的《众生之路》发出惊呼，誉其为“19世纪后半期英国最伟大的作家”。钱钟书曾经在《管锥编》中引用过这位国人注意不多的作家及其作品。另外，在散文中旁征博引，这点酷似法国文学中的博览随笔派如蒙田，以及同样是法国人的《巨人传》作者拉伯雷。不过，这一问题超出了本文主旨以及作者的学力，就此打

[1]《管锥编》，第四册1222页，中华书局1979年8月。

[2]《管锥编》，第四册1239页，中华书局1979年8月。顺便说一句，陈寅恪1937年撰写《狐臭与胡臭》一文，对这个问题也作过中西交通史和心理学式的分析：“疑此腋气本由西胡种人得名，迨西胡人种与华夏民族血统混淆既久之后，即在华人之中亦间有此臭者，倘仍以胡为名，自宜有人疑为不合，因其复似野狐之气，遂改‘胡’为‘狐’矣。若所推测者不谬，则‘胡臭’一名较之‘狐臭’，实为原始，而且正确欤。”

[3]《管锥编》，第一册83页，中华书局1979年8月。

住为妙。

要之，在古典学术向现代学术转化的学理脉络之中，钱钟书是非常特别的一位。用他自己的话返诸其身，不妨将他看做是纯然“素心”的读书人。这当然不是说他人不读书，而是说他人读书，往往以解决问题为要务，尽管这问题可大可小、可实可虚，或为国计民生，或出于个人际遇，或追究纯粹的史证与哲理，但这都是为着书本之外的问题，向书中寻找镜鉴，籍为奥援。只有读钱钟书的著述，我们才感觉到他并无旁骛之心，只是一味在书中寻求阅读的快乐，奇文共欣赏，疑义相与析。他人或读出作者所要表达的东西，或读出自己所愿意找到的东西[1]，而钱氏则探掘书中所未欲显言、却无意间透露泄漏之隐义，然后偷偷会心且快乐着，如同重温他早年在“与世隔绝”的蚊帐中自娱自乐的童趣。这种无所用的读书之乐，实在是现代学术脉络中久违了的空谷足响。钱钟书毕生享受这种乐趣，不期而然地，凭借其天资才情从这种读书之乐中获得的无数小结裹，最终作出了他自己对中西文学和文化的大判断。

[1] 可参见冯友兰所言“照着（古人）讲”与“接着（古人）讲”。

【附录】《管锥编》（中华书局1979年8月）建议阅读篇目

第一册

1. 8页 “体用之名”
2. 36页 “比喻有两柄亦有多边”
3. 47页 “修辞兼言之例”
4. 49页 “物同理同”
5. 60页 “声与诗”
6. 62页 “兴为触物以起”
7. 67页 “话分两头”
8. 70页 “花笑”
9. 78页 “送别情境”
10. 80页 “契阔诸义”
11. 83页 “夫妇与兄弟”
12. 88页 “诗文中景物不尽信而可征”
13. 95页 “诗文之词虚而非伪”
14. 102页 “身疏则谗入”

15．105页 “形容词之情感价值与观感价值”；“都犹京样”
16．161页 “五例”；“《左传》之记言”
17．167页 “考词之终始”；“阐释之循环”
18．224页 “断章取义”
19．233页 “愚民说”
20．305页 “天道”
21．316页 “滑稽”
22．347页 “首鼠两端”
23．357页 “自序”
24．389页 “司马谈论六家各有其是”
第二册
25．411页 “神秘宗之见与蔽”；“正反依待”
26．424页 “无之以为用”
27．427页 “有身为患”
28．440页 “分散智论”
29．449页 “大音希声”
30．600页 “反经失常诸喻”
31．719页 “意余于象”
32．809页 “妇人作诗”
第三册
33．865页 “伤高怀远”
34．888页 “文之体”
35．902页 “隐士”
36．914页 “见可欲而不乱为德”；“厚葬诲盗”
37．921页 “圆喻之多义”
38．935页 “发愤著书”
39．977页 “俗字”
40．988页 “迷不知路之南北”
41．994页 “绝交”、“交际与交友”
42．1013页 “神怪与稍加以理”
43．1022页 “隶事偶合”
44．1032页 “乐志于山水”

45．1050页 “能作与能评”

46．1064页 “古选本每削改篇什”

47．1086页 “听乐与闻乐”

48．1121页 “匆匆不暇草书”

49．1129页 “学说杀人”

第四册

50．1240页 “正统”

51．1295页 “词赋主客酬对多假托”；“词章中之时代错乱”

52．1346页 “风景待人知赏”

53．1352页 “谈韵诸条”

54．1387页 “立身与文章”

55．1420页 “笔与文”

张卫民，男，河南新蔡人。郑州大学中文系学士，清华大学人文与社会科学学院硕士。现为中国青年政治学院中文系副教授。讲授写作基础、俄罗斯文学、摄影艺术等课程。

读小说笔记

■张卫民

读卡尔维诺

晚上乱翻卡尔维诺的《为什么读经典》[1]（这本书是他断断续续写的文学评论，他死后，由他妻子埃斯特尔·卡尔维诺编辑出版，埃斯特尔颇能干，还编辑出版了卡尔维诺未完成的《写给下一个世纪的文学备忘录》。当年这本小册子曾如何使我迷醉啊！），看到卡尔维诺对何谓经典，列出了14项指标，这些指标当然都是对的，我就不一一列举了。正确的道理有很多，要想把它们都记住是会出人命的。我只列举其中一条：

"七、经典作品是这样一些书，它们带着先前解释的气息走向我们，背后拖着它们经过文化或多种文化（或只是多种语言和风格）时留下的足迹。"——然后，老卡发挥说："中学和大学都应加强这样一个理念，即任何一本讨论另一本书的书，所说的都永远比不上被讨论的书。"——这句话说得真妙，这就是大师的风范，大师敢随处留下破绽。大学老师会揪住卡尔维诺这段话不放，大家会说：您都说了评论别人书的书没啥意思啦，那您还

[1]《为什么读经典》是意大利作家伊塔洛·卡尔维诺的一部评论集。在作者逝世后由妻子埃斯特尔·卡尔维诺编辑出版，这部文集包括36篇文章，绝大部分写于20世纪70年代和80年代，分别评论了卡尔维诺感兴趣的作家——从荷马到现当代的一些作家。文集中文章的风格大体是一致的，即都带有所谓"卡尔维诺式"的睿智与准确，全无迂腐的学究气。除了作者的独特视角，这部文集也可看成是一部卡尔维诺版的经典导读。

评论个啥？大学教师们不懂得这个道理：农民趟雪赶兔子，需要跟着兔子的脚印走，一个行家评论另一个行家的书，本身就是另一本书，而不只是一本评论别人的书。大师们敢说模棱两可的话，敢在晦暗不明的地带留下自己的足迹……仔细想想，大师之为大师，不就是人家敢随处露出破绽吗？否则大师不就成为我们了吗？

我对卡尔维诺腹诽之处甚多，第一件腹诽的是，他居然不在意大利好好呆着，非要跑到巴黎和那些法国搞理论的家伙泡在一起——我觉得写小说的应该像防火防盗一样提防搞理论的；第二件腹诽他的是，他是最早给俄国小说《日瓦戈医生》[1]写评论的行家（因为冷战的原因，《日瓦戈医生》最早在意大利出版），但他写得不知所云，托斯卡纳的天空太碧蓝了，他好像不是很理解俄罗斯土地上的那种忧郁和浓得像苦酒一样的诗意。

腹诽归腹诽，但我永远是卡尔维诺的粉丝。等我老了，哦，准确说是等我更老了，我会挨个评点20世纪的好作家，如果只给我10个人的指标，我会毫不迟疑地列上老卡；如果给我5个人的指标，我会略为迟疑地列上老卡；如果只给我3个指标，我再三迟疑之后，仍然列上老卡。我喜欢凝重，也喜欢轻盈，20世纪的小说，就轻盈而言，没人比得上老卡。

在他妻子为这本书写的序言里，引用了老卡过去的文字，我觉得非常可爱：

“我特别爱司汤达，因为只有在他那里，个体道德张力、历史张力、生命冲动合成一样东西，即小说的线性张力……我爱托尔斯泰，因为有时我觉得自己是几乎理解他的，事实上却什么也没有理解……我爱简•奥斯汀，因为我从未读过她……我爱莫泊桑，因为他肤浅。”

后两条最可爱，可惜我们都不敢承认。有了这两条，一本书再有缺点，也值得在炎热的盛夏一读了。

不存在的骑士

卡尔维诺的《我们的祖先》[2]系列由三部小说组成：《分成两半的子爵》、《树上的男爵》和《不存在的骑士》。三部小说中，《树上的男爵》最好，奇特而不失真实；《分成两半的子爵》像是道德讽喻，有简单图解人

❶鲍·帕斯捷尔纳克，《日瓦戈医生》，蓝英年、张秉衡译，人民文学出版社。

❷《我们的祖先》一书写于20世纪50年代，由《分成两半的子爵》（1952）、《树上的男爵》（1956）和《不存在的骑士》（1959）三篇小说组成，通常大家都把这三部小说称为“三部曲”，但实际上，三部小说的情节并无直接的关系。可是，它们在主题和逻辑上是互相呼应的，所以称它为松散的三部曲更为合适。小说借寓言的方式讲述了三个奇特的故事，这些故事在现实中显然只属于童话或传说，它不是现实主义的，但是，它的所有细节都经得起常识的推敲。作者伊塔洛·卡尔维诺钟爱童话这一艺术形式，熟稔童话的特征、手法，他把目光投向古代，但他要写的还是现代社会人与人之间的错综复杂的关系。《我们的祖先》的问世，进一步确立了卡尔维诺作为伟大小说家的文学地位。这部小说为卡尔维诺本人带来了文学声誉，也为小说本身赢来了无数读者。

关于这部小说，作者本人的序言是最好的导读，他在序言中说：“我尤其想请读者注意故事意象和情节所提供的道德课题。《分成两半的子爵》讨论了缺憾、偏颇、人性的匮乏；《树上的男爵》的题旨则包括孤立、疏

远、人际关系的困顿；《不存在的骑士》探索空洞的形体以及具体的生命实质，自我建塑命运以及入世的意识，还有出世的全然撤离。除了以上这些基本要点之外，我不想再提供其他解释：因为读者必须以自己的意愿去解读这些故事——或许读者也根本不必费力解析故事，只要读了愉快就好——这样的读者反映，就让身为作者的我心满意足了。"

性之嫌，对于小说家来说，不算高明；《不存在的骑士》想象力最为奇特，大多数写小说的人在初学小说时应当先看看这部小说，这会帮助他们正确选择自己的人生方向。作者在书中描写了一个不存在的骑士。他穿着白色的铠甲，黑色的披风，并发出金属般的声音。故事的历史背景是十字军东征。

当查理大帝巡视他的基督教大军，发现了一个穿着异常整洁的骑士，查理大帝问他："您为什么不揭开您的头盔？为什么不露出您的脸来？"骑士回答说："陛下，因为我不存在。"查理大帝大为吃惊："原来是这样，原来我们这里还有一位不存在的骑士哪！请您让我看一眼。"

书中的描写是这样的："阿季卢尔福（骑士的名字）仿佛犹豫片刻，然后用一只手沉着而缓慢地揭开头盔，头盔里面空空洞洞。在饰有彩虹般羽毛的白色盔甲里面没有任何人。"大帝问他，既然您不存在，那么您如何履行职责呢？骑士回答说：我凭借意志的力量，陛下！书里面说，大帝非常满意骑士的回答，表扬一番后就骑马离去。作者解释说：大帝年事已高，不愿意去操心抽象的问题。

这是一部想象力瑰丽的小说，这样的小说只可能存在于民间神话中，卡尔维诺已经死了，这样的小说再也不可能被人写出来了。

我印象里，这部小说最出色、最专业的描写是这位不存在的阿季卢尔福如何吃饭，他缓慢而优雅，把送到他面前的每一道菜都要足足折腾上半个小时，然后原封不动地交给伺者端走。另一个出色的描写是他的偷情——书中说，有个贵夫人听说骑士坐怀不乱的美名，执意要诱惑他。于是就有了这样的描写：贵夫人玉体横陈，邀请骑士在她身边躺下，骑士对她说："克里奥帕特拉夜夜都在梦想同一个穿着铠甲的骑士上床。"贵妇人说出了实话："我从来没有体验过，他们一个个很早就脱光了。"总之，第二天早上，好奇的妇女们问贵妇人，昨天怎么样了。她回答说："一个男子汉，一个男子汉……不眠之夜，一个天堂……"——好奇的同学们，看原书去吧。

我怀疑这部小说是卡尔维诺为他死后10年才兴起的互联网而写的。这样迷离的情境除非在虚拟世界才可能存在。我们写博客，在网上调情，我们那些自以为深情的文字，就像阿季卢尔福的铠甲。

雷马克写流亡……

德语小说家埃里希·马里亚·雷马克写流亡，一写就是几本书：《凯旋门》[1]《流亡曲》、《里斯本之夜》，这三本，都是我极喜欢的书。其实，20年前读雷马克的《西线无战事》，我就爱上了他。

在北京的文学圈，不能对别人说你喜欢雷马克。因为他不深刻。雷马克确实不深刻，从哲思和理性的角度，他比不上他家西边的法国人；在对生活的晦暗不明地带的理解上，他又比不上他家东边的邻居俄国人。可是，雷马克是亲切的，就像我们的朋友。他执著于日常经验，他写爱情、写流亡、写复仇……这一切都是常识。德语作家其实最缺常识。你可以看到海德格尔的林中小路，也可看到荷尔德林的疯狂，德国人作为哲学家，让你景仰，作为文学家，却有点乏味——在老歌德之后。雷马克在德语文学史上的排名不会太靠前，因为他不艰深。文学史和文学教授似乎都比较喜欢艰深，他们告诉普通读者说：雷马克太通俗了，可是通俗而不失品味，似乎比艰深更难。在下雪的夜晚，在秋天，可以对母亲读、也可以对孩子读的小说，还真的找不出很多。狄更斯没问题，马克·吐温没问题，莎士比亚是说不尽的，也没问题；雷马克的小说可以同时给母亲和孩子读。

就算不给别人读，雷马克小说中的经典场面连我自己都心仪和心碎：巴黎、维也纳、布拉格、日内瓦……在纳粹上台后，这些城市曾经是德国流亡者的天堂。欧洲的流亡者太多了，以至于无法用意识形态标准去划分。反对布尔什维克的俄国人、什么也不反对、只因为是犹太人的犹太人、反对纳粹的纯德国人……他们流落在这些城市的边缘，流落在拘留所和国界线。饥饿、恐惧、天各一方的分手、生死两别的永诀，是他们生活的场景和标记，失去家园的苦痛唯有在真实的流亡处境中才能真实地体会，失去爱人、失去家人、失去祖国、又像兔子一样被纳粹的猎狗追逐……即使我们只是在书中读到而不是真实经历，这种境遇已经足以令人绝望了。

雷马克的作品，没有大气势。但他有一种真实的颓废，这种颓废是生活境遇的写照，绝非艺术夸张。你看：

“这是一个奇异的夜晚……而我，却在这儿一束苍白的菊花和一瓶苹果白兰地的中间，跟一个女人相对着……”（《凯旋门》）

“你不就是我的没有根的快乐？我的云端里的快乐？我的探照灯下的快

[1] 埃里希·马里亚·雷马克，《凯旋门》、《流亡曲》、《里斯本之夜》，朱雯译，上海译文出版社。德国小说家埃里希·马里亚·雷马克（1898～1970）的代表作之一。雷马克因写《西线无战事》而走上德语文坛，又因这部小说而遭到纳粹政权的迫害，流亡国外。他对流亡的遭遇非常关注，以流亡这一主题写了几本小说：《凯旋门》、《爱你的邻人》（国内译为《流亡曲》）、《里斯本之夜》等。在雷马克写流亡生活的几部作品中，以《凯旋门》最有影响；这是因为这部作品的故事情节十分动人，艺术手法也更臻成熟。书中讲述了外科医生拉维克因隐藏一名犹太作家而被盖世太保逮捕，受尽折磨；后逃出集中营，流亡法国，过着朝不保夕、随时会被驱逐出境的不安定的生活。一天晚上他在塞纳河畔邂逅一位流离失所的女演员琼，两人因境遇相同而彼此相爱。不久拉维克在巴黎街头偶然遇到几年前刑讯他并折磨死他妻子的纳粹头目哈克，为报仇雪恨，他忍痛离开情人琼，想方设法追踪哈克，终于在一个夜晚将仇人诱骗到一个森林里，然后把他杀了。第二次世界大战爆发，拉维克和别的流亡者一起被法国警察逮捕，囚车载着他们穿过凯旋门，向捉摸不定的远方驶去。

乐？”（《凯旋门》）

“理想只需要几个悬挂面纱的钉子。至于这些钉子是金的，是锡的，或者是生锈的，那都无所谓。只要挂得住的，它就被挂住了。”（忘了出处）

“你也知道难民总像石头中间的石头吗？在他们的祖国看起来，都是些叛逆。而在国外，他们却还是祖国的人民。”

还有，在《流亡曲》里，记得有一个伤心的场面，在逃跑的途中，主人公突然听到了美妙的小提琴的声音。然后，雷马克感叹道：此刻，这种美妙的音乐是永恒的，可是，它也是对苦难的永恒的讽刺。

日瓦戈医生：从电影到小说

昨天有朋友说起电影《日瓦戈医生》[1]，在我印象中，这是最好的改编。很多根据小说改编的电影，大抵都是对原作的扭曲。但电影《日瓦戈医生》显然例外。电影把小说原作中那些枝蔓丛生的线索作了大刀阔斧的删减，只留下尤里、冬妮娅和拉拉的主线。我认为这是成功的，也是忠实于原作的，不这样删减就无法用影像语言去体现原作的精神。比方说，在小说原作中很重要的一个主人公，尤里的舅舅尼古拉，就无法在电影中体现。是尼古拉舅舅深深地影响了日瓦戈，从童年到青年，日瓦戈对生话和艺术的看法大都来自尼古拉舅舅。即便在小说原作中，尼古拉舅舅的角色也很容易被读者忽略，我斗胆说，看不懂尼古拉舅舅，就无法理解小说《日瓦戈医生》的精神。尼古拉舅舅来自尤里的母系家族，母系是阴柔的、月光的，而尤里的父系则是酗酒而暴虐的。母系象征着他的祖国母亲，而小说中其他男性形象基本上都是蹂躏者，有人蹂躏自己，有人蹂躏别人，有人把自己、别人和俄罗斯母亲一起蹂躏，不管他们出于什么崇高的目的。在书中，尼古拉舅舅像一个隐士，常常莫名其妙地出现，当出现后，又常常不知去处。尼古拉舅舅的话也是没有轨迹的，有时候感性，有时候抽象。帕斯捷尔纳克借尼古拉舅舅所发的议论，实际上是他本人对生活的看法，有人认为这些看法过于概念化，不应该在小说中出现。我觉得这是一知半解之论，对生活没有看法你有什么脸面去写小说？中国小说之不堪，不就是因为作者对生活没有看法吗？所以说，尼古拉舅舅这样的人物形象，是无法在电影中体现的，除非专门为

[1] 鲍利斯·列奥尼多维奇·帕斯捷尔纳克（1890～1960），苏联作家、诗人。主要作品有诗集《云雾中的双子座星》、《生活是我的姐妹》等。第二次世界大战后，开始写作《日瓦戈医生》，书中以一个医生在十月革命前后的遭遇为引子，写出了整整一代俄罗斯知识分子、普通俄罗斯人的命运。同时也写出了作者对生活、爱情、信仰的思考。帕斯捷尔纳克在给友人的信中曾说过他写这部小说的初衷：“当我写作《日瓦戈医生》时，我时刻感受到自己在同时代人面前负有一笔巨债。写这部小说是试图偿还债务。当我慢慢写作时，还债的感觉一直充满我的心房。多少年来我只写抒情诗或从事翻译，在这之后我认为有责任用小说讲述我们的时代……”，小说写成后，因政治原因无法在苏联国内出版，1958年，辗转出版于意大利。同年获诺贝尔文学奖。获奖原因是“在现代抒情诗和伟大的俄罗斯叙事文学领域中所取得的杰出成就”。该书的出版与获奖在苏联引起了轩然大波，作者在政治压力下宣布放弃诺贝尔文学奖。

他拍一部电影。

俄国人写小说，基本上没有结构和形式的高手，他们总是慌不择言地说话，腾不出手去关心小说的起承转合。俄国人是天生的诗人，不是天生的小说家，小说家需要更多的常识，就这点而言，《日瓦戈医生》的作者帕斯捷尔纳克显然更是诗人。这部伟大的小说，不看到一大半，你根本不会理解书中在讲述什么。我当年看这本书，也是在他们来到瓦雷金诺之后才突然明白，瓦雷金诺，枪声与狼嚎声中的伊甸园，瓦雷金诺，犹如雪地上的闪电，没有耐心的人是看不到的。瓦雷金诺作为一个象征，浓缩了俄国文学中所有的诗意和苦难。想到瓦雷金诺，就会想起那遍地盛开的金黄色的雏菊，在一望无际的雪地上渐渐远去的雪橇，雪橇上坐着日瓦戈注定要永别的情人拉拉。

对生活和命运的思考，对于小说家来说，还是要通过具体的人物形象来体现，写不出真实、感性而又遥远的人物形象，就等于写不好小说。在这个意义上说，一个丰满厚重的人物形象足以支撑一部长篇小说。在《日瓦戈医生》这部小说中，连主人公尤里都只算是副歌，所有的故事都围绕拉拉展开，尤里是缓慢而沉思的，尤里的妻子冬妮娅是歌谣的、简单的、美好的，而拉拉，是说不尽的。作者帕斯捷尔纳克在书中说："拉拉，我不敢呼唤你的名字，怕把灵魂从胸口中吐出来。"

在小说中，尤里初识拉拉，他还是个孩子，电影把尤里初识拉拉的年龄拉大了5岁。那时，拉拉已经是一个被诱惑的女人。当尤里第三次见到拉拉，他已经是军医日瓦戈了。他们相逢在前线的一个小城市，拉拉到这里去寻找她的丈夫，拉拉的丈夫离开他，是因为："他不了解她对他永生永世倾注的脉脉温情中掺杂着的母性的感情，他也想象不到这样的爱情是超出一般女人所能给予的。"日瓦戈医生似乎是因为舅舅的教导，从一开始就理解了拉拉。他在那个叫梅留泽耶沃的小城，突如其来地对拉拉说："我发现您那教人猜不透的抑郁寡欢的目光，那仿佛是不知失落在何处的一种神色。我宁愿付出一切，但求没有它，希望在您的神态上看到对自己的命运是多么心满意足，而且在任何方面对任何人都无所需求。我甚至希望有一位您所亲近的人，朋友也好，丈夫也好，能握住我的手，要我不要对您的遭遇担心，也不必用自己的关心给您增添麻烦。"听到这番话，拉拉把正在熨着的衣服熨糊了，然后，她恼火地斥责了医生。再往后，他们在战乱中的西伯利亚的一个小城重逢，小说中说，那天，日瓦戈住在了拉拉家。

小说中的瓦雷金诺，是文字版的《安魂曲》，每一个细节都经得起放大，值得大写而特写。但我现在不会写。要写对瓦雷金诺的理解，我还需要更柔软的力量。

这部伟大的小说，确实是笨拙的、混乱的。小说的结尾处，作者帕斯捷尔纳克附上了几十首诗，那些诗篇啊，每一首背后都有故事。其中有一首非常美，叫《酒花》——把我们的风衣铺开，铺开在酒花上——据小说的汉译者之一张秉衡先生说，这首诗是帕斯捷尔纳克献给他的情人伊文斯卡娅的（这位伊文斯卡娅，伴随着《日瓦戈医生》的写作，没有她，小说中的拉拉就不会是现在这个样子。伊文斯卡娅是拉拉的原型，这已经是读者的共识，帕斯捷尔纳克在给友人的信中也坦率承认。记得1996年她去世，有的欧洲报纸直接用这样的标题报道：拉拉死了！）。他们曾经在森林中相会，他把这首诗朗诵给他的拉拉听，他的拉拉听得泪如雨注。

堂·吉诃德的癫狂和桑丘的常识

人的生活，没有癫狂是不行的，只剩下癫狂，就会被当成疯子关在安定医院出不来了。所以，人还需要常识。即便是堂·吉诃德这样的疯得很深的人，出门行侠仗义时还不忘游说他的邻居桑丘一起去。可爱的堂在劝说桑丘时，许诺封给桑丘一个将来他必定征服的王国的国王当当，而桑丘在此时表现得就很常识，他说：“我就不信。我自己肚子里有个计较，即使老天爷让王国雨点似的落下地来，一个也不会稳稳地合在玛丽·谷帖瑞斯（他老婆的名字）头上。先生，我跟您说吧，她不是当王后的料。”可是，桑丘常识得也很不彻底，他接着说，让他老婆当个伯爵夫人还差不多。读过《堂·吉诃德》[1]的朋友都会记得，他一路上除了惦记着吃喝，一直在念叨着堂·吉诃德许诺给他的海岛总督。

书中把堂的疯狂举动归罪于读骑士小说太多，我想，这是塞万提斯先生叙事的需要。从常识我们可以知道，读书只会让人远离疯狂——当然也有例外，有时候读书太多，看到了更大的空间、更多晦暗不明的地方，反而把常识斥为疯狂的事情认为是正常了。

堂·吉诃德开始他的游侠之旅时，心里想着的当然是他的杜尔西内娅

[1] 塞万提斯（米盖尔·台·塞万提斯·萨阿维德拉，Miguel de Cervantes Saavedra，1547～1616）创作《堂·吉诃德》的动机是为了讽刺当时在欧洲盛行的骑士小说，塞万提斯认为骑士小说对读者来说是精神鸦片，会使人落入不切实际的幻想。但是，一部作品之伟大，常常在于它有能力超出作者的预期和创作本意，《堂吉诃德》是一部伟大的作品，小说栩栩如生地描写了当时西班牙的社会背景，使得作品具有了超越其时代的文献价值。更重要的是，小说塑造了堂吉诃德这个既愚蠢，又充满理想主义色彩，可亲可敬的人物形象。塞万提斯逝世距今已经近400年了，但他所塑造的堂·吉诃德和桑丘却至今保持着他们的光辉。一提起他们的名字，那栩栩如生、令人赞绝的形象就浮现在我们面前。主仆两人从17世纪以来，跨越国度，跨越时代，几乎走遍了全世界，引起了人们不断的笑声。西班牙人民把它视为民族的骄傲，世界人民把它看成是文学宝库中的瑰宝。直到今天，其辛辣的讽刺、巧妙的艺术构思、引人发笑的夸张以及它包含深刻的哲理，仍吸引着广大读者。

小姐。在他那个时代，游侠骑士若没有自己的意中人，就不叫游侠骑士。堂的原话这样说："没有意中人，就只能算个杂牌货色。"什么叫游侠骑士？从塞万提斯的书里看，骑士的要求并不高，无非是在打败敌人之后，让敌人到他的杜小姐那里去承认，是大名鼎鼎的哭丧着脸的骑士打败了他。而这个骑士正是杜小姐的粉丝。这不是一桩交易，商品时代的人不太可能理解这件事，所以大家都说这事很疯狂。

我读书有个坏习惯，从来是不求意理，只看情趣，无情趣的书就算有理我也不看。换言之，无趣的书在我眼里就不算好书，即使它指点了生活的方向。我对堂·吉诃德时代的荣誉标准并不感兴趣，我只是感兴趣那时候的男人是如何看待女人的美——我国形容女子之美，常说她沉鱼落雁、玉环飞燕什么的。堂·吉诃德的时代也不例外，看来西人也拟古。他对桑丘形容他的杜尔西内娅，说她要是生活在古希腊海伦的时代，或海伦生活在杜小姐的时代，到底谁比谁更美？用堂的原话来说，那还真不好说！有关杜小姐的外貌，等桑丘知道了她在哪个村子生活，就说：嗨，我见过她。她的嗓子比钟声还要洪亮，而且她的胸上还有胸毛——有关杜小姐的胸毛，曾经在前几年的翻译界引起了一些争论，详细的情况我记不清楚了，应该是发生在重新翻译堂·吉诃德的一个先生和较早翻译这书的杨绛先生之间。我对学术不感兴趣，反正照着桑丘的常识来看，长着胸毛的酥胸恐怕就不好再叫做酥胸了。一抹酥胸之上，如果凭空多出一些东西，那是很让人倒胃口的。堂·吉诃德在经历过一些事情之后，派遣桑丘回去给他的杜小姐送信，然后自己在深山里搞苦行。等桑丘回来汇报，他先问：是不是在杜小姐身上闻到了龙涎香的味道？桑丘答道：我好像只闻到了汗味儿！——看到桑丘的回答，连我都想把桑丘拉来痛打一顿。

这本书里有一些很隐秘的暗示。比方说，大家都在说桑丘常识，我刚才说过，桑丘的常识在喝酒吃肉上确实是无可挑剔的。可是他为何一直琢磨着弄个海岛总督当当？大家也都在读完这书后齐声讨伐堂·吉诃德，可是请看看疯狂的堂是如何回答桑丘的常识的。他说：我当然承认我只见过杜小姐四次面。可是，你难道以为古代的那些诗人形容自己的意中人时候，所说的就一定是人家原来的形象吗？堂的意思是：你不要拿常识来忽悠我，对常识我明白得很！所以，疯狂中有常识，常识中有疯狂。这才叫完整的骑士小说呢。

书中还有更有趣的。堂先生对发疯也有自己的理解，他对桑丘说：一个骑士，无缘无故地发疯才叫发疯啊。他的原话是："一个骑士有缘有故地发疯，值不得什么；关键是无缘无故地发疯，让我那位小姐瞧瞧，虚的尚且如此，何况实的呢？"你看看，多么清醒的发疯啊！这才是伟大的发疯前辈啊。

这本书里，还包含着小说史上最反讽的段落——也许是最早的反讽。堂·吉诃德让桑丘捎他写给杜小姐的信，写得情真意切：

尊贵无比的小姐：

一别至今，肝肠寸断。我身不安，心不宁。但愿最甜蜜的杜尔西内娅·台尔·托波索身心安宁。如果你凭貌美而小看我，你仗高贵而鄙视我；你对我的轻蔑使我尝尽了辛酸，我尽管有能耐，也受不起这样的苦，因为苦太厉害，也太长久了。哎，冷酷的美人，亲爱的冤家啊！我为了你落到什么田地，我的好伺从桑丘会一一告诉你的……

为何说这段是最反讽的故事呢？桑丘的灰驴被偷，堂·吉诃德许诺赔给他三头驴驹子。桑丘在回去送信时，坚决要求堂·吉诃德把承诺陪他驴驹子的字据写在这封信的背后。然后，真正的反讽才开始——他忘记把这封信带走了。

被一颗珍珠改变了命运的女人

今年（2007年），英国小说家多丽丝·莱辛摘诺贝尔文学桂冠，此时她已经80岁出头了。莱辛老奶奶在国内粉丝比较少，我也是听说她老人家得奖之后才去找她的书看。暂时还没好好看她的长篇小说，前些天偶然翻到她的一篇短篇小说《喷泉池中的宝物》[1]，给我留下了极深的印象。

小说中，女主人公米润小姐是埃及富商的女儿，早早和另一个富商的公子订了婚。快要办婚事时，她父亲给她买了一粒昂贵的没有开琢的钻石，然后从南非的约翰内斯堡请来了最好的钻石工匠，此人叫伊甫瑞姆，精于钻石切割，是个40多岁的未婚男人。书中对伊甫瑞姆从事的这个行当有极好的描写，表现了莱辛老奶奶对工匠传统的尊重。其实写作这个行当，亦是一种类似于工匠的手艺活儿，和修鞋、补锅、钉马掌差不多。不讲精神不行，只讲精神更不行。大讲精神的人，通常自己并不写字，或者偶尔写几个字、写来

[1]《另外那个女人》是英国小说家多丽丝·莱辛的短篇小说集，收入了多丽丝·莱辛6个中篇或短篇小说《一个男人和两个女人》《爱的习惯》《喷泉池中的宝物》《另外那个女人》《老妇与猫》《海底隧洞》。这些小说以当代欧洲特别是英国生活为背景，体现了一个严肃作家在题材、主题和风格上的追求和探索。其中，《一个男人和两个女人》入木三分地刻画了知识女性的心理状态以及她们面临的当代两性关系格局，笔调节制，暗藏讥讽。《海底隧洞》是反映青少年心理的。《另外那个女人》的女主人公是个插足的第三者，她等待着情人了断和妻子的关系；最后，她不堪忍受这种精神折磨，直接去见那位妻子，于是典型的婚外情纠葛有了出人意料的发展。本文提到的《喷泉池中的宝物》，是相当完美的传统故事，写一个女人被宝石改变了命运，情节的发展一波三折、出人意料，体现了作者的女性视角和细腻的心理描写能力。

写去也还是精神。要是他们知道写作呕心沥血的甘苦，估计再讲精神时就会慎重得多。

扯远了，还是请看莱辛老奶奶对工匠的描写：“琢磨出一颗十全十美的钻石正像剑术精良的武士刺中敌人要害，或者百步穿杨的神箭手射中靶心一样，连毫厘之差也是不允许的。在琢磨一颗重大的钻石之前，匠人必须花费一周或甚至几周时间对原生石料进行研究，全神贯注、蓄积精力，有时自然还要借助经验与灵魂，直到最后时刻，他终于寻找到石料上的解石点，亦即晶石上各条纹路汇集的地方。只有在这里下锯，原生石料才能按照雕琢师的思路豁然分解。”——这些文字足以证明美好的事情必定和认真有关，此外还有耐心和等待。有悟性的工匠，决不会轻慢和自己打交道的对象，他们会把自己雕刻或画着的对象作为最值得认真对待的事。他们的这种心情可能和道德无关，但肯定和荣誉有关。当然了，认真，有时候也能引出悲哀的事。一件昂贵的钻石，在这里不仅隐喻着财富，在我眼里它首先意味着美好的、或者某种难得一见的、珍稀的东西。

伊甫瑞姆来到埃及的亚历山大城，在一间静室里，独自和钻石相处了一周之后，他下手了。钻石切割得非常完美。埃及富商为了酬谢工匠，请他来家里吃晚宴。故事到这里才真正开始：出席晚宴的还有富商的女儿，漂亮的姑娘小米润。米润虽然将为人妻，但到目前为止，还是一个养在蜂蜜罐和玫瑰花中的小宠物，过去是她父亲的宠物，现在将是未婚丈夫的宠物。这是说，她世事不懂，不解人情世故。在家里的晚宴上吃饭，对她不是一件大事，所以，她戴了一粒假珍珠来到了席上。用工匠的术语来说，戴了一个赝品。我从自己的经验懂得工匠的心理，工匠不怕不完美的东西，但工匠最怕假的东西。因为假东西挑战了职业道德。

工匠先是被小姐的美貌惊呆，然后，又被小姐脖子上的假珍珠所激怒。他直率地对小姐说：你不应该戴假的珍珠。书中写道，这话他在席间一连说了两次。如果换了我，看见我爱的女人戴着一个赝品珍珠出现在公众场所，我也会感到屈辱——要么她不戴，要么我尽我所能，给她戴我能负担得起的最好的珍珠——如果伊甫瑞姆就此打住，这个晦涩的、多义的、哀伤的、让人无言的故事也就没有了下文。可是，伊甫瑞姆在干完活后没有回家，相反，他让家人给他汇来一大笔款子，在亚历山大城的珠宝店转悠了几天之后，他终于找到了一粒满意的珍珠，并把它送给了米润小姐。

米润糊里糊涂地接受了这个珠子，这个珠子显然使她对生活产生了异样的想法。不久，她和富商的儿子退了婚。然后爱上了一个意大利的革命者，随他来到了意大利。随后，战争爆发，丈夫在前线阵亡，留下一个孩子。而伊甫瑞姆呢，回到南非之后，开始搜集各种各样的珠宝，为的是将来能有一天用它们制作出一百朵白色的玫瑰，放在一个水晶盘里，或者做一个发夹、一个项链——这一切，是要献给米润小姐吗？连作者也在问。看来莱辛奶奶自己也不敢肯定，老奶奶作为一个伟大的女性，懂得女性的一切自尊和迟疑，但是老奶奶未必懂得男性。老奶奶和所有的女性一样，只看到男性的疯狂和贪欲，但老奶奶似乎看不到，男性除了疯狂，还有温情和无私。

战争爆发之后，伊甫瑞姆参军了，作为占领军，他来到了意大利，随身带着他多年来搜集到的宝石珍珠。在一个喷泉广场旁，他遇到了米润。此时的米润，是一个衣衫褴褛、饥饿的穷苦女人。她到底潦倒成什么样子呢？作者没有多说，只说伊甫瑞姆没有认出她来。这是文学史上所能有过的对一个女人外貌变化的最悲惨的描写，我相信，我不可能认不出我20岁时候初恋的情人，如果我认不出她了，那肯定是她的变化超出了常识。关于重逢的场面，莱辛奶奶不肯多去渲染，但高手就是高手，不动声色地使我们感受到了物是人非、沧海桑田的悲凉。米润告诉工匠，她一直把那颗珠子藏在衣襟下，再艰难也不肯卖了它；而工匠问米润，为何不把它卖掉？那颗珠子可以换来很多食物，换来房子，换来安逸的生活。米润说：我就是不卖它。工匠说，那颗珠子值什么钱！然后，工匠把他多年来搜集的那些珠子、宝石抛洒在广场上。广场上拥挤的饥饿者在狂欢着去捡拾珠子的同时，不会有人想到狂欢背后的破碎。工匠在撒完珠子后，离开了这个城市。

这不是一个经典的爱情故事，甚至缺少爱情故事里必不可少的要素，相处啦、誓言啦、甜蜜啦、分手啦……他们因一颗珍珠而相逢，开始了一个没有情节的悬念之旅。表面上看，这个故事颇类似茨威格的小说《一个女人一生中的二十四小时》，可是，茨威格的小说里有情有性，使女读者觉得浪漫，使男读者觉得温馨；使女读者愿意去抚慰一个男浪子，使男读者愿意被一个比女读者还要无聊的女主人公去抚慰。但在米润的故事里，没有浪漫，连伤感都不曾有。只留下一些扑朔迷离的东西。这大概也就是现代小说和古典小说的区别，古典小说里有完整的世界，从精神到生活，就连破碎的生活也是完整的，我们可以看见它在完整中破碎，或者在破碎中完整。可是，在莱辛奶奶的这个故事中，我们看不到爱情，看不到生活的完整性，只看到了人生的破碎——这个老奶奶在拒绝抒情呢。

在莱辛奶奶的这个故事中，人和人的关系实际上是悬空的，没有社会、没有历史，人和人的关系被女人和一颗珍珠的关系所替代。如同我们每个人和命运的关系。我们莫名其妙地被赋予生命，被抛进生活，然后又糊里糊涂地活完一生，或长久或短暂，又糊里糊涂弄出一些更困惑的后代。我们在理解中送走父母，在恼怒中注视着后代。莱辛奶奶的珍珠，简直就像我们与生活、生命的关系一样，它出现了，没有理由；然后，我们被改变了，也没有理由。

作为一个象征，工匠的珍珠也许象征着生活中的戏剧性和偶然性。没有什么东西是命定的，一颗珍珠出现了，而且完全是偶然出现的。珍珠像晦暗的天空中的一道闪光，照亮了女人的内心。这时，珍珠暂时还和财富无关，它作为一个发光的东西，照亮我们晦暗的人生。珍珠还象征着美和品味，这个东西和金钱有关，但超越了金钱。至于珍珠所代表的财富的价值，反倒不重要了。米润小姐多年来在困苦中守着那颗珍珠，这完全可以解读为守着财富的贫穷——这和人们守着贫穷去梦想财富不是一回事——我知道许多女人都在用自己最值钱的东西去换最不值钱的财富，拿青春和柔软的腰姿去换冷冷的金子或石头。我们的身体总会由柔软而腐朽，而石头永远保持着自己的质地。我也看到过一些极其名贵的古玉，它们的温润是用比我们先死的人们的血肉浸润的，它闪耀着财富的光芒，同时也带着死亡的气息。在米润的眼里，值钱的东西是不可以拿去换钱的。米润眼里的珍珠，就是珍珠自身，它只代表着价值和闪光的东西，代表着一个女人对自己价值的确认。我相信我的解读不会是错的，这应该是莱辛奶奶写这篇小说的本意。诺贝尔评奖委员会给莱辛奶奶的颁奖辞也这么说：“这个表述女性经验的诗人，以其怀疑主义精神，火一样的热情和丰富的想象力，对一个分裂的文化作了详尽细致的考察。”也许老奶奶并不关注女人和男人的关系，她只关注女性自身的独立和精神上的完整。这样，问题就来了。在我看来，两性之间，从来不曾有过真正的独立。人可能在强权下独立，但不可能在爱人的拥抱中独立。两性之间的问题，完全不能同人与爱、人与孤独、人与死亡的关系相提并论。莱辛奶奶太想着为女性张目，但是她忘了，爱情的受害者不只是女性啊！她老人家应该去看看比她更伟大的同行帕斯捷尔纳克，在帕斯捷尔纳克的小说世界里：男人和女人，如果心性相合，就好像是火柴和蜡烛的关系，不知道谁点燃了谁，不知道是谁利用了谁。今天你是蜡烛，明天我是火柴——双兔傍地走，安能辨我是雄雌？在爱情中没有利用。爱情不是男人和女人的较劲，爱情是男人和女人联手向命运的挑战。爱情的悲剧也由此得解，爱情的悲剧是：两个真诚相爱的人在命运面前的共同失败。

好书是不能多解释的，越解释就越显露出解释者的浅陋。还是看看这篇小说结尾处的文字吧：

这一天夜里很晚的时候，她再一次取出那颗珠子，放在手心里。如果把它卖掉，她就能不依赖现在这个家庭，自己舒舒服服地过日子了。她可以离开去世的丈夫的这个家庭，再结一次婚，嫁给个工程师或文职官员。会有人再同她结婚的，尽管她是个带着孩子的寡妇。当然了，她也可以搬回自己娘家去，以一个年轻富孀的身份再找一个丈夫。不错，她还带着个小孩，那是这场可怕的战争留下的遗孤。谢天谢地，战争现在已经过去了。

这些思想在她脑子里绕来绕去，最后，她想，不论自己采取什么行动关系都不大了。事实是，不管伊甫瑞姆走进自己生活产生了什么后果，现在都已过去了。她毁了同保罗的婚约，嫁给卡洛斯，移居到意大利，生了两个孩子，一个生病夭折。那本是一种普通疾病，只因为战时衣食匮乏才成了不治之症。她已经从原来的生活模式中剥离出来，被那粒珍珠——或者是另外一件什么东西打上印记，据为己有。不管现在怎么做，都不能再回到原来的位置上。继续待在意大利也好，回到她出生、成长的圈子里也好，对她都已经无关紧要了。

徐先艳，女，四川内江人。北京师范大学哲学与社会学学院博士，现为中国青年政治学院中国马克思主义学院讲师。讲授马克思主义发展史、西方马克思主义专题、现代西方哲学专题等课程。根据博士论文撰写的论文《社会存在与历史唯物主义》发表于《哲学研究》2009年第3期。

经典不是时光的奴隶
——走近希腊神话

■徐先艳

我们常说，人类文明史上留下了许多经典。何谓经典呢？借用雪莱的那句名言[1]，经典不是时光的奴隶。它首先超越了时间，过去、现在、未来的人都喜欢。它还跨越了空间，不仅本国人珍惜，而且外国人喜爱。希腊神话就是这样的经典，它被誉为希腊文化乃至西方文化的“武库”和“土壤”，它以经久不衰的巨大魅力吸引着我们去走近、阅读、欣赏和体悟。

一

希腊神话[2]是欧洲最早的人民口头创作，诞生于原始时代，大约在公元前12世纪到公元前8世纪之间。它历经古希腊人数百年口耳相传，不断地艺术加工，在之后的各种文学、历史、哲学著作中保存下来。记载希腊神话并传

❶即“爱情不是时光的奴隶”。

❷希腊神话和英雄传说散见于以希腊悲剧为代表的众多文学作品中，我国著名文学家、翻译家郑振铎先生在20世纪20年代旅居英伦时，根据希腊悲剧和欧洲学者的研究成果整理编译出了《希腊神话与英雄传说》。除了广为人知的《伊利亚特》和《奥德赛》之外，希腊神话与英雄传说几乎全部网罗在此。作者经过精心整理，把古希腊的英雄们分为底萨莱系、阿耳戈斯系、阿瑞斯系、底比斯系、赫克里斯系、雅典系、珀罗普斯系等七大体系，依据世系传承，将他们的关系和故事——呈现在读者面前，为我们全面了解希腊神话提供了莫大的方便。全书用优美的东方笔调将美丽的西方神话娓娓道来，既是我国学者译介西方文化的代表作，也是一本优美的文学作品，让我们在惊叹古希腊人超凡想象的同时，体会着人类童年的喜怒哀乐，并引发出绵延的思绪。

诸后世的最早书面文献当推享誉世界的荷马史诗——《伊利亚特》和《奥德赛》。史诗中除了以阿喀琉斯、奥德修斯为主角的主体故事外，还提及了许多在当时已经广为流传的神话故事。荷马之后不久古希腊诗人赫西俄德创作长诗《神谱》[1]，扼要地梳理了众多神祇的关系，把繁多的神话人物谱系化，是现存有关希腊神话的早期重要资料。

古希腊悲剧基本都是取材于神话，闻名遐迩的希腊三大悲剧作家埃斯库罗斯、索福克勒斯和欧里庇得斯流传下来的34部悲剧中有33部是以神话为题材的。这些经久不衰的作品是剧作家们将那些神话故事在个人理解基础上的戏剧再现。他们的代表作分别是《被缚的普罗米修斯》、《俄狄浦斯王》、《美狄亚》。其他记录不少希腊神话的文学作品还有被誉为“第十位缪斯”的希腊女诗人萨福歌颂阿佛洛狄忒的抒情长诗，品达创作的竞技胜利者颂等。

古罗马人为希腊神话中丰满立体的各色人物，逶迤动人的故事情节所吸引，广泛吸收了希腊诸神的形象和事迹，出现了历史上希腊罗马神话传说特有的融合[2]。以致后世作家在梳理这一文化瑰宝时惯常将希腊和罗马神话合在一起名为希腊罗马神话。这一人类文明史上著名的吸收融合中产生的重大成果有维吉尔的《埃涅阿斯纪》、奥维德的《变形记》等，都是后世研究希腊罗马神话的重要参考。

现在常见的、系统的希腊神话故事集是后人根据以上古籍整理编写而成。在这些故事集中，我们推荐两本优秀的代表，一是德国诗人斯威布的《希腊神话和传说》，一是我国著名文学家郑振铎编译的《希腊神话和英雄传说》。郑先生在书中从复杂的英雄传说中精心整理出底萨莱系、阿耳戈斯系、阿瑞斯系、底比斯系、赫克里斯系、雅典系、珀罗普斯系等七大家族，为我们了解关系复杂的希腊神话与英雄传说呈现了一份脉络清晰的图谱。[3]

总地来说，希腊神话包括两大部分，一是神的故事，二是英雄的传说。

神的故事起源于对自然现象、自然力的惧惮，主要谈及的是世界和诸神的起源，诸神的斗争和更替、爱情与争吵，他们的力量和活动对凡世的影响，包括与霹雳闪电、季节更替等自然现象的关联以及对人们社会风俗的影响，反映的是古代人类把强大的自然力形象化的丰富想象。

英雄传说则起源于对人类祖先的崇拜，主要是对传奇性的历史人物及相关事件的艺术回顾和理想化。主人公被塑造为神与人的后代，是半神半人的英雄，他们体力过人，英勇非凡，是古代人民集体力量和智慧的化身。在他

[1]关于《神谱》的作者是否是赫西俄德学界有争论，详见《神谱》译者序。

[2]比如，宙斯相当于罗马神话里的朱庇特，赫拉叫朱诺，雅典娜叫密涅瓦，阿佛洛狄忒叫维纳斯，厄洛斯叫丘比特，等等。

[3]建议阅读顺序是先赫西俄德的《神谱》（主要介绍了神系）和郑振铎的《希腊神话和英雄传说》（主要介绍了英雄世系）。在有一个基本谱系图的认知背景下，再去品读荷马史诗和古希腊经典悲剧以及这里提及和未提及的相关优秀作品。

在接触希腊神话的过程中，你可能会发现同一个神话人物的形象或故事情节，在不同的作家笔下往往会有出入，甚至出现互相矛盾之处。在细节处，我们可以根据自己的理解选取不同的版本，甚至加入自己的合理想象。

阅读荷马、赫西俄德、埃斯库罗斯、索福克勒斯、欧里庇得斯等名家的作品是我们走近希腊神话的基本途径，此外，还有很多精美绝伦的艺术作品可以依傍，我们可以通过众多流传下来的雕塑、绘画精品走进希腊神话的宏伟大殿尽情欣赏。波提切利、达·芬奇、提香、拉斐尔等旷世名家的相关作品，以精到的笔法和绚丽的色彩为我们呈上了一幅幅光彩夺目的神话人物及其故事。

们的英雄事迹中记录着远古人类的生存活动、生活方式、与自然进行的顽强斗争，体现了人类征服自然的豪迈气概和顽强意志。

希腊神话和传说中最广为人知的人物是以宙斯为核心的奥林波斯系12主神，最脍炙人口的故事有特洛伊战争、奥德修斯的游历、伊阿宋寻找金羊毛、赫拉克勒斯（又译海格力斯）的12件功绩、忒修斯的冒险和俄狄浦斯的悲剧。在这些曲折故事中，融入了古希腊人对一些生活细节的细致观察和有趣解释。比如为什么孔雀的尾巴上会有数目繁多的“眼睛”，为什么象征爱情的玫瑰是红色，为什么非洲是最热的地方，为什么非洲人是黑色皮肤，为什么妇女没有投票权，为什么孩子不随母姓，甚至为什么爱情中会有泪水，婚姻当中总有争吵，等等。这些就像恢弘的巴洛克风格建筑内部饰以精雕细琢的细节，出其不意的精致而有趣。

现在就让我们翻开这些经过历史沉淀的经典书卷，走进希腊神话的曼妙世界。

二

翻开这些沉甸甸的书卷，扑面而来的希腊神话留给我们的第一印象是他们的神与人一样具有鲜明的形象。经常看到希腊人在称呼诸神之前总会有一些匹配的形容词，诸如白臂的赫拉、明眸的雅典娜、跛足的赫淮斯托斯和捷足的赫尔墨斯等。我们可以很容易地根据他们各自的形象特征辨认出流传下来的一些器皿绘画中的人物都是谁，例如手握霹雳的是宙斯，手持三叉戟的是波塞冬，拿着七弦琴的是阿波罗，拿着神盾的是雅典娜，脚穿飞鞋的是赫尔墨斯，背着箭囊的是阿耳忒弥斯……而后世的画家也往往根据他们的突出特征把诸神描绘得惟妙惟肖。例如，波提切利的那副传世名画，即使不看画作的名字也能认出从海上出生的当然是美名远播的阿佛洛狄忒。

奥林波斯山上的诸神不仅个个形象鲜明，而且个性鲜明。在希腊人的叙述中，诸神和人一样充满七情六欲，并且在一己私欲的影响下会有喜怒哀乐，会产生争斗不合。神与人之间的区别只在于他们比普通人强大有力，拥有特殊的本领，生活闲逸，长生不死。在如下这则故事的细节处显示出神灵十分看重自己与人的这个重大区别。

善用诡计的西绪弗斯在河神阿索波斯的请求下，作为一眼泉水的交换，告诉了苦苦寻女不着的阿索波斯宙斯掠去其女埃癸娜的真相。被惹怒的宙斯派出死神塔纳托斯去惩罚西绪弗斯，但西绪弗斯却设计将前来的死神捆绑住。死神被抓，人就可以跟众神一样长生不老了，众神对事态感到震惊，便派战神阿瑞斯把死神救了出来。

而在《神谱》等经典作品中，经常出现“不死的（或永生的）神灵”和“会死的人”这样的措辞。

个性最为鲜明的当然是好色的宙斯和爱妒的赫拉了。众神之主宙斯好色滥情，经常化成各种形态，去接近、追逐美丽的凡间女子，广为人知的例子有化作天鹅去追逐勒达，化作乌云去靠近伊娥，化作金雨去接近达那厄，化作公牛去抢夺欧罗巴，等等。

爱妒的赫拉对此深恶痛绝却毫无办法[1]，只能将自己的怨气发泄在情敌乃至她们生下的孩子身上。你看，她让长着一百只眼睛的阿耳戈斯看守被宙斯变成小母牛的伊娥，并派出牛蝇一直追赶蜇刺伊娥让她饱受痛苦，直到伊娥逃到埃及向宙斯乞求才恢复人身获得解脱，成为埃及崇拜的女神，生下的儿子成为埃及的国王。赫拉还化成人间妇女怂恿塞墨勒要求宙斯以真面目现身，结果被宙斯的万丈光芒烧为灰烬。

再比如三大女神赫拉、雅典娜、阿佛洛狄忒争夺镌刻着“世上最美的”标记的金苹果，都想获得世上最美的荣誉，最后落败的赫拉、雅典娜不惜参与特洛伊战争，帮助希腊联邦攻克特洛伊，以泄心头恶气。

可见，希腊神话中的神与人不仅同形，而且同性。在一定意义上甚至可以说他们不是完美的神，而是充满缺点的能力放大的人。

也就是说，古希腊人崇拜神，但并不将神完美化、完全理想化，并不赋予神明过分的崇高性，更不把神明塑造为道德的楷模，作为衡量道德的标准，只是把他们作为自己人生、人性的折射。而在希腊人眼里，人性是有弱点的。对比起来，如果说中国古人争论的是人之初是性善还是性恶的问题，那么希腊人早在神话中就表达了人性是有弱点的基本观点。不用说宙斯的好色、赫拉的善妒，即使是广受人爱戴的雅典娜也会偶尔出现心胸小的毛病，像前面提到的争夺金苹果，还有对美杜莎的诅咒。

在希腊人的世界观里，诸神不是道德完美的楷模，更不是道德评判的标准，他们甚至不是绝对的权威。看过希腊神话，就会知道希腊神话中最高天神的位置经过两次弑父事件发生了两次更替。第一代主神乌兰诺斯被其子克洛诺斯所废除，克洛诺斯又为自己的儿子宙斯所推翻，宙斯从此成为奥林波斯山上的最高天神。而即使成为第三代主神位列诸神之主的宙斯也至少面临

[1]赫拉有一次忍无可忍，和波塞冬、阿波罗等其他神祇（除灶神赫斯提亚）趁宙斯熟睡之际一拥而上，用生牛皮绳把他捆绑起来并打上一百个绳结，让他动弹不得，尽管宙斯再三发怒威胁也无可奈何，直到海上女神忒提斯担心奥林波斯山再发生一场恶战，急匆匆把百臂巨人布里阿瑞俄斯找来用一百只手迅速解开绳结，释放了宙斯。宙斯重获自由后用金手镯拷住主谋赫拉的手，把她吊在空中，并在脚踝上绑上铁块，任由她哀号，直到大家承诺永远不再造反。宙斯还罚波塞冬和阿波罗去给拉俄墨冬国王当奴隶，建造特洛伊的城墙。

着两次被自己孩子推翻的危险。一次是他与塔耳塔洛斯生下的儿子提丰向他提出挑战，“若不是人类和众神之父宙斯及时察觉，有一天真会发生不可挽回的事情，即开始由他统治不死的神灵和会死的人类”。[1] 一次是他与墨提斯的孩子。乌兰诺斯和盖亚忠告宙斯，墨提斯注定要生下几个绝顶聪明的孩子，有可能会推翻他，所以宙斯便将墨提斯吞入肚子，让这位神当中最聪明者为自己出谋划策，从而逢凶化吉。[2]

在那些半神半人的英雄身上尤其体现着古希腊人的人性弱点观。作为神之后代的英雄们既集中着古希腊人对人勇敢进取精神的赞美，同时又暴露出骄傲、虚荣、贪婪、固执等人性弱点。希腊人认为正是这些人性弱点造成了他们的人生悲剧。比如，法厄同不听父亲太阳神的忠告执意要驾驶父亲的日车，最后车翻人亡。因打败战神阿瑞斯而趾高气扬，狂傲到妄图抢夺女神为妻的俄托斯和伊菲尔特士兄弟，最后被阿耳忒弥斯用计杀死。还有骄傲的母亲尼俄柏因生下7位英俊的王子和7位俊俏的公主而洋洋自得，宣称自己比阿波罗和阿耳忒弥斯两兄妹的母亲女神勒托更了不起，更应受到人们羡慕和崇拜，结果为此狂言付出了惨重的代价，勒托的儿女——善射的阿波罗和阿耳忒弥斯射出致命的箭矢，将尼俄柏的孩子们一一射死。[3]对身处金融危机泥沼的我们而言，这些教谕犹言在耳。

相反，人类如果克服了这些弱点，就会收获幸福，如威名远播的大力士赫拉克勒斯。根据赫西俄德的记述：“美踝的阿尔克墨涅的勇敢儿子、大力士赫拉克勒斯在干完凄苦的劳役后，在白雪覆盖的奥林波斯山娶了伟大的宙斯和脚穿金鞋的赫拉之女赫柏为妻。他幸福了，因为他已经做完了伟大的工作，生活在永生神灵之中，无忧无虑，长生不老。”[4]

总之，希腊神话中随处可见希腊人或间接（在神身上）或直接（在英雄身上）的对人性的反思和批判。即使是同样的洪水主题，在希腊神话中是宙斯对人类自私贪婪这一人性弱点的惩罚，在中国神话中则主要反映的是人与洪水的斗争精神，记录着英雄拯救生民的功绩。所以有人说希腊神话是把神人化，而中国传统是把人神化。“从珀尔修斯、柏勒洛丰、赫拉克勒斯和忒修斯等英雄的故事中可以看出中西方的英雄崇拜有几点区别。①中国的英雄，如尧、舜、禹、汤、文、武、周公之类，多以美德服人；而西方的英雄多以蛮力取胜。②中国英雄性格内敛，重修身；西方英雄外向，重武功与征战。③中国英雄受制于纲常伦理的规范；西方英雄个性张扬，喜欢标新立异”[5]。

[1] 参阅赫西俄德：《神谱》，张竹明，蒋平译，商务印书馆，1991年版，第50～51页。

[2] 参阅赫西俄德：《神谱》，张竹明，蒋平译，商务印书馆，1991年版，第52页。

[3] 参阅奥维德：《变形记》第六卷。

[4] 赫西俄德：《神谱》，张竹明、蒋平译，商务印书馆，1991年版，第54页。赫拉克勒斯完成了12件艰苦的任务，详情请参阅郑振铎《希腊神话与英雄传说》（上海世纪出版集团，2006年版）相关章节。书中将赫拉克里斯译为赫克里斯，详细讲述了这位英雄的出生和12件功绩。

[5] 郝澎：《古希腊罗马神话与西方民间传说》，南海出版公司，2007年版，第96页。

希腊人不仅按照自己的形象创造神，赋予神以完美的体貌（比如俊美的阿波罗，婀娜的阿佛洛狄忒）和放大的能力（比如手持霹雳的宙斯，手握三叉戟的波塞冬），而且将人性的复杂多面甚至冲突的社会关系注入其中加以人格化，塑造出一个个带“负面”感情色彩的神祇来。比如，除了代表人性正面的智慧女神（雅典娜）、美神（阿佛洛狄忒），维护积极社会关系的婚姻之神（赫拉）之外，还有象征人性另一面的欺骗女神、诽谤之神，生发紧张社会关系的不和之神（或称纠纷之神）等。前面提到赫拉、雅典娜、阿佛洛狄忒参与特洛伊战争的起因就是那个金苹果，而这个引起纠纷的金苹果从何而来呢？它就是不和女神厄里斯的把戏。她因人类英雄帕琉斯和海洋女神忒提斯结婚邀请了众神唯独遗漏了她而严重不满，出于报复，制造了神界中那次著名的纠纷，引发了希腊史上那次旷日持久的战争。

根据《神谱》的记载，除了受人欢迎的和平女神、正义女神、美惠三女神、青春女神等，“黑夜还生有司掌命运和无情惩罚的三女神——克洛索、拉赫西斯和阿特洛泊斯。这三位女神在人出生时就给了他们善或恶的命运，并且监察神与人的一切犯罪行为。在犯罪者受到惩罚之前，她们决不停止可怕的愤怒。可怕的夜神还生有折磨凡人的涅墨西斯（报应女神——原著注），继之，生了欺骗女神、友爱女神、可恨的年龄女神和不饶人的不和女神”。而“恶意的不和女神生了痛苦的劳役之神、遗忘之神、饥荒之神、多泪的忧伤之神、争斗之神、战斗之神、谋杀之神、屠戮之神、争吵之神、谎言之神、争端之神、违法之神和毁灭之神，所有这些神灵本性一样。此外，不和女神又生了誓言女神，如果世人存心设假誓欺骗别人，她会纠缠不止”[1]。

对人纠缠不休、带来内心煎熬痛苦的最突出代表是可怖的复仇三女神厄里倪厄斯，她们的形象为三个身材高大的妇女，“她们如果诚然可称为妇人的话，她们似比戈耳工姊妹们尤为可怖，人们看见了戈耳工便是会化成了石的；或者较之哈比丝们也尤为难看，据人们传说，哈比丝们的脸是妇人而其身体则为鹰形”[2]。郑振铎先生虽然没有直接描绘出这三位女神的具体形象——头上长着蛇发，眼中流出血泪，双肩生有翅膀，手执火把和蝮蛇鞭，却用巧妙的对比描写法从侧面道出了她们的恐怖。她们不断追逐杀人凶手，特别是杀死亲人的人，惊扰他们到发疯发狂，直至于死。

著名的希腊联军首领阿伽门农的儿子俄瑞斯特斯就遭遇过她们的纠缠折磨。俄瑞斯特斯听从阿波罗的神示杀死了母亲克吕泰墨涅斯特拉[3]为父报仇之

[1]赫西俄德：《神谱》，张竹明、蒋平译，商务印书馆，1991年版，第33页。

[2]郑振铎编著：《希腊神话和英雄传说》，世纪出版集团，2006年版，第522页。

[3]俄瑞斯特斯的父亲就是著名的希腊联邦将领阿伽门农，为了希腊联军顺利出航到特洛伊，向阿耳忒弥斯献祭了自己的女儿，在母亲克吕泰墨涅斯特拉的心里种下了仇恨的种子，伺机报复，在阿伽门农胜利凯旋之时，联合情人取了他的性命，才会有后来俄瑞斯特斯为父报仇的故事。这一故事成为广大作家钟爱的题材，比如埃斯库罗斯的悲剧三部曲《俄瑞斯特亚》、欧里庇德斯的《俄瑞斯特斯》、索福克勒斯的《厄勒克特拉》以及品达的诗作。

后，被复仇三女神纠缠，追过陆地，追过大海，永无落脚之地，停步之时，备受心灵煎熬，直到他跑到雅典娜神庙乞求保护。在雅典娜主持的法庭上受审并判无罪后，才逃脱了复仇三女神的纠缠和惩罚。复仇三女神的形象和功能设定，其实是人们血亲仇杀之后内心备受煎熬的形象化和拟人化，当然也体现了当时的社会法律风俗。希腊人将人类的某种情绪拟人化不光得出了复仇三女神，还有黑暗的夜神纽克斯生下的痛苦的悲哀之神、惊慌神、恐惧神等。“库忒瑞亚为阿瑞斯生下了刺破盾牌的惊慌神和恐惧神。他们是可怕的神灵，在城邦劫掠者阿瑞斯的帮助下，把阵前的敌军吓得溃逃”[1]。

[1]赫西俄德：《神谱》，张竹明、蒋平译，商务印书馆，1991年版，第54页。

这些性格迥异的神祇们是细心的希腊人在神话中倾注了自己的感情色彩，将自己对自然界、对人类社会各个侧面的不同感受人格化的结果。比如，同样是风，根据与人的关系分为性善的风神和性恶的风神，“除诺托斯、玻瑞阿斯和驱起乌云的泽费罗斯这三个风神外，提丰也生了带来潮湿的诸狂风之神。前三种风是神赐的，造福于人类；狂风则是不定时横扫海面。有一类狂风肆虐于阴暗的海面，因季节不同而不同，猛烈不祥的阵风翻沉船只、溺死水手，给人类带来巨大的劫难。航海者碰上了它们，就无法逃脱灾难。另一类狂风吹过无边无际、繁花似锦的大地，损坏住在下面的农人的美好农田，在上面盖满尘土，发出残酷的尖叫声”[2]。

[2]赫西俄德：《神谱》，张竹明、蒋平译，商务印书馆，1991年版，第51页。

希腊神话不仅解释了自然界的诸多现象，而且也为社会生活中的风俗习惯作出了艺术的说明。在此举两个为人熟知而又有趣的例子。

珀尔塞福涅是司掌农耕的女神德墨忒耳的爱女。一天在外采花的时候，被爱慕她美貌的冥王哈迪斯抢到冥界成为冥后。德墨忒耳为此悲怆欲绝，无心司职，以致大地上万物枯萎，土地荒废。宙斯从中协调，安排她每年和女儿相会一次，每次重聚半年（因为珀尔塞福涅已经吃了冥界的食物，所以必须有半年回到地下）。母女团聚时，德墨忒耳心情大好，于是大地温暖和煦，万物复苏，滋长繁茂，春华遍野，果实累累，就有了春；女儿离去回到冥府后，德墨忒耳郁郁寡欢，疏于打理，于是大地草木枯萎，花果凋零，重又复归于寒冷肃杀，就有了冬。四季的周而复始以及相应的万物的生长凋零就是如此而来。在这则故事中，珀尔塞福涅其实是一粒种子的化身，她必须进入地下，经过一段时间的孕育，来年谷物才能发芽生长。

这则解释时序的神话充分体现了马克思的那句判断：“任何神话都是用想象和借助想象以征服自然力，支配自然力，把自然力加以形象化。”[3]而希腊神话的一大特点是，它总在对自然现象的浪漫解释中穿插着人间的动人

[3]马克思：《〈政治经济学批判〉导言》，人民出版社，1955年版，第172页。

感情。就像这则神话故事不仅解释了四季更替、万物荣枯的自然规律，还体现了人间的悲欢离合。不仅有自然还有人情，不仅有色彩还有温暖。

希腊是多神教，每个城邦具体崇拜的重要神祇是不一样的。其中最为我们熟知的关于城邦崇拜的故事当属雅典的来历。雅典娜和波塞冬争夺雅典这座城市，万神之神宙斯只好召集众神来共同决定，主持比赛看谁给雅典人的礼物更好，雅典就是谁的领地。雅典娜给予的是象征和平的经济作物橄榄，而波塞冬用三叉戟顿地而出的是发咸的泉水，也有一种说法是波塞冬给出的是象征战争的马匹（波塞冬既是海神，也是世上马的主人）。众神觉得雅典娜给出的橄榄对人类更有益，所以赞同雅典这个城市归雅典娜保护。这是我们普遍知晓的一个故事版本，两种说法的细微差别只在于波塞冬给的是海水还是马匹。而这个故事的另一个版本则出现了一个重大的差别，裁定城市归属的决定权还给了人类。故事是这样的：

“橄榄树和一个水湖突然出现在阿提刻（也译为阿提卡），国王刻克洛普斯便遣使者到德尔斐的阿波罗那里询问征兆。神示告诉他，橄榄树与水乃是雅典娜与波塞冬二神的象征，阿提刻人民可以自由选择一位他们的保护神。因此，这个问题便交到一个全体市民大会中去决议。当时的女子和男子一样拥有投票权。所有男市民都投波塞冬，所有女市民全投雅典娜，结果因为女市民多出一个，故胜利属于雅典娜。落选的波塞冬大怒，遂令海水淹没了阿提刻。为了平息他的怒气，阿提刻的人民决定自此以后，取消女子的投票权，所生的孩子也不许再加上他们母亲的姓名。”[1]

显然，后一个版本解释度更广，不仅说明了雅典城市名字的来历以及雅典地区盛产橄榄的原因，而且提及了历史上妇女没有投票权，孩子随父姓的起因。有对自然的解释，有对社会风俗的说明，周密而又有趣。由此看出，希腊神话艺术地概括了他们对自然和社会的认识，反映了他们的生活，记录了他们的思想。恰如马克思所言，神话是“通过人民的幻想用一种不自觉的艺术方式加工过的自然和社会形式本身”[2]。所以透过希腊神话我们还可以看到希腊人很多的风俗习惯和独特的思维思想，比如透过宙斯惩罚人类但保护丢卡利翁及其妻皮拉的缘由可以看到古希腊人提倡殷勤好客的传统；合着阿波罗拨弄七弦琴发出的美妙音乐，跟随九位美丽缪斯的轻巧舞步，我们了解到古希腊人喜欢音乐、舞蹈、史诗文艺的社会风俗。[3]

希腊神话故事里，这样的例子还有很多，多是曲折情节伴着音乐和舞蹈，相较于其他神话系统，希腊神话少一点教化，多一些故事性、戏剧性。

❶郑振铎编著：《希腊神话与英雄传说》，上海世纪出版集团，2006年版，第396～397页。

❷《马克思恩格斯选集》第2卷，人民出版社，1972年版，第113页。

❸需要说明的是，九缪斯的首领是卡利俄佩，她主管史诗，从这细节可以看出希腊人对史诗文艺形式的推崇和擅长。

将感触由神话扩大到文化，我们就会与钱穆先生的那个感叹产生共鸣：中国文化是意会的诗篇，西方文化是有如故事丰富的歌剧。

读完整个希腊神系的传承，还有一个特点必然会引起我们的注意：希腊神谱中，除了众多遒劲有力的男性神祇外，还有许多的或温婉或智慧或柔媚或纯洁的女性人物，从德墨忒耳、赫拉到雅典娜、阿佛洛狄忒、阿耳忒弥斯等，她们不光在数量上与男神旗鼓相当——从一开始第一代天神乌兰诺斯和盖亚生下的12个提坦神当中就是6个男神和6个女神，而第二代天神克洛诺斯和瑞亚生下的也是3个男神（哈德斯、波塞冬、宙斯）和3个女神（赫斯提亚、德墨忒耳、赫拉），而且拥有各自独自司掌的领域，比如德墨忒耳司农耕，赫拉司婚姻，雅典娜司智慧，阿佛洛狄忒司美貌，阿耳忒弥斯司狩猎等。而在我们中国神话中，女神数量明显赶不上男神，而且她们几乎没有完全由自己独立掌管的领域，她们的地位甚至需要依附于她们的丈夫，比如西王母、嫦娥。

总之，希腊神话中，神与人不仅同形，而且同性；诸神中不仅有自然力的形象化，还有社会关系的人格化；神话故事不仅解释了自然现象，而且说明社会形式；神谱中不仅有神通广大的男神，而且有独立司管某些领域的女神……这些都是游览希腊神话大殿给我们留下的一些印象。当我们进一步陶醉于这一曼妙的神话世界时，感受到的还有希腊人不仅爱美而且尚智的风格。

三

古希腊大政治家伯利克里曾自豪地说：“我们是爱美的人。”“希腊”一词即意为典雅、优美。创造出一套绚丽多彩的神话系统和精美绝伦的雕刻艺术、建筑精品的希腊人名副其实。

希腊人对美的崇拜和热爱首先集中投射到美神阿佛洛狄忒的身上。她不仅位列奥林波斯十二主神之位，而且成为无数雕塑家、画家钟爱用心的题材，最具代表性的当然是卢浮宫里的镇馆之宝米洛斯的维纳斯（阿佛洛狄忒的罗马名）以及天才画家波提切利的那幅名作《维纳斯的诞生》。

让我们来看看赫西俄德是如何运用缪斯给他的生花妙笔迎来这位美神的诞生的：“克洛诺斯用燧石镰刀割下其父的生殖器，把它扔进翻腾的大海后，这东西在海上漂流了很长一段时间，忽然一族白色的浪花从这不朽的肉块周围扩展开去，浪花中诞生了一位少女。起初，她向神圣的库忒拉靠近：

尔后，她从那儿来到四面环海的塞浦路斯。在塞浦路斯，她成了一位庄重可爱的女神。在她娇美的脚下绿草成茵。由于她是在浪花（‘阿佛洛斯’）中诞生的，故诸神和人类都称她阿佛洛狄忒（即‘浪花所生的女神’或‘库忒拉的华冠女神’）……无论在最初出生时还是在进入诸神行列后，她都有爱神厄罗斯和美貌的愿望女神与之为伴。她一降生便获得了这一荣誉。她也在神和人中间分得了一份财富，即少女的窃窃私捂和满面笑容，以及伴有甜蜜、爱情和优雅的欺骗。”[1]

希腊人不吝溢美之词歌颂人的优美身体，不仅是代表女性身体之至美的阿佛洛狄忒，还有代表男性身体之至美的阿波罗。而阿波罗不仅有着俊美的身躯，还擅长七弦琴的弹奏，长裙飘逸、脚步轻盈的九缪斯围绕在他的周围，就像阿佛洛狄忒不是光有婀娜的身体，还有爱神厄罗斯和愿望女神、美惠女神的陪伴。

[1]赫西俄德：《神谱》，张竹明、蒋平译，商务印书馆，1991年版，第32页。

希腊人爱美之心还流露在众多文学作品的字里行间。不管是吟唱诗人荷马、赫西俄德还是悲剧作家埃斯库罗斯、索福克勒斯、欧里庇德斯，他们都经常使用“美踝”、“白臂”、“玫瑰色臂膀”等形容词来描绘女神们，并为她们戴上“鲜花花环”，让她们“金带束发”、“脚穿金鞋”、“衣着华丽”，还有迷人的微笑（“爱笑的”），从头到脚都是或白色或金色或玫瑰色的让人眩晕的迷人风采。让我们挑选其中一件常佩的饰品——金发带来仔细欣赏，就来看看诸神齐心创造的第一位女人潘多拉头上的那条吧，“这是著名跛足神为讨好其父而亲手制作的礼物。这发带是一件非常稀罕的工艺品，看上去美极了。因为这位匠神把陆地上和海洋里生长的大部分动物都镂在上面，妙极了，好像都是活的，能叫出声音，还闪烁着灿烂的光彩”。[2]

希腊人不仅爱美，而且爱智慧，他们不仅热爱美丽的阿佛洛狄忒，而且崇拜智慧的雅典娜。希腊人热爱雅典娜不仅仅因为她和普罗米修斯一起制造了人，给了人智慧与灵气，并教会人类很多技艺文明，不仅因为她对人类的友好而热爱，还因为她拥有可以媲美宙斯霹雳的武器。

[2]赫西俄德：《神谱》，张竹明、蒋平译，商务印书馆，1991年版，第44页。

希腊人把宙斯放在最崇高的地位，认为他是神和人的主人，代表他强大有力的武器是巨人为之所造的霹雳，他打败提坦，威吓其他神和人靠的都是他所独有的霹雳。“墨诺提俄斯残暴凶狠，目光看得见远处的宙斯用可怕的霹雳轰击他，把他抛入厄瑞波斯（黑暗），因为他十分傲慢，过于放肆。”[3]前面提到，宙斯的第一任妻子是诸神中最有智慧的女神墨提斯，宙斯后来吞下了身怀雅典娜的墨提斯，“因为他害怕她可能生出拥有比霹雳还要

[3]赫西俄德：《神谱》，张竹明、蒋平译，商务印书馆，1991年版，第42页。

厉害的武器的孩子”[1]。这个他所惧惮的比霹雳还要厉害的武器在我看来不是她手中的神盾，而是她从母亲墨提斯那里继承而来并由她主管的智慧。墨提斯将为宙斯所惧惮的武器——智慧遗传给了雅典娜，让她在奥林波斯山神系中占有不可替代的地位，而雅典娜把智慧之灵气吹进了人类的心胸，从此人类成为万物之灵长。

[1] 赫西俄德：《神谱》，张竹明、蒋平译，商务印书馆，1991年版，第53页。

希腊人在各种文艺作品中热情歌颂雅典娜，更为她建造了让世人震撼的帕特农神庙。他们爱的不光是给了人类橄榄的雅典娜，更为重要的是作为智慧化身的雅典娜。“爱智慧”的热情成就了希腊人的“哲学”。哲学（Philosophy）这个词就来源于希腊语philosophia，它由philos（“爱”）和sophia（“智慧”）两部分组合而成，意思就是“爱智慧”。在哲学起源地古希腊那里，哲学是“爱智慧之学”，而不是“智慧之学”。因为柏拉图说：“智慧这个词太大了，它只适合神而不适合人，我们人只能爱智慧。”他还说：“只有那些天分极高的人，更富于神秘的人，才能发现这类事物，适当地分析它们，理解它们。”[2]而他的学生亚里士多德甚至将“爱智慧”与“爱奥秘”作为同义语来对待。所以有观点认为哲学发端于神话。在我看来，那是因为哲学传承了神话的好奇精神，保持着对变幻莫测的世界油然而生的不断的惊诧。

[2] 柏拉图：《巴曼尼得斯篇》，陈康译，商务印书馆，1982年版，第135页。

从直立行走起，人类开始能够仰观星宇，俯察万物，解放的不仅仅是前肢，还有被禁锢的视野，形成的不仅仅是人类的灵巧双手，还有敏锐的心灵之眼——意识。当我们“张开”心灵之眼环顾周遭世界时，首先惊诧的是世界的存在和人自身的存在，不可遏制地好奇世界从哪里来，我们人类自身从何而来。人类一开始的意识还处于懵懂模糊的状态，意识还远未成熟到能理性思辨的程度，所以世界观的第一形态乃是神话。神话作为原初形态的世界观以它独有的方式记录着古人对外部世界的基本看法，质朴地回答着世界怎么来的，人怎么来的两大基本诧异。

不管是处于童年阶段的人类还是具体的个人，都必然有一个特点，即对什么都抱着浓厚的好奇，会在强烈好奇心的驱动下去追问无数个为什么，并且运用自己原初意识形式——想象力去满足自己的追问和探索，由此产生了各种各样的神话和传说。古希腊人的好奇精神在众多早期文明中表现得最为浓盛，他们不仅对宏观的自然现象表示惊异——闪电霹雳怎么回事，地动山摇又是源于何处……还对很多细微之处保有着同等的好奇，为什么孔雀羽毛上有那么多“眼睛”，为什么象征爱情的玫瑰是红色的……对这些问题都一一给出了让人莞尔一笑的特别回答。所以马克思说希腊人相较于其他民族是正常的儿童，希腊的神话和史诗是发展得最完美的人类童年的产物，具有永久的魅力。这样一种浓厚的好奇精神传递给了第二种形态的世界观——哲学。

泰勒斯被公认为西方第一位哲学家，他获得如此地位全仰赖于他提出的一个著名命题：水是世界的本原。这个在现代人看来略显粗陋的命题之所以能让泰勒斯获得哲学开创者的隆名盛誉，关键不在于他做出了“水”这个回答，而在于他第一次提出了“本原”这个概念。它标志着人类理性思维开始独立成熟，反映了人类追本溯源的本能。而这种溯源的冲动和《神谱》中追述诸神的起源显然有着密切的联系。现代西方学者从第尔斯到格思里都说从赫西俄德的思想中看到一种离开神话向理性思想发展的倾向，因而把赫西俄德作为伊奥尼亚自然哲学家的先驱之一。

而明确接上希腊神话活水源头的哲学家还有站在现代西方哲学转折点上的大名鼎鼎的尼采。尼采认为两个希腊著名的男性神祇代表两种不同文艺创作的精神气质，乃至人类两方面的特性——酒神代表的是人类非理性的欲望，日神代表着清醒的理智、理性。尼采借用这两个性格鲜明的神祇说明自己的哲学主张，不仅形象地概括了西方哲学两千多年的发展特点，而且鲜明地申张着西方哲学的转型方向——柏拉图主义以来西方人思想世界中凸显了日神精神，而丢失了酒神精神，两千多年的西方哲学不过是日神对酒神的排挤，理性对欲望、意志的压抑。所以是到解放欲望，重申意志，迎回酒神的时候了。

总之，神话和哲学作为希腊人世界观的两种基本形式把西方人的浪漫主义和理性主义、努斯精神和逻各斯精神淋漓尽致地展现出来。不管是以想象力为利器，以浪漫主义为气质的神话，还是以思辨为工具，以理性主义为特征的哲学，其内在的本质都是对人的颂扬。神话中表现为对神的讴歌，哲学中表现为对理性的张扬。

四

阅读之后我们才能体会为什么希腊神话是值得我们走近的经典，在“身临其境”之后才能感悟出经典的含义其实还有第三层——它值得被反复阅读。每个人随着自己的成长，在不同的时空之位上阅读经典会得出不一样的感受，得到越来越多的收获。小时候读希腊神话，似儿童在一个取之不竭的故事库里探宝，精彩纷呈，“乐”人耳目；现在再读，就像游览西方文明的灿烂后花园，呼吸芬芳，“悦”人心扉。

在一个科技统治世界并占据人的头脑的时代，为何要去读已经失去了产生土壤的神话？马克思替我们做出了很好的回答：“成人不能再变成儿童，否则他就稚气了。但是儿童的天真难道不使他感到愉快吗？他自己不该努力在更高的程度上使儿童的纯朴本质中在任何时期都复活着吗？人类最美丽的发展着的人类史之童年为什么不该作为一去不返的阶段而永远发生吸引力呢？有教养不良的儿童，有懂事太早的儿童。古代民族中，有许多属于这一类，希腊人是正常的儿童。他们的艺术对我们所发生的那种强烈的吸引力，同它的生长所依据的不发达的社会阶段，并不矛盾。”[1]

多年前一部日本动漫《圣斗士星矢》的热播，完成了对当时年轻人一次有关希腊神话的知识普及。通过这部流行动画，我们记住了雅典娜、波塞冬等希腊神话中俯拾皆是的名字。如今已步入而立之年的我们需要把少年时代表面零散的认识进一步细化深化，通过品读希腊神话，不断回到西方文明的发源地，我们回忆的将不仅仅是童年的西方文明，感动的是不仅仅是古希腊人童真浪漫，理解的不仅仅是成年后的现代西方文明。

“她是永远汲取不尽的清泉，人类将永在其旁憩息着，喝饮着。”[2]

[1] 马克思：《政治经济学批判导言》，人民出版社，1955年，第172页。

[2] 郑振铎编著：《希腊神话与英雄传说》，世纪出版集团，2006年版，原序，第1页。

史学篇

II

王文，女，浙江淳安人，毕业于北京大学历史系，现任中国青年政治学院教授，主要讲授世界历史专题、外国法制史、西方法律思想史、西方文化史等课程。著有《外国法律制度史》、《联合国历程》等，发表代表性论文有《联合国人权思想与实践》、《冷战结束后联合国机制内的中俄合作关系》、《评罗伯斯比尔的法制思想与实践》、《联合国关于非殖民化的机制与实践》、《联合国发展机制评析》、《联合国四个发展战略评析》、《论法律移植与法律融合》、《论联合国的法律体系》、《论非政府组织在联合国体系中的地位和作用》等。

回望法国大革命

——读《大革命与乌托邦》

■王 文

一

英国历史学家伯克在18世纪末写过一本书，名为《关于法国革命的思考》。从那时起至今200多年来，关于法国革命的思考始终萦绕在历史学家的心头，而且萦绕在所有追求自由人民的心头，不仅在法国，而且在全世界。

《信使》[1]精华丛书呈现给我们一本名为《大革命与乌托邦》[2]的书。它的前半部分选编了亚、非、美三大洲8个国家13位作者的文章，综合了当代人关于法国革命的思考。这里虽然没有梯也尔、米涅、米什勒、基佐、索布尔、托克维尔、伯克等历史学家的经典论述，但它要着力展示的是当代的法国人、欧洲人、苏联人和中国人的观点，更包括长期以来我们曾忽视的埃及人、委内瑞拉人、伊朗人、摩洛哥人、日本人等对法国革命的见解。尽管任何人任何著作都难以尽述法国革命的全貌，难以客观评价法国革命的价值，

❶《信使》是联合国教科文组织的大型国际性刊物，它拥有28种文字，在世界上100多个国家和地区发行。《信使》涉及人类社会各种问题，涵盖各种不同学科领域，具有知识性、思想性、可读性。它的中文版于1980年问世，于2002年起停刊。为此，《信使》精华丛书编委会撷其中文版发行以来21年各期译文之精华，于2003年以丛书形式出版，作为对《信使》中文版的总结和纪念。该丛书根据人类重要主题，按照不同领域编选出12种，《大革命与乌托邦》就是其中的一种。

❷《大革命与乌托邦》的前半部分是联合国教科文组织信使杂志1989年第9期为纪念法国革命200周年编印出版的。选编了亚、非、美三大洲8个国家13位作者的文章，综合了当代人关于法国革命的思考。第二部分编辑了信使杂志1987至1994年20篇文章，以各种乌托邦思想的阐述为主题。

全书各篇精彩纷呈，论断掷地有声。

但决不妨碍对它的永远怀念和总结。

书中收录的每一篇文章都不长，却能激发我们对法国大革命的回顾和想象，并加深对它的理解。法国革命的经典性首先在于它是以一场意识形态革命作为指导。众所周知，是启蒙运动为它提供了思想武器和纲领，并培养了一代革命家。日本哲学家兆民（被日本人尊为东方的卢梭），把法国革命比做“一出大型戏剧”，孟德斯鸠、伏尔泰、卢梭等哲学家是“剧作家”，阿贝•谢耶斯、米拉波、罗伯斯比尔、丹东等革命者则是戏中的“演员”，他们这出戏靠“舆论的支持才能上演，要是没有这种支持，这出戏就不会有前途，最终会被强大的宫廷力量所粉碎”[1]。法国革命是启蒙运动的嫡子，革命中那些最活跃的领导人无不是启蒙思想家的信徒。其中卢梭对大革命的影响最大、也最直接。罗伯斯比尔表示将永远忠于从卢梭著作里吸收的灵感，将永远沿着卢梭的足迹前进。的确，卢梭的《社会契约论》在恐怖时代获得实现，1793年宪法即直接抄自《社会契约论》。大革命的英雄拿破仑希望卢梭永生，为此，在战场上继承和实践着卢梭的思想。难怪路易十六愤愤地骂道，伏尔泰和卢梭毁灭了法国。

法国革命的经典性还主要体现在政治方面。所有象征国家的事物都与大革命有关。法定的国庆日是对1789年7月14日攻占巴士底狱的纪念，1789年7月选定的三色旗、作于1792年的国歌《马赛曲》和革命中塑造的“自由女神”像都成为法国的象征。右派、左派、政治俱乐部、雅各宾派、吉伦特派、热月党、波拿巴主义、朱安党人、流亡者等成为经典的政治术语。大革命历时24年（1789～1813），经历了君主立宪制、共和国制和帝国制三种政体，颁布了六部宪法，更换了六个政权机构，连选举权也变化七八次。革命具有完整的阶段性，或上升下降，或高潮低潮。革命中君主立宪派开创了法国革命的成果，吉伦特派、雅各宾派为巩固君主立宪派开创的革命成果而把革命推向高潮，以至雅各宾派以“非资本主义方式”推进革命，最终进入恐怖时代。热月党人的作用在于结束雅各宾的平民革命，开启巩固革命成果的新阶段，最后拿破仑用司法法规的语言把法国革命的成果固定下来。马克思对雅各宾倒台以后的法国社会有过一段精彩的论述：“资本主义社会生活浪潮迅速高涨起来。于是出现了创办商业和工业企业的热潮、发财致富的渴望、新的资产阶级生活的喧嚣忙乱，在这里，这种生活的享受初次表现出自己的放肆、轻佻、无礼和狂乱；法兰西的土地得到了真正的开发，土地的封建结构已被革命的巨锤打得粉碎，现在无数新的所有者以第一次出现的狂热

[1] 联合国教科文组织：《大革命与乌托邦》，对外翻译出版公司，2003年57页。

对这块土地进行了全面的耕作，解放了的土地也第一次活跃起来；——这就是刚刚诞生的资产阶级社会生活的某些表现。”[1]

法国革命不仅是一场政治革命，还是一场社会文化革命。人们在社会文化生活的各个方面与旧时代决裂。显示革命的红帽子和无套裤汉的装束一时间成为时髦；无论男女老幼彼此称呼“公民”，革命年代出生的人取名叫平等，有人用马拉等革命者的名字为新生儿命名；室内陈设的家具、用餐的碗碟、妇女佩戴的首饰、人们玩的纸牌都被用来表现为革命而牺牲的自由烈士，新的圣徒取代了旧的圣徒；人们放弃沿用上千年的基督教历法，而创造使用了以自然现象命名的共和历。所以，法国革命的历史有了“雾月政变”“热月党人”。

歌舞在法国革命中成为传播革命道理的有力工具。在革命时期出现2000多首歌曲，人们在战场、广场、民众集会、法庭、监狱里、剧院里传唱爱国歌曲、市民歌曲、讽刺小调，马拉称之为唱歌狂潮。当代法国历史学家洛郎斯·库达在《自由，平等，狂欢！》的文中说到：“那几年，无论出了什么事都能编出歌来唱，国家大事、舆论的变化、甚至国民公会的法令都成了编唱歌曲的题材。那一时期展开的一切斗争，无论是国内的还是在国外的，都在歌曲中有所反映。”[2]

革命中印制小册子的工厂生意好得出奇。在巴黎，每个工厂印制的20种小册子里总有19种是鼓吹革命的。

《自由，平等，狂欢！》还描述了无套裤汉的“造反”如何变成“狂欢”，再发展为国家法定“节日”的现象。为自由平等而狂欢！这是一种由千百万群众参加的有组织有计划的，带有浓厚政治色彩的大型文化活动。革命时期，历届政权通过立法共颁布40个节日。对节日的庆祝通常是唱歌，跳舞，种自由树，示威游行，散发传单，焚烧象征封建制度的徽章、木雕的百合花、十字架，宣誓，高呼口号，点篝火和开怀痛饮，这些场景与战争、死亡、流血交织在一起。人们“恨不得在一天之内就把强忍了几百年的痛苦不堪的压抑心情来它一个清算”[3]。狄更斯的小说《双城记》就生动描述了以得法日太太和“复仇女神”为代表的下层群众在一场革命中的复仇、报复、翻身的心理，米涅在《法国革命史》中也理性分析了这些“罗伯斯比尔派的编织妇”的“愤怒与不满”。同样，跳舞还帮助他们驱散了恐惧。

这些节日活动通过“民众狂热的欢庆场面嫁接到古老的习俗上面而把新社会凝聚起来”[4]。革命精神如此深入人心，渗透到社会生活的各个方面，改

[1]《马克思恩格思全集》（第2卷），人民出版社，1957年第157页。

[2]联合国教科文组织：《大革命与乌托邦》，对外翻译出版公司，2003年第5页。

[3]联合国教科文组织：《大革命与乌托邦》，对外翻译出版公司，2003年第6页。

[4]联合国教科文组织：《大革命与乌托邦》，对外翻译出版公司，2003年第10页。

变着人们的宗教活动、语言、心理、价值观、两性关系、家庭关系、社会交流方式、人际关系、城乡风貌、服装、文学、艺术等。

二

一切政治革命都有一个祖国，法国革命却没有疆界，它的影响已经从地图上抹掉了所有的旧国界，越过法国、西欧、欧洲及全世界。革命的原则和拿破仑法典随拿破仑的脚步波及德意志各邦，这种影响通过法国哲学家一直进入俄国。于是，在专制主义统治的普鲁士、奥地利和俄国产生了“开明君主”。开明君主专制就是把一个具有无限、绝对权力的封建君主同资产阶级的启蒙思想结合起来，在那个时代最有典型意义、最成功的一种统治方式。俄国叶卡捷林那二世、普鲁士约瑟夫二世、奥地利菲特列二世的改革立法都具有开明君主的特征：如限制强迫加入行会，削弱农奴制，实行宗教宽容，改进司法制度等。大革命所昭示的自由、平等、博爱无疑是全世界普遍适用的原则，但在不同的社会以不同的模式和程度实践了这些抽象原则。

法国大革命的理想和原则首先在旧大陆以外的圣多明各岛得到过彻底的推行和实施。黑人领袖杜桑·卢维杜尔领导圣多明各岛的奴隶起义，要在这片热带土地上将《人权宣言》变为现实；1793年通过的无条件废除奴隶制的“松托纳法案”和“波尔韦勒尔法案”，导致了1789年和1793年的抽象原则首次转变成废除奴隶制的具体现实，这就是法国革命在这个远方小岛的反映。随后，解放、自由运动波及拉美大陆。独立战争的领袖西蒙·玻利瓦尔于1819年在委内瑞拉国会开幕之时发表演讲，阐述了在委内瑞拉建立受宪法保护的共和政体的各项原则。大革命带给委内瑞拉人民的“共和之梦”，通过摆脱西班牙的统治，召开国会，制定宪法得以实现。

从拉丁美洲到非洲，“雄鹰与狮身人面像”相遇，拿破仑远征埃及，以革命原则挑战马木路克统治。人们都记得拿破仑远征埃及在军事上的失败，但埃及人记得，法军撤走以后，“革命的启示便不知不觉地在人们心中蔓延传播了”[1]。埃及人意识到“法国人在召唤他们冲出一个由不可捉摸的天启的真理所统治的世界，进入一个可以怀疑、可供体验、充满自由的天地”[2]。走法国人的道路，“埃及才能从几百年的沉睡中觉醒，才能有机会实现现代化，并且恢复在英勇的萨拉丁时代所有过的威望”[3]。这种觉醒导致了穆罕默德·阿里改革，这些改革成为埃及通向现代化的转折点。

[1] 联合国教科文组织：《大革命与乌托邦》，对外翻译出版公司，2003年，第29页。

[2] 联合国教科文组织：《大革命与乌托邦》，对外翻译出版公司，2003年，第29页。

[3] 联合国教科文组织：《大革命与乌托邦》，对外翻译出版公司，2003年，第29页。

法国革命是英雄辈出的时代，法国人用荣军院、凯旋门、塑像和名人祠来纪念革命的伟人。伊朗社会学家伊赫桑·纳拉吉则提供了一份鲜为人知的、来自亚非拉各国的“共和国的荣誉公民”名单。1792年法国立法会议授予18位非法国人以法兰西公民称号，表彰他们对法国革命的贡献。他们中有那不勒斯庇护、普鲁士男爵、德国诗人、西班牙和荷兰爱国者、意大利贵族、英国法学家、律师和女作家、波兰民族英雄、美国总统及政治家、拉美独立战争的先驱等。他们曾是国民公会的一员、革命俱乐部的座上客、也有人沦为革命的阶下囚、或被革命送上断头台。他们捐献钱财，撰写和发表文章、诗歌来歌颂大革命的精神，参加宪法和人权宣言的讨论、起草。如边沁在发表《政府片论》之前，为法国革命写了《政治策略论》、《法国司法部门组织规章草案》、《解放你们的殖民地》，提供了许多法律方面的建议。很长时间内，边沁在欧洲大陆和美国所享有的声誉远远高于在英国的。与法国人拉法耶特齐名的另一位新旧大陆的英雄潘恩不仅以《常识》一本小册子揭开北美独立战争的序幕，还为法国革命写了《人权论》。潘恩亲自参加了《人权宣言》和1793年宪法的起草，他还坐过雅各宾派的监狱，在狱中写了《理性时代》。他表示：要为欧洲每一个没有获得自由和人权的国家写一本《常识》。

大革命是以法国人的名义发端的，但吸引了许多怀有解放全世界理想的革命者和知识分子，如同20世纪的十月革命一样，迫使当时一切知识分子表明自己的态度和立场。不管人们的法律、传统、性格、语言如何，它都迫使人们彼此接近或分裂，它还常使同胞成为仇敌，使兄弟成为路人。它超越了一切国籍，组成了理念上的祖国，一切热爱自由的人都成为它的公民。

在那份共和国荣誉公民的名单里并没有俄国平民诗人安德雷·谢尼埃的名字，但是，他参加了法国革命，并在恐怖时代被送上断头台。是苏联科学院通讯院士谢尔盖·谢尔盖维奇·阿韦林采夫从《诗歌、自由和革命》的观察视角为我们提供了这一重要线索，并提出了一个重要命题，即“从普希金到奥西普·曼德尔施塔姆，俄罗斯诗歌全都是热爱自由的诗歌。因此，在法国大革命揭开的这场大辩论中，它就必然占有一席之地……”[1]在这个视角看，谢尼埃的殉道则有特殊意义。

众所周知，法国革命爆发之后仅仅一年，亚历山大·尼·拉吉舍夫写了一本《从彼得堡到莫斯科旅行记》，因为该书鼓吹启蒙运动哲学思潮，作者被沙皇流放。在历史学家的著作里，法国革命在俄国的影响主要是由拉吉舍

[1] 联合国教科文组织：《大革命与乌托邦》，对外翻译出版公司，2003年，第36页。

夫《从彼得堡到莫斯科旅行记》开始的。但是阿韦林采夫却给我们提供了另一条历史线索。俄国平民诗人安德雷·谢尼埃参加了法国大革命，在恐怖时代被送上断头台。1819年谢尼埃的诗歌选集初版问世，直到这时法国才得以了解他的作品和最终命运。6年后俄国发生了反对专制制度的1825年十二月党人起义，那一年，普希金写下长诗《安德雷·谢尼埃》。这首长诗的中心思想是表达谢尼埃临刑前的内心独白，即“对支撑大革命的理想动力自由的无限热爱，是容不得任何折中妥协的，即使处在恐怖的威胁之下；而为了保护这一动力，就必须严厉谴责恐怖”[1]。在普希金的逻辑里，谢尼埃是一个诗人，因为他是个诗人，他就必定热爱自由，尤其是大革命宣告的自由。但是，作为法国革命的参与者，普希金借谢尼埃之口批评了法国革命的恐怖现象。所以，在这个线索里我们可以发现：诗人因追求自由而赞美革命，而革命的恐怖扼杀了自由，“诗歌在死刑的氛围中无法生存”，因此“诗歌反对死刑”。

[1]联合国教科文组织：《大革命与乌托邦》，对外翻译出版公司，2003年，第41页。

俄罗斯的诗歌传统是普希金奠基的。普希金的信条是在法国革命的背景下形成的，而这一信条主要源自谢尼埃的影响。“于是，整个俄罗斯诗歌热爱自由的传统，便随着普希金对谢尼埃这位不唱传统而歌颂自由的吟游诗人的敬仰而沿袭了下来”[2]。当然，在普希金诗歌的传统之外，俄国始终跳跃着另一种音符，即赞成用激进甚至暴力的手段进行革命。

[2]联合国教科文组织：《大革命与乌托邦》，对外翻译出版公司，2003年，第42页。

中国对法国大革命的反响姗姗来迟。在雅各宾派把吉伦特派推上断头台时，英国特使来华要求通商遭到拒绝。在中国被打开大门以后，1871年，王韬写了《法国志略》，康有为在1897年至1898年仓促撰写了《法国革命论》、《日本明治变政考》、《俄罗斯大彼得变政记》、《突厥削弱记》、《波兰瓜分灭国记》。他们的观点是，法国革命可敬、可畏，但中国应该走日本的道路。20世纪初，革命派痛心于维新运动的失败，主张采取革命手段推翻清王朝，与维新派展开争论。梁启超推崇吉伦特派，写了《罗兰夫人传》。康有为和孙中山都多次游历法国。虽然，双方有较大的分歧，但都认为中国需要改造，或以法国革命为鉴或以法国革命为楷模。总之，这场革命不仅给中国没落的封建制度一个极大的刺激，而且，如编者在中国学者张芝联先生《中国：对法国大革命的反思》的开始所提示：要改良还是要革命？这是19世纪中国精英分子面临的选择。他们为此展开争论，而法国大革命的榜样是否可取就是争论的核心问题。

法国革命对中国历史最大的影响是平等思想的引进。法国革命的旗帜

“自由、平等、博爱”口号是逐步形成的。文艺复兴产生了“自由”概念，17世纪资产阶级争取“平等”以保证真正的自由，“平等”的概念产生了，启蒙运动思想家用“博爱”丰富自由、平等的思想。1792年国民公会正式提出自由、平等、博爱三位一体的政治口号。1848年法国人将它写在宪法中。“自由、平等、博爱”的思想，在中国近代史上，曾对从改良派到革命派，从严复到孙中山产生过重大影响。在孙中山的三民主义思想中，民族主义就是国家民族的自由，即独立；民权主义就是要求共和平等；民生主义中的节制资本和平均地权则带有博爱的色彩。在中国历史文化中，可以找到与“平等”、“博爱”相似的概念。早在春秋战国时期，墨子就讲兼爱，而自黄巾起义以来的农民起义也总是提出“均贫富”和“等贵贱”的口号，当然，这与近代意义的资产阶级平等、博爱有所不同，但毕竟有相似的说法，唯有“自由”的观念在中国完全是空白，而自由是中国发展所必需的。所以“自由”是近代中国思想史从西方引进的最重要的新概念。

三

法国革命开始的时候，许多作家、政治家热烈欢呼，当革命进入“恐怖时期”时，他们的立场开始转变，希望用道德的力量去改造社会，促进社会的变革，如法国的雨果、英国的狄更斯。如果说《双城记》是以历史小说为体裁，比较英国与法国革命的道路的话，那么，英国历史学家伯克则对英法两国的革命道路进行历史考察的先驱者之一。他在法国革命爆发的第二年写了《关于法国革命的思考》，因此成为西方思想界反对法国革命的保守派、甚至“反动派”、“反革命”的代表。伯克首先给革命下了一个定义，他认为革命是一种被迫超越于宪法和法律之外的集体暴力活动。随即区分两种革命：以英国为模式的革命目的在于解决具体问题，如税收过重，政府随意侵犯私有财产等。当这些具体问题解决以后，革命的领导人马上恢复法制和秩序。而法国革命属于另外一种模式：它追求自由、平等、博爱的抽象原则，但砍掉了无数颗具体的人头；它以蛊惑人心的口号摧毁了人的权利和法制的秩序，使得各种利益再也无法协调和各得其所；它动摇了社会秩序和自由的基础、破坏了人类文明的瑰宝，从而会导致新的专制主义的出现。

后来的历史发展证明伯克的确是最有预见力的历史学家。大革命的高潮阶段，就是法国历史上的“恐怖时代”，罗伯斯比尔就是这个恐怖时代的

“暴君”。虽然他宣称恐怖手段是针对革命的敌人的，但被送上断头台的还有他的战友以及这场革命的领导者资产阶级分子。他简化审判程序，取消预审制和辩护人，在刑罚方面适用单一死刑制。在最血腥的1794年6月10日到7月27日，雅各宾政权平均每周处死196人。恩格斯认为，雅各宾的恐怖是必要的；列宁甚至认为，法国革命因恐怖手段而成为伟大。无论伟人如何理解罗伯斯比尔，当代人恐怕都无法接受这一历史的悲剧。

整个法国近代历史是以不断革命为基本特征的，从1789年革命到巴黎公社，法国两次走上同一条道路。1789～1815年法国大革命经历了君主立宪、第一共和国（经吉伦特 雅各宾 热月党 执政府）和第一帝国时期。1815～1870年法国革命运动经历了波旁王朝复辟、君主立宪制的七月王朝、法兰西第二共国和法兰西第二帝国时期。近代法国成为一块政治试验场地。革命目标在反复革命中逐步达到，革命先消灭自己的敌人，然后消灭自己的朋友，最后消灭自己。历史忽进忽退，政局大起大落，经济发展受到极大影响。狄更斯在《双城记》的开始写到“那是最好的年月，那是最坏的年月，那是智慧的时代，那是愚蠢的时代，那是信仰的新纪元，那是怀疑的新纪元，那是光明的季节，那是黑暗的季节，那是希望的春天，那是绝望的冬天，我们将拥有一切，我们将一无所有，我们直接上天堂，我们直接下地狱……”❶。托克维尔对这场革命也有类似的论述：“它在行动中如此充满对立，如此爱走极端，不是由原则指导，而是任感情摆布；它总是比人们预料的更坏或更好，时而在人类的一般水准之下，时而又大大超过一般水准……”❷这个时代只有用最高比较级才能形容。而英国在光荣革命以后，最早进行了工业革命，在工业革命接近尾声时开始政治近代化历程，通过19世纪30年代、60年代和80年代三次议会改革实现普选。到19世纪末英国已经具有了现代资本主义的基本特征。英国近代化道路的特点是：社会在默默无声中和平演进，而成绩却比法国显赫。

对于这场《继往开来的革命》，法兰西现代史教授莫里斯•阿古尔翁在他的文章中使用了六个小标题对法国革命作了经典地概括：大革命具有“启蒙性质”和“先驱作用”；大革命的精神终将有一天会消融在“世界共和国当中”；但是大革命的确是“一个有争议的模式”；从人类争取自由、平等的斗争来看，法国革命的原则“从普遍性到特殊性”又“走向新的普遍性”。关于法国革命的普遍性与特殊性的问题，歌德发表过另外一种见解。当德国浪漫主义作家以“德意志精神”的名义对法国所宣布的普遍价值提出

❶狄更斯：《双城记》，人民文学出版社，1996年第1页。

❷托克维尔：《旧制度与大革命》，商务印书馆，1996年第241页。

质疑的时候，歌德断言：文学艺术有消解或超越时代、种族、语言、文化差异的功能。他号召作家去超越“民族精神”，而不应仅仅表述它。

当代人重新探讨《1789年精神》、法国革命的性质、影响和模式，法国革命摧毁了什么、创造了什么。一伙法国青年人重新思考21世纪人权概念，组成一个国际性协会，并在1989年8月26日发出《新世纪宣言》，他们要修改1789年法国人权宣言，使之适应现代需要。还有学者在《一个理想和它的遭际》中发出“我们对法国大革命二百年后革命理想的命运可以得出什么结论呢”的疑问。大革命的基本理想似乎已经深入人心，但现实与理想之间存在着巨大的差距。所以有人说大革命留给我们的是纯粹的乌托邦。大革命对当代人、对完全超越1789年模式的社会主义运动、对非殖民化运动都具有什么样的意义，的确发人深省。

无论是18世纪伯克与潘恩的论战，还是200年后今天的评说，都无法结束关于法国革命的思考。无论是法国模式还是英国、美国模式，对其是非功过的讨论仍然聚讼纷纭。今天，我们离大革命已经相当远了，与革命的参加者比，我们只能轻微地感受到那场革命的青春、热情、自豪、慷慨和真诚。同时，法国革命离我们又很近，大革命提供的精神、原则甚至模式在以后的历史中一再重演：1848年欧洲革命、1870年巴黎公社、1917年十月革命、20世纪初以来的非殖民化运动等。

今天，人们恐怕更愿意采取改革而非革命的方式来实现法国革命首次提出的自由、平等、博爱的社会准则，也不必担心被指责为“反革命”和“保守”。当政者也不会像法国专制君主查理十世那样，“宁愿去锯树也不能按英国的方式进行统治”。人们懂得更理性地分析平等和权利所固有的抽象与具体、现实与理想、内容与形式的矛盾。为解决这些矛盾已经有人作出了努力。马克思提出推翻私有制，消灭剥削，建立超越1789年模式的社会制度，解决财产权与平等权的矛盾；1917年十月革命就是一次试图用法国革命方式来批评法国革命的民主自由理念的尝试；西方自由主义者也看到了自由、平等、博爱的“虚假”方面，试图通过福利政策解决两极分化问题，从边沁追求的“最大多数人的最大幸福”到罗尔斯照顾到“最少受惠者的利益”的正义论，都推动了政府的立法改革，逐步接近大革命的理想；1948年联合国将西方和苏联的人权概念加以妥协，通过了具有划时代意义的《世界人权宣言》。《世界人权宣言》不仅包括以法国革命名义所宣告的人权，还载入了民族自决权、适度生活水准权、受教育权、工作权、享受社会生活文化权等。

法国革命的国际性和革命性已为全人类所接受。更多的人认为《人权宣言》中“没有一个字是特指的，它提出的一切主张都带有普遍意义，因此适用于任何国家。自由和平等因其概念的普遍性而得到强化”，“法兰西共和国本身终有一天会消融在一个世界共和国当中”[1]。法国给世界上了一堂关于平等的课。200多年后再看法国革命无疑是一次学习的机会。无论为自由、平等、博爱付出过多大的代价，人类都不能半途而废，更不会像当年复辟的波旁王朝那样：“什么也没学会，什么也没忘记。”

[1]《大革命与乌托邦》，第81页。

《大革命与乌托邦》对法国革命的思考与判断是全方位的、多角度的，这种思考一直延续到本书的后半部分，即理想中的完美之地——乌托邦。这部分也有十几篇文章，主要涉及关于“柏拉图的预言”“天堂的失败”“太阳之城”“黄金时代”“大同之世”“西方的神话”等话题，这些文章共同描绘了一个乌托邦的全景：其中除了有自柏拉图以来由托马斯·莫尔等为代表的西方乌托邦传统，还有俄罗斯的乌托邦文学线索，更为难得的是在没有乌托邦传统的中国，仍有康有为的《大同书》被列入人类乌托邦思想史。人类构想了一个个《理想社会的蓝图》，并且努力地去实现乌托邦的梦想，取得了不同程度的成功。法国大革命的理想是正在全世界实现的“乌托邦”。

向静，女，湖北荆州人。华中师范大学历史系学士，北京大学历史系博士。现为中国青年政治学院中文系讲师。讲授中国古代史、中国通史专题等课程。撰有论文：《明代的义民义官》（《明清论丛》第7辑，紫禁城出版社，2006）、《明嘉靖年间“三途并用”的政治背景》（《北大史学》第12辑，北大出版社2007年1月）等。

走进历史学家的世界
——读卡尔《历史是什么？》

■向 静

“历史书里的东西总是惹我烦恼，厌倦，……我就觉得奇怪，既然绝大部分是虚构的，怎么又那么枯燥乏味呢！”这是凯瑟琳·莫兰小姐，18世纪英国女作家简·奥斯丁《诺桑觉寺》书中的女主角，对历史的“抱怨”。跨越一个半世纪后，这句话出现在E·H·卡尔的名著《历史是什么？》[1]一书的扉页上。时代不同了，有多少年轻人，还和莫兰小姐一样，抱着同样的疑问呢？历史书“绝大部分是虚构的”吗？什么是真实的历史？学者们怎样研究历史？历史书为什么那么枯燥乏味？——当卡尔在他机智的演讲中逐一回答这些问题的时候，他已经将自己与同时代的职业历史学家们区分开来了。《历史是什么？》就是一本回答“莫兰式提问”的演讲集。在这里，作者将任何一位对历史有兴趣的读者视为平等的朋友，用专业人士罕见的睿智和通达，和你谈论什么是历史、历史学家和历史著作，反思历史学科的性质，讨

❶《历史是什么？》一书是英国历史学者E·H·卡尔（Edward Hallett Carr，1892～1982）的名著，该书集结出版了作者在1961年英国剑桥大学特里威廉讲座中的6次演讲稿，深入阐述了作者对历史研究的性质、历史当中的因果关系与偶然性、历史人物的自由意志与决定论、个人与社会、主观性与客观性等一系列史学理论问题的思考与见解。自问世以来，至2007年该书已经重印了78次、翻译成23种语言、印行超过25万册、被全世界2006所图书馆收藏，堪称20世纪最受大众欢迎的经典历史著作之一。

论历史研究中一系列最重要、最基本的理论问题。从1961年该书出版以来，至2007年，已经重印了78次、翻译成23种语言、印行超过25万册、被全世界2006所图书馆收藏，堪称是20世纪最受大众欢迎的经典历史著作之一。

一

“历史是历史学家与历史事实之间连续不断的、互为作用的过程，就是现在与过去之间永无休止的对话。”[1]

卡尔的论断，曾令无数历史研究者“心有戚戚”，又令对这个话题感兴趣的大众有点摸不着头脑。古往今来，试图回答“历史是什么”这个问题的答案千姿百态，卡尔的论断独树一帜。

在我们今天的研究者看来，“历史”的宽狭定义，无非有二：“一是指过去所曾经发生过的事件、思想和活动，二是它同时也指我们自己对它们的认识和理解。……一种是当时发生了什么事实，一种是事后人们是怎样理解的。”[2]也许我们很难一眼看出这样的定义与卡尔的论断之间，究竟有何关联。让我们举一个熟悉的例子。

司马迁在《史记》当中述说他的理想：“究天人之际，通古今之变，成一家之言。”在庞大惊人的研究野心下，蕴藏着一颗谦逊清醒的灵魂，他说自己留下的只是“一家之言”而已。洋洋数十万字，从天地初开讲到秦皇汉武，他记述的是历史，但首先是他眼中的历史，这里面的区别，中国古人是很清楚的。唐代以前，人们认为《史记》过于明显的“恻怛之致、抑扬之情”影响了史实记述的客观性，就史学价值而言不及班固的《汉书》。时光流逝，随着唐代以及后世每一次文学变革的兴起，在世人一次次对才情与性情的呼唤声中，《史记》的经典地位日益稳固，吸引了千年不衰的阅读热情。这当然不是因为太史公记载的人物事件，都如实对应着过去某个时空里发生的情形，相反，后代的读者们离秦砖汉瓦越远，对穷尽细节、严丝合缝的事实考证，兴趣越加淡化，而对如何认识和理解那一段历史，越依赖一位睿智而深具洞见的引导者。

太史公的记述与“过去曾经发生的”真实真相之间，是什么关系呢？不可否认，距离过去的时代越遥远，人们了解过去真实真相的路径越渺茫，分辨史家叙述与真实真相之间的距离，也可能越困难。在很多时候，我们读到的《史记》记载的“历史”，也就成为我们唯一了解的那段历史。你是否

[1] E. H. 卡尔：《历史是什么？》，第115页，北京：商务印书馆，2007年。

[2] 何兆武：《历史是什么》，《清华大学学报》（哲社版），2009年第5期。

想过太史公记载的人和事不真实？那么“真实的人和事”是什么样子的呢？我们可以想象，一定会有很多从未见于《史记》和其他传世文献的人物、事件、思想、活动，那应该也是一个丰富、复杂、充满意义的世界吧！但是因为它们没有引起像太史公这样的历史学家的注意，没有被他们在著述当中引用、转引、重复，结果就像是落入了“关于过去的非历史事实的深渊之中”，无法被证实，也无法被证伪了。如果既不为人所知，又不对后世产生影响，那么，谁敢说它们也是“历史”？

卡尔认为，我们据以了解历史真实的途径，往往是历史学家们所选择的事实：“我们接触到的历史事实，从来不是‘纯粹的历史事实’，因为历史事实不以也不能以纯粹的形式存在：历史事实总是通过记录者的头脑折射出来的。”[1]那些通过了折射并出现在历史学家著作中的“事实”，卡尔称之为“历史学家的事实”。每一次折射，都是历史学家面对曾经发生过的、浩瀚的“事实”海洋，精心挑拣、筛选、解释乃至评断后的结果。在太史公的时代，对他所记载的那段历史，也许人们看到的“折射”数量更多、类型更丰富。太史公的“一家之言”，不是对历史唯一可能的解释，只是一种根据充足的、有效的、足资理性与常识判断的解释，得益于高超的叙事技巧，这种解释倍加引人，最终传之后世。

[1]E. H. 卡尔：《历史是什么？》，第106页。

历史本身的特性，决定了后人对历史的了解，很大程度上将依赖于历史学家们的记录。换言之，“历史事实”常常是先成为了“历史学家的事实”，再通过他们的记录、解释，最终来到我们面前。在这个意义上，卡尔说：“历史是历史学家与历史事实之间连续不断的、互为作用的过程，就是现在与过去之间永无休止的对话。”如果我们想要理解过去，那么，我们首先得弄清楚，我们是如何理解过去的。人们了解历史的途径非常多元——从民歌、神话、传统到影视作品、通俗小说、小报、流行的出版品等——但追溯这些途径的内容源头，往往发现伫立着历史学家和历史著作的身影。卡尔的“对话论”正为此而发。

在不同的时代，人们对“历史是什么？”的回答总是不一样的，正如卡尔所言：“当我们尝试回答‘历史是什么’这类问题的时候，我们的答案在有意无意间就反映了我们自己在时代中所处的位置，也形成了更广阔问题的一部分答案，即我们以什么样的观点来看待我们生活其中的社会。”[2]我们也想知道，卡尔的答案，反映了他在20世纪60年代的何种位置呢？

[2]E. H. 卡尔：《历史是什么？》，第89页。

19世纪以来的欧洲，史学家们崇奉德国兰克学派的信条，即史家的任务是“仅仅如实地说明历史”。对于历史学家应该而且完全能够“如实说明历史”这一点，当时的人们抱着极为乐观的信仰。从20世纪初以后，意大利史学家克罗齐、美国史学家卡尔·贝克、英国史学家柯林武德等人对兰克学派的信仰发起挑战，他们把历史学家从“史实的忠实记录者”这一位置上解放出来，强调他们在选择与解释“历史事实”中的能动作用。到了卡尔这里，他第一次清晰、全面而深刻地向大众指出，“如实直书”是不可能的，历史著作中总是存在主观的因素，无论史学家承认与否，他们在研究的时候都不能根除自己对世界的观点和假设对于研究过程的影响。说得极端一点，在历史著作当中，“只有当历史学家要事实说话的时候，事实才会说话：由哪些事实说话、按照什么秩序说话或者在什么样的背景下说话，这一切都是由历史学家决定的”[1]。从卡尔发表演说到现在，半个世纪过去了，研究者们仍然认为，在提醒读者抱持批评的眼光来阅读历史著作方面，“卡尔一直是最有影响的人物，他的观点非常广泛地为历史学家所接受”[2]。

[1] E. H. 卡尔：《历史是什么？》，第93页。

[2] E. H. 卡尔：《历史是什么？》，第37页。

对历史著作保持批评的眼光，意味着读者们对“历史学家的事实”有充分清醒的认识。卡尔用了一个生动的譬喻，来描述历史学家的选择：“事实就像在浩瀚的，有时也深不可测的海洋中游泳的鱼；历史学家钓到什么样的事实，部分取决于运气，但主要还是取决于历史学家喜欢在海岸的什么位置钓鱼，取决于他喜欢用什么样的钓鱼用具钓鱼——当然，这两个因素是由历史学家想捕捉什么样的鱼来决定的。总体上来看，历史学家可以得到他想得到的事实。”同样，历史学家也可以舍弃那些他不感兴趣、不想解释的事实。相比那些曾经发生过的、更多的人肯定知道的堆积如山的事实来说，经过历史学家有意无意地“筛选”、“消耗”之后，最终幸存下来的只会是一小部分。这些“历史学家的事实”，构成了我们在历史著作和文献中已经读到和正在读到的“历史”。

二

历史学家作为一门职业出现，是晚近的事情。古代的中国与西方社会，虽然曾经留下为数众多的史学名著，但它们的作者往往并不依赖撰述历史为生。通过专门教授、研究、撰述历史知识来谋生的职业历史学家群体，是在近代国家设立大学、学院、研究机构以后，才逐渐形成的。今天的历史学家们，因为研究对象日益分散、兴趣日益多元、分类日益专精等原因，已经很难称之为"一个学者的共同体"了。一个职业历史学家对于另一个职业历史学家的工作了解程度，也许并不会比他/她对一个文学家的了解来得更深入。

但是在卡尔的时代，情况还没有这么复杂，或者说，卡尔时代的学者们，对于作为一个群体的历史学家，还抱有浓厚的观察兴趣和整体分析的眼光。在这方面，卡尔又有他独特的优势。

1892年，卡尔出生在伦敦，1916年毕业于剑桥大学古典学专业。从1916年开始，卡尔进入英国外交部，到他1936年离职、就任阿伯里斯特威斯大学（Aberystugth University）国际关系学教授时为止，20年里他撰写了大量简短而著名的外交政策文章，还撰写了苏俄政治人物陀思妥耶夫斯基、赫尔岑、巴枯宁等人的传记、研究性论文。当时英国外交部雇员的生活，或许和今天中国海关总署的公务员一样，忙碌后的余暇，足以让卡尔先生、当年明月们研究历史，出版著作。

卡尔的兴趣总是不能被他的职业所限制。在大学任教期间，他开始为英国《泰晤士报》全职工作，撰写社论和时事评论文章，对苏联历史的兴趣这一时期也转入到全面研究和撰述的阶段。从1944年决定撰写苏俄史开始，到1953年出齐《苏俄史》三卷本，卡尔成为当代研究苏俄问题的重要学者。他在从事历史写作时不断遭遇的一些关键问题，诸如历史当中的因果关系与偶然性、历史人物的自由意志与决定论、个人与社会、主观性与客观性等，都促使他深入思考历史和历史学这一新的智识领域。写作中的经验、体会和疑问，发表在20世纪50年代为《泰晤士文学增刊》（The Times Literary Supplement）所撰写的一系列文章当中。这些文章以及《苏俄史》的研究，在50至60年代的英国知识界引起了不少的讨论和批评，卡尔与历史学者之间的辩论也从未停止。随着苏联在第二次世界大战以后国际事务中地位与影响的日益增长，卡尔的著作拥有了更为广泛的社会阅读面。1961年，剑桥大学特里威廉基金会邀请卡尔举办一系列苏联历史的演讲，卡尔却对朋友说："我正在寻找机会发表我对一般意义上历史之全面的看法，……回答那些对历史的愚蠢评论。"于是，一场本来为剑桥大学米尔胡同（Mill Lane）里少数听众们准备的苏俄史课堂，变成了卡尔与英国历史学界辩论的舞台。在将近3周的时间里，卡尔发表了6次主题演讲。因为事先知道有英国广播公司的重复播出，所以从一开始，他就将更广泛、更普通的社会听众们纳入了他的演说对象，用他多年来为报纸撰稿所练就的新闻手法和高超技巧，将观众带入一个近距离了解历史学和历史学家的生动世界。英国读书阶层很熟悉的一些历史学家和他们的著作，听众们久闻大名的学术界“明星”们，在卡尔的演说中俯拾皆是，他的观察和评论犀利幽默，一针见血。在当时，卡尔并不被认为是一名职业历史学家——他更多地被视为一名国际关系研究的专家——他也声称，自己的观察一直是针对着“整个西方知识分子中盛行的倾向”，“我将与当今的英国知识分子拉开距离，以表明我认为他们是怎样、是为什么误入迷途的，并提出一种主张”。也许正因为卡尔的独特处境——有丰富的历史著述经验、与史学界关系密切、又刻意保持一些距离——使我们在他的演说里，既能听到令历史学家“心有戚戚”的体会，也能听到令他们如坐针毡的批评。

你研究历史有什么用？——这样的提问，几乎每个历史学家都会在他/她的一生中遇到，但最需要被说服的，其实是历史学家自己。如果他/她幸运地，在入行之初就解决了这个哈姆雷特式的疑问，那么紧跟着的问题是：历史应该怎么被研究？有的历史学家可能从来不思考这样的问题，试图思考的人们，提出的答案又千人千面，甚至针锋相对。

我们已经知道卡尔的答案了。他说过，历史研究是历史学家和历史事实之间的“相互作用”、“双向交通”，这种研究，是“现在与过去之间永无休止的对话”，“不是一场抽象的、孤立的个人之间的对话，而是今日社会与昨日社会之间的对话”❶。

卡尔的“对话”说，揭示了历史研究中过去与现实之间的密切联系。这种联系首先是身处当下的研究者与已经逝去的历史事实之间的联系。历史是历史学家“发现的”，而不是他们“制造的”。那些认为历史是“孩子的字母盒，只要我们愿意，就可以拼出任何单词”，或者历史是“任人打扮的小姑娘”的说法，都过分抬高了史学家的实际地位，或者陷入了对历史客观性的纯粹怀疑而不可自拔。理查德•艾文斯曾把史学家的工作比喻为雕塑，历史事实宛如石料，雕塑“不仅受到那块石头天然的形状与尺寸的限制，也受到石头石质的束缚”❷。确证已经发生的事实，一直是历史学家职业的一个关键部分，但对史实提出解释，才是历史学家工作的基本目的。史学家会从不同的角度去追溯事实真相，从而提出不同的解释，但卡尔提醒我们：“不能因为从不同的角度去看，山会呈现出不同的形状，就推论说山在客观上根本没有形状或有许多形状。”❸

在确证已经发生的事实基础上，历史学家因为个人的立场、观点与假设，去选择他有兴趣研究的“历史事实”，这难道完全是独立的、自由意

❶E. H. 卡尔：《历史是什么？》，第115页、第146页。

❷理查德•艾文斯（Richard J. Evans），当代德国史研究专家，英国剑桥大学近现代史钦定讲座教授。《捍卫历史》，第146页，广西师范大学出版社，2009年。

❸E. H. 卡尔：《历史是什么？》，第112页。

志的结果吗？卡尔显然不这样认为。“历史学家的立场其本身是根植于一个社会与历史背景之中的。……历史学家在开始撰写历史之前就是历史的产物。”这并不是说，他们只能作为时代环境的传声筒，而没有超越社会环境与历史环境的能力，卡尔乐观地相信这种“超越”的可能性，但前提必须是，一个历史学家首先能意识到，他“不仅是其所属社会的产物，而且也是那个社会的自觉的或不自觉的代言人；他就是以这种身份来接触过去历史的事实”❶。

❶E. H. 卡尔：《历史是什么？》，第123页。

这样的论断难道不会引起我们的共鸣吗？如果我们略微了解一下近60年来大陆学者研究中国历史的情况，我们就会认识到1949年中国革命胜利对于中国历史研究的进展产生了多么深远的影响。在半个多世纪里，我们父祖辈的史学家们围绕着“五朵金花”的讨论热点、使用这样的术语——地主阶级、农民阶级、阶级斗争、农民起义、资本主义萌芽、封建社会分期——来分析中国的古代社会，其含义都与现实有关。这不仅是中国的情况。卡尔告诉我们，1910年代，当他还在剑桥大学读书的时候，一位古典学教授就启发他说：“希罗多德关于波斯战争的叙述是由希罗多德对伯罗奔尼撒战争的态度塑造的。”当他日后步入苏俄历史的研究时，他发现从1920至1960年代，法国历史学家研究法国大革命的著作，同样深受1917年俄国革命胜利的影响。一个历史学家无法选择他生活的时代，而他观察历史的位置，在很大程度上正是时代所赋予的。卡尔用一个生动的譬喻，来说明这一点：“我们有时把历史进程喻为‘在游行的队伍’。假如这个比喻并没有怂恿历史学家把自己想象为一只老鹰，独立峭壁，眺望历史，或者把自己想象为一位达官显贵，高居检阅台，纵览历史，这就是相当确切的了。历史学家仅仅是在队伍的其他部分蹒跚行走的另一位不起眼人物而已。……伴随这支队伍以及这支队伍中的历史学家前进时，不断出现新景物、新视野。历史学家在队伍中的位置就决定了他看待过去所采取的视角。”❷

❷E. H. 卡尔：《历史是什么？》，第123页。

当队伍发生激烈的转折，改变方向时，无论前进、后退，历史学家的著作都会反映出这种连续的变化。卡尔经历过两次世界大战，当他在近70高龄时回顾自己著述的一生，他非常坦率地说：“假如有人不嫌麻烦，细读我战前、战中和战后所写的东西，他就可以轻而易举地指责我自相矛盾、前后不一，至少像我在别人那里找到的东西同样引人注目。实际上，我肯定不会羡慕这样一种历史学家，在经历了过去50年所发生的惊天动地的事件之后，仍能够直率地宣称他的观点没有些许激进的修正。我的目的仅仅是想表明历史学家的著作是多么密切地反映他所研究的这个社会。不仅事件在不断变化，历史学家本人也在不断变化。……同一位历史学家不能写出两本完全一样的历史著作。”❶卡尔的经历在历史学家中是带有共性的。只要我们对建国前后研究中国历史的学者群体有一个粗浅的了解，就会认识到史学家因为政治信仰与研究理念的变化，会改变对历史记载的兴趣与研究方法。许多中国学者，他们在五四运动、国内革命战争时期对历史的记述与理解，经过了抗日运动、解放战争、文革、乃至改革开放以后，往往发生颠覆性的转折，这往往是个人意志难以抗拒的变化。

❶E. H. 卡尔：《历史是什么？》，第131页。

三

“对话”的结果如何，最终要体现在历史学家的作品当中。“对话”的过程往往就是历史著作写作的过程。卡尔留在英国伯明翰大学的文件夹里，塞满了他为写作《历史是什么？》第二版而准备的大量材料，除了从杂志上撕下来的文章以外，就是各种各样大小不一的碎片纸屑，写满了简短的笔记。卡尔曾经描述过自己的写作：

> 就我自己而言，只要我一研究那些我认为重要的材料，就有一种强烈的渴望，并想动手工作——不一定是在开始的时候，而是在某一阶段，任何时候都可以动手写作。从那以后，读与写几乎是同时进行的。阅读的过程，同时也是增补、扣除、重组、删略的过程。阅读是受写作引导的、涵化的，因而也产生了丰富的成果：我写得越多，就越知道自己正在寻找什么，也就更好地理解自己所发现材料的重要性及其彼此间的关联性。

写信给卡尔的卢埃林·伍德沃（Llewellyn Woodward），也是一位历史学家，他写作时也有同样的体验：

> 我也是经常一开始阅读就着手撰写——从你所说的关键材料——关于主题的一定程度的最少材料，我也几乎经常从中间或结尾开始写，没有任何既定的计划，或者也没有一大堆笔记。……不断增加新的内容并且修改手稿，随着阅读的增加也不断地改变我的观点。发现你像我一样都是那类历史学家，真是莫大的宽慰。❷

❷E. H. 卡尔：《历史是什么？》，第20页。卢埃林·伍德沃（Llewellyn Woodward，1890～1971），英国历史学家。

这样的经验和观察，大概就是激发卡尔提出“对话理论”最直接的来源，也曾经被无数历史学家的个人体会所验证。但这样的工作，也许还是略靠后了一些，试想当大量的、没有经过整理和概括的“第一手材料”出现在历史学家面前时，他们面临的是什么呢？

这些材料，也许是殷墟甲骨上的刻画，也许是古罗马墙壁上的涂鸦，也许是中世纪某个教区里人口的出生、婚姻与死亡记录，也许是清代福建农村一系列统计数字组成的谷物价格和契约账簿，也许是某个外交官留下的官方、半官方和私人的会议记录与信件书函，也许是某次动乱中成员用过的地图、照片与组织名单……对历史学家来说，这些都是他眺望过去的“灰暗的望远镜”。他们要经过长期的训练，才能学会如何处理各种类型的材料，分辨出过去的面貌。法国史学家马克•布洛赫在《历史学家的技艺》一书里，详细讨论了这些技巧。[1]相比之下，卡尔更关注的问题，不在于研究技术和方法，而在于研究这些材料的目的和意义。

卡尔学习与生活的早期，尽管已经迈入了20世纪，但整个英国社会还笼罩在维多利亚时代崇尚理性、智识与进步的乐观主义余晖当中。卡尔承认，他对历史研究的目的、意义这些问题的看法，源于这种氛围的熏陶。“对我而言，承认我是在这种气氛中受教育的，这样比较容易把事情说清楚”[2]。相信人类在不断地进步，赞同历史应该“是一项进步的记录”——哪怕“进步”这个抽象术语的含义在历史的进程中会被赋予具体变化的意义——认为对历史和历史学家的客观判断，将会随着人类进步而不断进化，这些都是卡尔与他同时代许多历史学家不一样的地方。卡尔坚持将历史视为一个不断变化、运动、前进的过程。研究历史，是要研究历史中的因果关系，这样才能“把过去的习惯和教训传递到未来之中”，知道我们自何处来，也要告诉我们将向何处去。

这些关于历史研究之目的和意义的根本看法，决定了卡尔对“历史著作应该怎么写、应该写什么”所抱持的态度。令我们感兴趣的，不仅是卡尔本人的看法，更是针对这些看法而出现的各种批评和质疑。

历史著作总是不能避开各种人类斗争的过程。卡尔已经意识到这些斗争，“其结果是一些群体直接地或间接地，通常是直接多于间接，以牺牲另外一些群体获得的。失败者买单。……付出代价的人很少是那些得益的人”。但是他希望历史的研究能服务于当下和未来进步的需求，而这种研究总要立足于现实秩序的基础上，因此，那些在形塑现实秩序中取得过某些成

[1] 马克•布洛赫（Marc Bloch, 1886～1944），法国历史学家。《历史学家的技艺》，张和声、程郁译，上海：上海社会科学院出版社，1992年。

[2] E. H. 卡尔：《历史是什么？》，第215页。

就的人，会自然而然地占据他所要撰写的历史的重心。尽管卡尔声称，这些取得成就的人不一定都是胜利者，但是现实中的胜利者确实拥有更多的话语权、更丰富的资源、更多元的渠道来影响和引导后人对他们“成就”的认知。所以，卡尔无论是在他自己的著作中，还是在《历史是什么？》的演讲中，其实都没有真正反驳“成功是判断的终极标准”。卡尔传记的作者，乔纳森•哈斯拉姆（Jonathan Haslam）认为，卡尔这种立场的形成，应该追溯到他在英国外交部长达20年的职业生涯，以及他曾为外交部撰写的从国家建设和政策形成角度去思考问题的大量文章。这使得卡尔在真正的历史研究中，常常将“历史研究对现实和未来的价值”，不自觉地置换为“历史研究对当前政策指南的价值”。对此，卡尔最亲密的朋友、也是最激烈的反对者以赛亚•伯林（Isaiah Berlin）、牛津大学的教授特雷弗•罗伯（H.R.Trevor-Roper）都提出了尖锐乃至凶猛的批评。卡尔的史学论著，确实让他不免于“为胜利者写作”的讥评，但是我们今天从《历史是什么？》的内容来看，他对此并非没有反思。在讨论历史学家是否应该对历史事实做出道德评判的问题时，卡尔提到：“对于苦难这一问题，历史学家的答案并不比神学家的答案更明确。历史学家也会求助于那些两害择其轻、两善择其优的命题。”这也许被认为是卡尔为个人立场所做的辩护开解，但更重要的，这也是对广泛存在于历史学家中的研究困境的反思。

不可否认，我们今天对卡尔及其批评者之间辩论、责难的了解兴趣，很大程度上是由《历史是什么？》这本小书引发并延伸出去的。围绕着历史学家应该关注什么、历史著作应该书写什么，卡尔广泛讨论了历史“因果关系”中的偶然性与必然性、历史著作中的价值判断、历史著作的客观性等问题。这些听上去抽象、枯燥的理论问题，在他的讨论中居然妙趣横生，令无数人百读不厌，使得那些不认可卡尔观点的人，也不得不承认，他“在处理最深奥最棘手的理论问题时，也是机智的、有趣的、耐人寻味的”。[1]对于卡尔的批评者们来说，很多观点正是因为批评卡尔才引起了专业之外的读者关注，因而获得更加广泛的阅读与传播。

[1] E. H. 卡尔：《历史是什么？》，第37页。

这种对读者形成的强烈感染力，使我们在《历史是什么？》与许多一般性的历史学著作之间看到了鲜明对比。

从希罗多德、司马迁以来，历史学家一度习惯于借助文学的形式和语言来表现历史的动人魅力。19世纪以后，这种借助文学语言的技巧来记载、解释历史的传统，开始发生变化。这种变化也许要归因于近代科学兴起以后，对历史学带来了“应当研究什么”、“应当怎样撰写”的观念冲击。至少在德国兰克学派的史学家看来，文学化的语言对于历史学厕身于科学之列的追求并无助益，毫无雕饰的、平实甚至平铺直叙的写作方式，更符合“如实直书”的精神。20世纪中期以后，历史学的研究视野更是急剧地扩大了。史学家关注的对象从精英转向民众，从政治转向社会，从事件、制度、秩序转向语言、文化和思想，研究的方法也从依靠常识进行判断、解释转向了借鉴、采用与研究问题相关的自然科学与社会科学方法，从思考过去是如何发生的转向思考过去在当下是以何种方式被塑造出来的……所有这些变化，都催生了历史写作方式的多元尝试。学者们关注的问题，似乎离普罗大众的历史更近了，让普罗大众胜任愉快地阅读他们的著作，却似乎更难了。职业历史学家们努力加深著作的技术含量，似乎这样才显得“更科学”。但在一般读者的眼中，专业得令人发指的历史书，也许和一份实验报告相差无几，甚至需要生词表才能读懂了。可读性不是评价当今历史著作的专业指标，历史学著作对叙事技巧和语言修辞的轻视，就连历史学家自己也快要无法忍受了。剑桥大学近现代史教授理查德·艾文斯不得不说：“绝大多数历史书真是叫人不忍卒读。……没有一个头脑正常的人会把一本专业历史学家写的书从头读到尾，因为这些书很清楚是供人参考而非阅读的。”

那么，供人阅读的、能带来愉悦享受的历史书，是什么样的呢？在我们每个人短暂的一生中，难道不应该将难得的精力和时间放在挑选、阅读这样的历史书上吗？就从卡尔《历史是什么？》这本书开始吧，它带给我们的享受，将是一次真正的思想与语言的盛宴。

吴小龙（1955年4月～2006年11月）男，福建人，中国青年政治学院中文系副教授。

1977年9月～1980年7月在福建师专历史系专科；1993年9月～1996年7月在中国人民大学中文系古代文学专业读研究生，获硕士学位；1998年9月～2001年7月在中国社会科学院近代思想专业读博士研究生，获历史学博士学位；2002年11月至2006年11月任教中国青年政治学院中文系、文化基础部教师，开设有中国通史和中国历史专题等课程，获得2006年“北京市优秀教师”荣誉称号。

著有《细节的警示》，上海三联书店2004年；《适性任情的审美人生——隐逸文化与休闲》，云南人民出版社2005年；《少年中国学会研究》，上海三联书店2006年。撰有《理性追求与非理性心态——20年代中国非基督教运动平议》（《浙江社会科学》2003年3期）、《“国家主义”理论评析》（《中国青年政治学院学报》2004年3期）等论文多篇，成果集中在近现代思想史研究和传统文化领域，在海内外学术界产生了较大的影响。

重读玻恩：人类的希望何在

■吴小龙

我们先来谈谈玻恩这个人。

马克斯·玻恩[1]是一位著名的理论物理学家，德国犹太人，1882年出生于德国西里西亚的布雷斯劳，1970年逝世于哥廷根。在纳粹当政时期，他被迫离开德国，长期在美国生活和工作，直到退休后才于1953年重返故土。他在物理学上的重要贡献是提出了量子力学的波函数的统计解释，这是他在1926年出版的《原子动力学问题》一书中首先提出的。用玻恩自己谦虚的话说，“这是关于量子力学的第一本书”，“只是我们理解原子物理学中粒子和波的关系的第一步。对澄清这种思想做出最重要贡献的是海森伯的测不准关系和玻尔的互补原理”。时隔28年后，他为此获得诺贝尔物理学奖。他自己对此的评论是：“1954年我荣膺诺贝尔奖金的那些工作，未曾包含某种新的自然现象的发现，而是对观察自然现象的新方法的论证。” 他的话里，既

[1] [德国] 马克斯·玻恩：《我的一生》，陆浩等译，东方出版中心，1998年。

马克斯·玻恩是犹太血统的德国物理学家，他在量子力学、点阵力学甚至化学等领域都曾有卓越非凡的贡献，并由此获得了诺贝尔奖金。《我的一生》于1968年在纽约出版，客观而生动地再现了20世纪前期欧洲复杂、动荡的政治时局和科学的发展进程，玻恩自称是一位社会主义者，但亦不盲从于任何势力。他把苏联的官方辩证唯物主义形容为“浅薄”。第二次世界大战期间，他既反对纳粹德国发动的非正义战争，又对盟军在战争后期对德国的狂轰滥炸不以为然，在书中有很多精彩的评论。

体现着一种不事张扬的求实的谦虚态度，又表达了他对自己的工作在思想方法方面的意义的重视。

玻恩是一位相当重视哲学思维、重视对科学与社会人类的总体关系进行思考的科学家。他认为："每一个现代科学家，特别是每一个理论物理学家，都深刻地意识到自己的工作是同哲学思维交织在一起的，要是对哲学文献没有充分的知识，他们的工作就会是无效的。"而他这种"对哲学文献"的"充分的知识"，显然不是我们许多科学家所习惯的那种把一切都往几个条条上靠的"哲学思维"。他一生都坚持着这种思想，以一种哲学家的智慧，对科学和社会进行观察和批判性的思考。按照他自己的说法，他的这个特点，既得益于他在理性、宽松、"科学气氛很浓的有教养的家庭里"成长的经历，得益于他在文学、艺术、音乐和其他学科（如天文学）方面广泛的爱好，也得益于对他的思想形成起着影响的那些良师益友。比如，玻恩自己就深情回忆过早年与希尔伯特和闵可夫斯基的交往：这两位伟大数学家观察世界的方式给他留下深刻的印象。"我从他们那里不仅学到了那时最先进的数学，并且还学到了一种更为重要的东西，那就是对社会和国家的传统制度的批判态度，这是我一生始终都保持着的。"

这种清醒的理性精神，我们还可从玻恩叙述的希尔伯特的一件事中看出来。有一次，有人议论到伽利略在受教会法庭审讯时没有坚持他的信念，希尔伯特相当激烈地回答道："但他不是一个白痴。只有白痴才能相信，科学真理需要殉难；殉难在宗教里也许是必要的，但是科学的结果在适当的时机自会得到证明。"对于听惯了对伽利略、布鲁诺等人的殉难精神的种种颂扬的我们，希尔伯特的话也许应该成为发人深省的清醒剂。科学需要理性，也需要牺牲精神，所以，马克思才引用但丁的诗句来形容：在科学门口，就像在地狱门口一样，在这里，一切恐惧都必须消除，一切疑虑都必须抛弃。然而，这种为科学牺牲的精神是把科学当做一种信仰，一种献身理想，它固然无可非议，但是日常生活和工作中促进科学日积月累地前进的，还是理性，是理智而冷静的思考和研究工作，而不是、也不应该每时每刻都是牺牲和殉道精神。革命和宗教都需要殉道，或许任何信仰都是这样，如果只把科学当做信仰，也是这样；但是，科学首先不是信仰，而是理性，是思想方法，甚至于，是技艺——是技术和艺术。这么看，或许将有助于遏止或克服近现代历史进程中愈演愈烈的对于科学的过分的崇仰和迷信，提防科学的佞妄。

正是以这样一种清醒的理性态度和批判精神，使玻恩对近代以来科学的高度发展和科技进步以人类前景的影响，不会像我们那样始终如一地抱着一种简单天真的乐观态度，而是经常陷于一种充满忧思的批判思考之中。对于科学和人类社会按目前的轨道和模式继续发展的前景，玻恩是悲观的，他在这个路向上所看到的未来是阴郁黑暗的。20年代初在中国的科玄论战中，梁启超、张君劢等人对科学和文明在欧洲的前景也曾有过类似的评论。但是由于他们都不是科学家，而是人文学者，是“国学大师”，所以他们对科学的质疑被自己的时代和自己的同胞们当成了反对进步的保守主义，当成了“玄学鬼”的梦呓。然而当同样的话，出自玻恩这么一位大科学家之口时，它就有了另外一层意味了，作为一个优秀的科学家，玻恩热爱科学工作，认为科学既给了他职业和生活上“一切可能的满足和愉快”，也给了他一种心智上的愉快，“它像艺术一样是一种创造性的工作，充满乐趣”，这种乐趣就在于体会到洞察自然界的奥秘，发现创造的秘密，并为这个混乱的世界的某一部分带来某种情理和秩序。这“是一种哲学上的乐事”。但尽管如此，当他看到“科学已经成为我们文明的一个不可缺少的和最重要的部分……科学在我们这个技术时代，具有社会的、经济的和政治的作用，不管一个人自己的工作离技术上的应用有多么远，它总是决定人类命运的行动和决心的链条上的一个环节”时，他就对自己所从事的这个“职业”产生了沉重感。尤其是广岛的原子弹更迫使科学家们思考科学在人类事务中的作用这个问题。在其回忆录中的《见解》这一章中，玻恩充分表达了他的忧思。他说，当他想到科学要把人类“引向哪里”这个问题时，思考的结果是“令人抑郁”的。他相当悲观：“在我看来，自然界所做的在这个地球上产生一种能思维的动物的尝试，也许已经失败了。其理由不仅在于核战争也许会爆发，毁灭地球上的一切生命……即使这样一场浩劫可以避免，对于人类来说，除了黑暗的未来以外，我什么也看不到。”人类历史已有几千年了，这部历史似乎丰富多彩、激励人心，实则千篇一律，“那就是和平与战争，建设与破坏，发展与衰落的交替。在人类历史上总是有某些由哲学家发展的基本科学，和某些实际上不依赖于科学而掌握在技工手里的原始技术”。这两者的发展一直很缓慢，但从300年前开始却突然加速，并互相结合，产生了现代科技。其后的发展急速改变了世界的面貌。但问题在于，“这种改变虽然是由精神造成的，却不受精神的控制”。它的后果谁也没能料到：医学战胜了瘟疫和疾病，延长了人的寿命，却出现了灾难性的人口过剩；都市化传播了文明，却破坏了自然的生态；汽车使交通便利了，但废气却污染了人们赖以生存的大气层；

通讯和交通的发达使世界变成了地球村，“其结果是，这世界的一个角落里第一个小小的危机，都会影响到其余所有的角落，并且使合理的政治成为不可能了”。即使把这都看做是可以用行政和技术上的补救办法来纠正的科技的“误用”，那也还有更大的问题：“真正的痼疾更为深刻。这种痼疾就在于所有伦理原则的崩溃，从前即使在残酷的战争和大规模的破坏时期，这些原则也为在历史进程中进化并保持一种有价值的生活方式。”这种传统伦理因技术而瓦解的情况，在和平时期就表现为，“机器和自动化已经贬低了人的工作并摧毁了这种工作的尊严……工作的目的和报酬是金钱”，人沦为了金钱的奴隶；而“在战争时期，体力和勇气，对战败了的敌人的宽大，对没有防御能力者的同情，昔日是模范战士的特征。现在这些东西什么也没剩下了。现代的大规模毁灭性武器没有为伦理上的约束留下余地，并且已使士兵沦为有技术的屠杀者”。而“这种伦理上的贬值是由于人类的行动每经过漫长而复杂的道路才能达到其最终效果的缘故”，因此，每一环节上的行动者都无须为其视野以外的好、坏的效果负责。无论是生产某一物件，还是揿按钮之后发生在远方的大屠戮，还是把人送进毒气室。这样，“使我们的伦理规范适应于我们这个技术时代的形势的一切尝试都已经失败了”。

传统道德观的代表和教会找不出补救办法，极权国家也“只是抛弃了对每个人都适用的伦理规范的观念，而代之的国家法就代表道德规范这个原则”。玻恩对历史发展的这个陈述确实是令人心忧的。其中最大的问题有两个：“合理的政治成为不可能”和“所有伦理原则的崩溃”，这两条对人类的未来是危险的。前者，意味着在地球任何一偏远角落发生的不负责任行为都可能被现代科技和资讯放大为震撼全球的危机，从而干扰国际政治的正常过程；后者，“伦理原则的崩溃”，则意味着人们在终极层面上某种遵循和评判的根据的失落——这种伦理原则可能是出于敬畏，可能是出于理想主义，也可能是迫于强权，但终归，它制约着人们的为所欲为。而现代科技的发展，从精神和技术两方面彻底终结了伦理原则。这两种状况确实都是科技发达造成的物质和精神后果，而科学和技术现在对这种后果却无能为力。人类能指望用停留或倒退到过去时代的方法来维系伦理原则吗？能指望享受科学成果而躲避随之必然产生的问题吗？都不能。眼下欧洲有些城市搞起了“放慢脚步”的运动，那也只是他们在想“放慢”而已——在别处，这“小小环球”还是在“天地转，光阴迫”地加快脚步。于是今天的人类就陷进这样一种窘境：“还没有一个人想出过不借传统的伦理原则而能把社会保持在一起的手段，也没有想出过用科学中运用的合理方法来得出这些原则的手段”。因此人类在现代科技发展及其多种后果面前陷入困惑和危机感中是不可避免的事——困惑是精神的，而危机却常常是现实的。如果人类在其历史的继续发展中，在面对这种种危机时，靠理性、睿智和合作解决了这些问题，那就是一种幸运。只要在此之前人类不至于已被科学进步所毁灭，那么哪怕经历很长一段时间的伦理崩溃、价值失落的混乱和茫然，也还可以忍受。可是话说回来，除了一种同样茫然的乐观主义，谁也不能为这乐观前景提供论证和保证。

玻恩的思考更为悲观：“今天人类已经有了自我毁灭的方法——或者是在十足疯狂的一次发作中，例如在某次世界大战中由于迅速的一击而自我毁灭，或者是由于草率地动用原子技术，通过人类遗传结构中的一个缓慢的毒化和退化过程而自我毁灭。”历史的发展，只有在加强而没有减轻这种忧思。虽然核大国已经认识到了危险并致力于核裁军，可是一些小国已经或者接近于掌握核技术，出于意识形态偏执或地区霸权的需要，它们对国际社会是没有多少责任感的。基因工程的进展已使克隆人成为可能，把它的意义与原子弹问世相提并论似不过分。它不但在物质上，而且在精神上，伦理道德和价值尊严上，都使人类立即面对严峻的考验。许多国家的政府已当即明令禁止将克隆技术用于人类，这在原子武器问世之初是没有的。人类毁灭自己和地球的能力是科学给的，这是不争的事实。如今，任何一个或者几个战争狂人和恐怖分子都可以轻而易举地运用科学技术威胁人类，而科学却没有同时逻辑地、自然地产生制约他们的力量，没有给人类拯救自己的能力。即使不说恶意的应用吧，从服务于人类需要来说，无论是原子能还是基因技术，能给人类带来的好处也是明显的——人类社会及其决策者，谁愿意放弃那已经掌握的巨大物质力量，谁愿意失去从致命的疾病中拯救生命的可能？然而从长远来看，人类掌握了这种改变自然进程的力量的结果，却似乎可能更多的是拯救个体、造益当下，而终将毁灭人类，毁灭未来。

正是从这种历史的宏观角度思考，作为科学家的玻恩却对科学感到一种近乎绝望的悲哀，像一个挥之不去的梦魇。他说：“由于科学方法的发现所引起的人类文明的这种破裂也许是无法弥补的。这种思想时常萦绕在我脑际。虽然我热爱科学，但是我感到，科学同历史和传统的对立是如此严重，以至它不可能被我们的文明所吸收。我在我的一生中所目睹的政治上的和军事上的恐怖以及道德的完全崩溃，也许不是短暂的社会弱点的征候，而是科学兴起的必然结果，而科学本身就是人的最高的理智成就之一。如果是这样，那么人最终将不是一种自由的、负责的生物。如果人类没有被核战争所消灭，它就会退化成一种处在独裁者暴政下的愚昧的没有发言权的生物，独裁者借助机器和电子计算机来统治他们。”——“9•11”之后，连“民主”而非“独裁”的西方社会，都开始借助高科技手段对社会进行监控，却由于人们对安全的渴望而听不到多少抗议的声音，这或可视为从某一方面证明了玻恩的预言。玻恩接着说，“如果我的推理是正确的，那么人类的命运就是人这个生物的素质的必然结果，在他身上混合着动物的本能和理智的力量。”在现代文明成果如此繁荣昌盛的背景下，玻恩这灰暗前景的预言也许人们不能同意，但科学进步已经在其辉煌的外观下隐约向人类宣示着某种不祥。无论是原子能还是克隆技术，谁也无法否认其潜在的巨大危险。人类的理性并非不足以认识这些危险，但却还总有别的原因使人类并非都遵循理性行事，这就是使玻恩这样的科学家对人类本性持怀疑和批判态度的原因。那么，人类的前景是否真的如此暗淡，人类的未来还有希望吗?

不过，玻恩并不悲观，他认为还有两个希望：一是现代科学所带给人们的新的思想方法，一是人类的理性和道德伦理原则所呼唤的世界和平。他认为现代文明中科学和人文之间的分裂，以及科学发展和政治之间的分裂对人类是危险的，对科学的无知和出于利益对科学的滥用是灾难之源。因此人们理解现代科学，尤其是原子物理学所造成的思想方法变革是重要的。玻恩认为，“原子物理学教给我们的，不仅是关于这个物质的世界，而且还有一种新的思想方法。它给了我们一种认识论上的教训，当适当的加以解释时，这一教训就成为一种哲学，一种生活学说”，甚至适用于政治社会的领域，这就是量子力学中的互补原理。在原子结构的层次上，牛顿的古典力学失效了，适用的是量子力学的规律，而其中最重要的两条是海森堡提出的测不准定律和玻尔提出的互补原理。它们在原子物理学的研究中起着重要作用，同时，从玻尔到玻恩等人还由此引申出一种“互补性的哲学”——即“在人类思维的许多领域中，同一事实可能从不同的、但是互补的方面来了解”，以此防止思想和政治上的独断专制倾向；玻尔甚至曾更明确地说：“根据自己的民族传统去理解其他民族的传统是困难的，为此就需要把各种文化之间的关系看成是互补的。”这句话道出了玻尔、玻恩他们把互补原则推广到政治、社会、国际关系领域的真义所在。然而，这种从物理学到政治学的直接推导推得过去吗?

人类在面临着危机和希望——“即人类自我毁灭的威胁和建立人间天堂的希望”——之时，能把它从毁灭中拯救的唯一希望在于“人类的一个古老梦想——世界和平”。由玻恩和爱因斯坦、罗素等数10名获诺贝尔奖的科学家曾经共同签署了一个宣言——“梅瑙声明”，提出持久和平的主张。他们“危言耸听”地断言：“时间已经不多了”，“一切取决于我们这代人根据新的事实来重新调整自己思想的能力。如果不能这样做，地球上的文明生活的时期就要结束”，“人类只有永远放弃使用武力才能得救”——半个世纪过去了，“已经不多”的时间还剩下多少？整个冷战时期，强国之间由于对核灾难的认识而达成了一种威慑的平衡，造成了一种妥协，产生了不稳定的和平，诺贝尔奖科学家们于是提出，“下一个目标必须借助于加强伦理原则来巩固这种和平”，因为只有伦理原则和道德理性的复苏才能保证世界的持久和平，并帮助人们警觉起来，“摆脱技术的统治和抛弃人是无所不能的吹嘘”，去追求“人类之爱”、“高尚的艺术和真正的科学”。但是，看来愿意听他们的人不多。

在人类历史上，爱的说教从来都被看成是乌托邦的梦呓，尤其是我们过去所习惯的理论，更是对这类“人类之爱”和“永久和平”的呼求报之以不屑。1979年中文版前言就毫不客气地批判了玻恩“天真地提出要‘用民族的互补感来代替民族之间的敌意’，‘在国际范围内使恨代之以爱……’。玻恩的这些论点很明显也都是错误的”。引证这二十几年前的批判不是要翻旧账，而是因为，这种话现在虽然不说了，这种观点在世界上却依然存在。要在东西南北之间，在充满敌意的各方之间，以爱代替恨，确实是困难的，但当今世界，看来舍此之外还没有别的办法从毁灭的危险中拯救人类。然而理性和伦理原则是否能有强制力量？如果和平强制不了武力，用武力来制止武力又是一种悖论。恐怕，人类的理性和人类社会本身，何时能强大到足以制止武力，制止种种科学和政治上不负责任的冒险行为，人类的未来何时才能真正得到保证。这种前景当然是很不乐观的。在这一点上，人类社会，国际关系，恐怕至今还很难说已经完全脱离了野蛮状态。在现实的国际体系格局中，作为玻恩希望之所寄托的这两条——科学所带来的新的思想方法和理性、道德所带来的世界和平，似乎都显得软弱无力。但，我们恐怕不应当只习于轻率的批判，而不妨试着报之以理解、尊重和严肃的思考。毕竟，人类还得给自己找个希望吧。拉兹洛的《巨变》，差不多可以看成玻恩的忧虑和警告在半个世纪后的再现和回响：一样提出严峻的警告和深刻的分析，一样寄希望于人类的智慧和自觉，一样“充满信心”地从科学中寻找出路——玻恩寄希望于物理学的“互补原理”在政治、文化上的推广，拉兹洛则寄希望于“科学上的整体论”：整体论物理学、整体论生物学、整体论意识研究——这还是“科学所带来的新的思想方法”，也许，正如中国的老话所说，“解铃还须系铃人”，科学造成的问题，终究只能指望靠科学来解决吧。怎么解决，恐怕谁都很难作出准确的预见。作为对于历史和人类未来负有责任感的那一部分人，我们似乎应该对从爱因斯坦、罗素、海森堡、玻恩到拉兹洛的思考和努力作出回应——尽管它在现实中常常只是软弱无力的，至于更多的事，恐怕还只能拭目以待。

“巨变”前的忧思

——读欧文•拉兹洛《巨变》[1]

■吴小龙

当现代科技以越来越快的加速度迅速前进，给人类社会带来令人目眩的辉煌成果的同时，对它是否还带来了无法化解的危机的忧虑也在增长。这种忧虑在20世纪中叶经历了一个明显的转折点：如果说，在这之前对科学技术的种种批评（如我们的祖先詈之为“奇技淫巧”；如卢梭之认定科学技术的繁荣将败坏道德和风俗）是出自于旧传统、旧价值观的拒斥，出于田园诗式的价值感伤和往日缅怀的话，那么，自从原子弹的出现，这种批判已成

❶[美]欧文·拉兹洛（Ervin Laszlo）：《巨变》，杜默译，中信出版社，2002。

欧文•拉兹洛（1932），系统哲学家、广义进化论和全球问题专家，布达佩斯俱乐部的创始人，欧文•拉兹洛是我们时代的最前沿的思想家和科学家之一。在《巨变》中，拉兹洛谈到，全球系统遵循复杂系统演化的非线性混沌动力学。这类系统的演化有四个阶段，1860～1960年是第一阶段奠基时期，1960～2000年是第二阶段全球化时期，我们现在已经接近进入第三阶段（2001～2010年）的门槛，即接近系统发生突变的临界状态。一旦越过这个临界状态，系统便不可挽回地跌到第四阶段的毁灭或突转。

为事关生死的忧惧了——爱因斯坦那句颇具黑色幽默意味的名言表达了这种恐惧：如果第三次世界大战人们用原子弹来作战，那么第四次世界大战人们将用棍棒来进行战斗了——这种赤裸裸的生死的忧惧确实构成了一种制约因素：至今，核战争终于没打起来（除了广岛长崎的那两颗原子弹）。然而，还有一些不那么直接事关生死的危机照样因科技进步而正在积累、正在发展。M·玻恩曾以阴郁的笔调写下了这种危机的前景：即使核战争的浩劫可以避免，“对于人类来说，除了黑暗的未来以外，我什么也看不到”——医学战胜了疾病，“结果出现了灾难性的人口过剩；城市挤满了人，同自然界完全失去了接触”；通讯、交通发达的结果是“世界每一个角落里的危机都会影响到其余所有的角落，并且使合理的政治成为不可能了”；汽车给人们带来方便，也造成交通堵塞和环境污染……如果说这一切都还是可以用“技术和行政上的补救办法来及时纠正”问题的话，那么，“真正的痼疾更为深刻”。这种真正的痼疾就是“所有伦理原则的崩溃”。这些40年前说的话在今天看来一点也没有过时。上述问题一个也没有解决，只有变本加厉地严重起来。

于是我们就被迫面对着欧文·拉兹洛所描述的“第五次浪潮”和全球系统突变的“临界状态”，这看来耸人听闻的论断所依据的是确实令人深思的事实。人类在20世纪已经经历的4次浪潮（布尔什维克革命、法西斯泛滥、非殖民化浪潮、改革和公开性），基本上都是社会政治领域里的动荡，无论曾经付出了怎样的代价，总算都已经对付过去了；然而，在这些政治动荡过去后，世界并没有太平。人们发现自己此后所面对的却是与此全然不同的困境——而这无可逃避的新一轮浪潮恰恰是人类社会的进步本身带来的问题！首先，全球性的人口爆炸及其相关的老龄化、城市化、移民和难民问题；其次，贫困化和大规模的饥馑；再次，这种非意识形态原因造成的局势紧张导致的军备竞赛升级和资源耗费；再次，环境问题：环境污染、土地侵蚀、酸雨、气候变暖；森林、草原、湿地破坏导致的物种和生态危机，食物缺乏、能源枯竭，以及所有这些因素的交织影响造成的恶性循环，等等。这个已然汹汹而来的“第五次浪潮”绝不像20年前人们谈论托夫勒的“第三次浪潮”那样充满了前景的期待，而几乎是一种让人心烦意乱、无所措手足的四面楚歌：因为所有这些问题的纠结太繁、太紧，几乎找不到可以砍断这恶性循环链条的最适当的环节。而这种危机的积累确实已经到了一个爆发前夕的临界状态了，按拉兹洛的观点，就是我们这个遵循复杂巨系统进化的“非线性混沌动力学”规律的全球系统已将进入它的发展周期的第三阶段：第一阶段，奠基时期，从1860～1960年；第二阶段，全球化时期，经历了1960～2000年的40年时间；第三阶段，突变时期，这将是最关键的10年，这个复杂的巨系统很可能在这一段时间里越过临界点，跌入混沌状态；那么，第四个阶段，“末日境况”就将接踵而至：或者是大瓦解、大破坏、大灾难，或者是大跃迁、大突破、大转变，之后进入一种更高级的新文明。

这种预言，听起来有点像居维叶的“灾变论”，又有点像我们在20世纪60年代初的反修大论战中对“大动荡、大分化、大改组”的世界革命形势的呼唤，大体上，也许都是不会兑现、也许都是不兑现为好的。我不知道拉兹洛这以“非线性混沌动力学”为据的预言究竟有几分把握，但我知道世界确实处在一个关键时刻。与其把“临界点”和“混沌状态”看做一种预言，不如把它看做一种警告，它的哲学意义大于它的时段划分意义：人类，确实已走到一个关节点上了，是得对自己何去何从想一想了。

我想，我们应当以一种严肃认真的态度来对待拉兹洛的警告，而绝对不应当把它仅仅看成一种耸人听闻。我们所面临的“巨变”，的确是“一种广大、迅速和无可逆转、正扩大至全球各个偏远角落、实际上涵盖生活所有层面的变动。它虽是由科技所促成，但由此所形成的紧张与冲突，却没有一个纯科技的解决方法”。由于“迅速和不加反思地利用当代科技”，已使我们处于尖锐的危机之中。“既有的价值观、见解和行为变成没有作用，甚至是危险的。我们必须有更新的认知、评价世界的方式，才能改变我们的行为模式”。这确实是很困难的。然而再难也得努力一试，因为历史正是由人的意志和努力构成的。“巨变绝非以命定的方式展开，而是紧紧跟随着人类的认识、价值观和行为调整形成的。巨变犹如航行怒海之上的巨大超级油轮，单是驾驶可不成，须得有先见之明和理解始能导而航之。”这就是拉兹洛那悲观中的乐观：他还坚信能够对历史巨变进行“导航”。没有对人类命运的深切关怀和责任感，没有敏锐的批判眼光，没有宏阔的视野，没有结合着历史悲悯之情的清醒和睿智，谁敢于作出这样的预言和论断？

但是，在指出这危机的临近之后，谁又能那么有把握地说，他给出的就是真正可行的出路，是英明而正确的导航？又曾几何时，人类史上的导航者们不是把历史引向了乌托邦？拉兹洛也一样，在他的论述中交织着深刻的社会批判和乌托邦的理想。他为应对“巨变”而提出的方案，就是要求我们来一场“意识革命”，根本改变现在人们习以为常的、占主导地位的价值观、思维方式和生活模式，他认定由此就可以摆脱人类社会目前的困境，把巨变导入一个新的合理的方向。例如，他正确地提出要消除“五大恶性迷思”：“大自然取用不竭”，“自然是个大机械”，“人生是为生存斗争”，“市场能分配利益”，“消费越多越出色”；他还认为应该抛弃一系列次要的但是同样妨碍人类完成意识革命和文化转型的错误观念，诸如：阶级秩序，“威斯特伐利亚”意识形态（《威斯特伐利亚条约》所形成的观念：民族国家是唯一的主权实体），人是独特而分离的个体，万物都可以逆转，国家至上，科技至上，效率至上，经济合理性，等等。这些观念看似正确而失之偏颇，对于我们来说，有些已经十分清楚，有些则还很不愿意接受。

拉兹洛认为，一旦这种价值观的变更和转换得以实现，人类就可以将历史进程导向“另一种进化方向”：从理性进化到整体进化，从古典理性主义所指导的崇尚物质的“外延进化”（其最主要目标是三个“C”：征服、殖民、消费——Conquest, Colonization, Consumption）转向重视人类和人类社群的“内涵进化”（追求的目标是另外的三个“C”：人际关系上的联系、沟通和意识的觉悟——Connection, Communication, Consciousness），它将导致“一个可持续的、全球一体而地方多样的”“整体文明”的世界，在这个合理的未来世界中，“主权民族国家”将让位给“跨国家世界”——它将在全球范围内保障和平和安全，而区域和地方层面的社会和政治组织则保障各地区人民的利益和愿望得到实现；在那儿，人们在生活上都追求一种简朴、合理、健康的生活方式，这种生活方式符合“生态可持续性”的要求，并把关注的重心从物欲的满足转向性灵的提升和精神的沟通，大家以新的“环球伦理”取代旧道德观，以具文化色彩的整体论世界观对待大自然和整个宇宙，并且在这个基础上建立自己的更高级的新文明。

在富人和穷人那一系列“错得离谱”的“短视”背后，其实是利益的驱动。而那些在拉兹洛这样的先觉者看来不成其为“利益”的物欲追求在众多的权贵、富豪和庸众那里能够成其为“利益”需要，我想，是人的生命的有限性造成的：这不足百年的生命周期决定着他们的许多行为原则，如基本的生存需要，成就感，虚荣心，享受生命的要求，等等。从芸芸众生对于“富人式”的消费模式的模仿追求，到君主帝王们不管“身后洪水滔天”的无耻，原因可能都在这里。从个体生命和利益的角度看，这似乎不能说没有一点道理，因为我们不能要求每个普通人都对自己短暂生命之外的千秋万代负责。于是，能够抑制住这种不负责任的及时行乐态度的，就只有古人那种对“天人之际”的敬畏，或者西方那种宗教信仰了。而在这一切都被科学理性扫荡无余之后，现在只剩下了责任感。然而，我们能指望人类的全体都具有这种与高尚情怀相联系的责任感吗？这能够给他们带来什么利益？——对于“少数人”，“责任行为”本身带来的价值评价可能就是他们所需要、所满足的东西；对于芸芸众生呢？如果没有一个能从高尚行为里“得到什么”的前景，他们是不会行动的——除非，不这样做他们还会失去什么，也就是说，至少还得有恐惧、敬畏（不管是因为宗教，还是因为灾难），才能使他们受到约束而趋善。以此而论，人类社会，恐怕还得指望宗教在引导、制约人们向善的取向上的作用。然而，世界上现在还剩下多少带着虔诚和敬畏的宗教情感？

作为个体的人如此，作为群体的民族、国家亦然。“威斯特伐利亚”意识形态和民族国家并未消逝。民族国家在可预见的时段内非但仍将存在，而且民族主义情绪还在继续加强着它。在西方发达国家，也许有不少人愿意相信，“民族国家挥舞绝对权力大旗的时代已经过去”，因而要求各国“放弃在攸关共同利益和生死大事问题上拥有绝对主权的借口”，乃至在“地球祖国”、“地球公民”的新意识指导下放慢国际竞争，设计提升整个地球文明的政策。然而这也只是一些思想家、民间团体和非政府组织的一厢情愿而已。指望任何一个民族国家主动放弃其“绝对权力”都是徒然的；不说行动，即便以此理论原则都是危险的。戈尔巴乔夫在他的“改革和新思维”中提出把“全人类的利益”放在阶级、政党、民族、国家利益之上，这是否已然造益于人类未来现在尚未可知，但是他为此付出的巨大代价（从国家的解体到个人的羞辱）却不是谁都能够和愿意效法的。爱因斯坦早在50年前就说过，“没有哪个当权的政治家敢走超国家安全这样一条唯一有希望的道路，因为这意味着他政治生命的结束”。看来这位老科学家对于全人类的“唯一有希望的道路”与现实政治利益之间的矛盾有着充分的估计，对于政治上的游戏规则的残酷性也并不缺乏了解。政治上的胜利者从来都不是理想主义者，而只能是现实利益的代表者。有什么力量能使现实利益的代表者和获得者放弃这些利益而选择未来、接受乌托邦？没有。当然，这并不是说所有的改变（从价值观到利益关系和社会结构）都绝无可能。世界还是会变的，但是这种改变可能将不是人类的自觉努力和“意识革命”的结果，虽然先觉者一直在努力促成这种自觉。改变可能将是不得已的结果——就像列宁所说的，“革命”是在下层不能照旧生活、而上层不能照旧统治下去的时候发生的。但对于第五次浪潮来说，这里有些事恐怕比革命更不可逆料——当人们要着手这不得已的改变时，有些生态灾难可能已经不可逆转了。

历史一再表明，人类总是在灾难边缘一意孤行，在灾难发生后才如梦初醒。无怪乎玻恩当年的思考那么绝望："在我看来，自然界所做的在这个地球上产生一种能思维的动物的尝试，也许已经失败了。"因为"由于科学方法的发现所引起的人类文明的这种破裂也许是无法弥补的。""科学同历史和传统的对立是如此严重，以至它不可能被我们的文明所吸收。我在我的一生中所目睹的政治上的和军事上的恐怖以及道德和完全崩溃，也许不是短暂的社会弱点的征候，而是科学兴起的必然结果，而科学本身就是人的最高的理智成就之一。如果是这样，那么人最终将不是一种自由的、负责任的生物。如果人类没有被核战争所消灭，它就会退化成一种处在独裁者暴政下的愚昧的没有发言权的生物，独裁者借助于机器和电子计算机来统治他们。""今天人类已经有了自我毁灭的方法——或者是在十足疯狂的一次发作中，例如在某次世界大战中由于迅速的一击而自我毁灭，或者是由于草率地动用原子技术，通过人类遗传结构中的一个缓慢的毒化和退化过程而自我毁灭。""如果我的推理是正确的，那么人类的命运就是人这个生物的素质的必然结果，在他身上混合着动物的本能和理智的力量。"然而即便如此悲观，玻恩还是要给自己寻找一种信念：科技发展同时给人类带来了"一个可怕的威胁和一个辉煌的希望，即人类自我毁灭的威胁和建立人间天堂的希望"。

如果说拉兹洛的现实批判令人钦佩他的敏锐和深刻的话，那么他的未来描绘却不能令人振奋，因为他指出的方向基本上是一个乌托邦。未来学研究确实需要以一种乌托邦来表达它对现实的批判，但是这毕竟不是建构现实的方案。在这里，影响他的合理而美好的构想实现的原因很简单，就是现实利益问题——而这，是不能用某种善良的愿望和劝说去改变的。导致目前"富人滥用、穷人则误用地球资源"的、使地球陷于无法承受的生态危机和社会危机的原因，决不单是意识问题，更重要的，是利益问题。如果说，我们还有些许可能"说服"富人为了切身利益而从他们所消耗的巨大资源中做些微不足道的消减并转向"探访自然、历史胜迹，听音乐，欣赏文学"这些"对我们心灵更好、对环境造成的压力更轻"的高雅活动的话，我们又有什么理由制止尚处在饥饿中的"发展中国家20亿大众"把发达国家的生活模式作为榜样来渴求自身境况的改变呢？圣人可以有压抑物欲的自律："活的简单些，只为了让别人也能够生存"（甘地）；思想家可以指出"简朴生活乃是选择更大的个人幸福与更深刻的人生意义的成果”，并且批评“若是穷人认为模仿富人的生活方式就是改善生活品质，那可就错得离谱了”，并且是“愚不可及”（拉兹洛）；可是在生活于贫困之中（或贫困边缘）的无数芸芸众生那里，却依然是这“错得离谱”的向往成为其思维和行为模式的主流，甚至成为他们整个社会的追求目标和理想支撑，而对所有安贫乐道的劝诫一概嗤之以鼻，并视之为犬儒哲学。二十世纪二三十年代的中国传统文化的拥护者们（如梁启超、梁漱溟、张君劢等）就面临过这样的尴尬：当他们从一战后的西方世界把握到了物欲横流的科技文明“破产”的信息，把这告诉了国人，希望以东方“精神文明”去救度这个世界时，他们在中国“前进的思想界”得到的是一片嗤笑，更不用说政治上的严厉批判了。拉兹洛是否知道，他在东方世界曾有过这样的先驱？

黄皖毅，女，籍贯广西。2003年7月毕业于北京大学哲学系，获博士学位。现为中国青年政治学院副教授。主要给本科生讲授马克思主义基本原理概论、宗教学概论等课程；从事马克思主义哲学史、西方马克思主义以及全球化领域等的科研工作。撰有专著《马克思世界史观：文本、前沿与反思》（"博士文库"，知识产权出版社，2008年）；发表的论文主要有：《关于文化全球化的思考》（中国青年政治学院学报，2003年第2期）、《马克思文本研究：回顾与展望》（毛泽东邓小平理论研究，2007年第10期）等。

无声的历史及其言说

■黄皖毅

一

那一年，也就是1976年夏天，当时的美国非著名学者黄仁宇完成了一部薄薄的英文书稿，定名《1587，A Year of No Significance》，即日后蜚声海内外的《万历十五年》。

黄仁宇（1918～2000），湖南长沙人，美籍华人史学家。《万历十五年》[1]写成时，黄仁宇年近六十，在纽约州州立大学纽普兹分校任教。而后他把书稿带到各种商业出版社和大学出版社，希望能证明自身学术能力，保住大学的教席。但是，出版，还是不出版，成了一个问题。“商业性质的书局说，你的文章提及宫廷生活，妃嫔间恩怨，虽有一定兴趣，但是又因海瑞，牵涉明朝财政；因为李贽，提到中国思想，应居学术著作。大学出版社则认为这书既不像断代史，也不像专题论文，又缺乏分析与解剖，实在是不伦不类，也不愿承印。”[2]1981年书稿终于由耶鲁大学出版社出版。一面世立即引起了评论界的关注，美国著名作家厄普代克专门写信给黄仁宇说：“我从《时代》周刊获悉您的大作。虽然它与我的知识范围相距甚远，但我还是请

❶《万历十五年》：【美】黄仁宇著，北京三联书店1997年版。英文书名“1587, a Year of No Significance”，是历史学家黄仁宇最广为人知的明史研究专著。作者别出心裁地聚焦于中国历史上一个平淡的年份，以生活于当时的几个重要人物为中心，重新审视了万历十五年前后易被历史学家忽视的事件，从中折射16世纪中国社会的种种问题。通过这些历史巨变的前兆，读者可了解到中国尚未与世界潮流冲突时的侧面形态。该书在20世纪80年代初引入中国大陆，掀起了阅读热潮。

❷黄仁宇：《万历十五年》，三联书店，1997版，第265页。

求在《纽约客》上为它写一篇书评。”该书被美国多所大学指定为教科书，并荣获美国书卷奖（American Book Awards）两次提名；日文、法文、德文等版本也相继出炉。

在美国出版社迟迟不决之时，无奈的黄仁宇将书稿亲自译写成中文，定名《万历十五年》，由友人带到国内寻求出版。经由廖沫沙、黄苗子推介，转到中华书局古代史编辑室，得该室两位副主任傅璇琮和魏连科赏识，1982年由中华书局首发中文版，第一次印刷2.5万册，一销而空。1997年，三联书店得到中华书局同意，将《万历十五年》收入“黄仁宇作品系列”，即更为流行的“三联版”。三联版以中华版为底本，内容一样，但销量更佳，1997年5月到2005年5月竟然重印20次！该书被称为“一部改变中国人阅读方式的经典”，入选《新周刊》和《书城》“改革开放20年来对中国影响最大的20本书”，可见其影响之大。

如今更全的版本应是中华书局2006年出版的“增订纪念版”，增收文章四篇：黄仁宇所撰《1619年的辽东战役》，以一个战例说明明代官僚制度的弊病；美国历史学家富路特教授所撰英文本序言；美国畅销书作家厄普代克所撰长篇书评《万历：漫长的怠政时代》和黄仁宇之妹黄粹存女士所撰读后感《皇帝只是个牌位》；还增入了30余幅历史图片，其中包括11幅彩图，黄仁宇最开始就希望以这种方式出版。

年过花甲的黄仁宇已然由非著名学者成了著名学者。他总结自己的“书剑”人生为“学书未成先习剑，用剑无功再读书”。少年时梦想成为拿破仑，青年时就读南开大学电机工程系，抗战爆发后从军，成为国民党一名军官，到过印度、缅甸等地，见过蒋介石、普通百姓各等样人，烽火连天中更见惯生死。1946年考取美国陆军参谋大学，毕业后任国防部驻日本参谋，1950年退伍。后赴美就学于密歇根大学历史系，期间“囊空如洗，在餐店洗碗碟，在堆栈做小工。整日劳动后退居斗室，无人对谈，耳内嗡嗡有声”[1]。1964年获博士学位。后在南伊利诺大学和纽约州立大学任教，又曾任哥伦比亚大学访问副教授及哈佛大学东亚研究所研究员。20世纪70年代与美国著名汉学家费正清教授、英国著名学者李约瑟博士等人请教往还，参与《明代名人传》及《剑桥中国史》的编写。在学界也有根底，然而1980年8月却被大学解聘。诸种经历，被他用一种小说笔法写入《黄河青山——黄仁宇回忆录》中，也算是一个文人的“书剑恩仇录”吧。

不同寻常的“书剑”人生对黄仁宇治学影响至深，他融个人经验于史

[1]黄仁宇：《万历十五年》，三联书店，1997版，第269页。

学，形成“大历史观”（Macro-history）——黄氏史学理论观点：“大历史观不是单独在书本上可以看到的，尤其不仅是个人的聪明才智可以领悟获得的。我的经验，是几十年遍游各地，听到不同的解说，再因为生活的折磨和煎逼，才体现出来的。”他学术的春天姗姗来迟，所著的《万历十五年》、《中国大历史》、《十六世纪明代中国之财政与税收》、《赫逊河畔谈中国历史》、《大历史不会萎缩》、《地北天南叙古今》、《放宽历史的视界》、《资本主义与二十一世纪》、《明代的漕运》、《汴京残梦》、《关系千万重》等书，各有芳华，却都试图贯穿“大历史观”，即用长时间、远距离、宽视界来研究历史，以洞悉迁转流变和历史大势。

这和美国主流汉学界的观点格格不入。黄仁宇将两种不同的研究风格比喻为“望远镜”和“显微镜”，前者是视通万里，思接千载，以厘清历史发展之大脉络为目的，英国历史学家汤因比的《历史研究》就很典型，在具体研究方法上重综合、归纳，黄仁宇自己就属于“望远镜”派；“显微镜”顾名思义，就是从小处着眼，小中见大，以厘清某一时期某一时间来龙去脉为目的，在具体研究方法上重分析、演绎，美国耶鲁大学历史系教授亚瑟•莱特（芮沃寿）等人就属这一派。早先黄仁宇曾带着《中国历史并不神秘》的书稿去拜会亚瑟•莱特，希望得到这位主流学者的推荐出版，就见识了他的“显微镜”派功夫。亚瑟•莱特直言黄仁宇书稿立意过于宏大，恐怕是大而无当，劳而无功，不如选择某一时段进行细节描述。黄仁宇不能认同，最后怅然离开。

黄仁宇认为：“我们必须记住，在我们现行的学院派分工模式中，将人类努力成果分为法律、政府、经济、社会学等，反映出现代西方固定的状况，却无法有效用以测量中国的深度。在中国，哲学理念可能转成法理学，政府运作总是和家族扯上关系，国家的仪式化过程含有宗教力量。也就是说，双方的结构不一致，不能作水平的延伸。”❶“事实上，传统中国有非常长的茎梗，无法以50年甚至100年来隐藏。”❷鉴于中国历史的特殊情况，黄仁宇主张治中国史就要扩大参考框架，进行更长时段的、高屋建瓴式的分析，要把中国历史放到世界历史当中考察，而且还要用比较研究法，不忘将中国历史和西方历史相互关照，才有可能得其大要。当然，这也是深受法国年鉴学派史学大师布罗代尔的长时段理论影响的结果。布罗代尔以“长时段”、“中时段”、“短时段”来解剖历史，将过去、现在与未来相沟连，从这种长深宽远的眼光来看历史看现实，“这些教训鼓励我要深度思考，我逐渐勇于对长时段

❶黄仁宇：《黄河青山》，三联书店，2001版，第98页。

❷黄仁宇：《黄河青山》，三联书店，2001版，第98页。

的历史进行推论”[1]。

因此，黄仁宇试图“将宏观及放宽视野这一观念引导到中国历史研究里去”[2]，从而厘清中国历史之基本脉络，使人明了历史发展之“何以如是”。按照黄仁宇的说法，这是以超过人身经验的视角研读历史，以看出历史长期的合理性；不斤斤计较书中人物短时片面的贤愚得失，其重点在将这些事迹与我们今日的处境互相印证；不是只抓一言一事，借题发挥，而应竭力将当日社会轮廓，尽量勾画，庶几不致因材料参差，造成偏激的印象。“在研究大历史的立场，这种分析方法最能表现每个国家先后发展的程序。也才不会用抽象的道德观念，抹杀了实际上技术的作用及成效。”[3]正如古人的抱负，“欲以究天人之际，通古今之变，成一家之言”，“原始察终，见盛观衰”。提倡这种宏观史学对黄仁宇来说并不局限于诠释中国历史，也可以说是他的整个治史理念。

黄仁宇沉迷于历史，他认为历史学家是一个有意思的职业：“历史学家不能自由创造人物，把他们的生命小说化，以求故事精彩动人；也无法采取艺术家的美学角度；也不可能展现新闻人员的当场识见，观察到历史成形的过程。但这并非说历史学家的生活就非得无聊不可，他可以用延展或压缩的时间段落，来探讨过去的事件；他可以建立一个宏观的视野，或是以许多细节来描述单一事件；他可以理出一个独立事件，或是比较不同的事件；他可以依循他笔下男主角和女主角的逻辑，呼应他们的情感，或是揭露并驳斥他们的立场；他可以称赞无名小卒，推翻既定的主题。历史学家可以是工匠、技师或思想家。”[4]历史学家最终就是一个思想家，如果没有核心的治史理念，又何谈思想家呢？

二

《万历十五年》20余万字，融精英人物、典章制度、思想文化于一炉，是“大历史观”的一个范本。语言灵动，史料翔实，场景真切，又有悬念感，让人想一口气读完，同时你又会被历史的厚重感所包围，在需要思考的地方停顿，甚至长时间停留，这都使得该书自成一股魅力。

黄仁宇曾说：“不仅可把历史看作一个链条，也可把它当做一个鸡蛋来剖开。”但把1587年作为鸡蛋的剖面，又是令人奇怪的，他自己也说，在历史上，“万历十五年”实为平平淡淡的一年。然而，“当年，在我国的朝廷上发生了若干为历史学家所易于忽视的事件。这些事件，表面看来虽似末端小

[1] 黄仁宇：《黄河青山》，三联书店，2001版，第404页。
[2] 黄仁宇：《中国大历史》，三联书店，1997版，第1页。
[3] 黄仁宇：《万历十五年》，三联书店，1997版，第272页。
[4] 黄仁宇：《黄河青山》，三联书店，2001版，第153页。

节，但实质上确是以前发生大事的症结，也是将在以后掀起波澜的机缘”[1]。这种历史研究法比较特别，非专题史，非断代史，亦非编年史，而是以一年作为切入点，铺开一个朝代，乃至说明16世纪中国社会传统的历史背景，也就是尚未与世界冲突的侧面形态，由此纵深进入历史。

[1]黄仁宇：《万历十五年》，三联书店，1997版，第1页。

历史之所以令人着迷，主要还是在人。现在的人想知道以往的人们怎样活着，怎样活过。不同的时代，不同的人生。但历史上的人们和他们的命运还是令人歌哭。黄仁宇显然很了解人们的心理。他不是从某件事出发去谈历史，而是从人出发，引出各种事件，再则才展开历史，这样，个人的小命运、国家的大命运，交织映衬，令人叹惋。全书共分七章，六个人物，独立章节，“万历十五年”（1587年）都是叙说的原点，以人物所处的时间和空间为坐标，用人物传记来反映帝国统治的方方面面，探究一个没落朝代的悲剧。

朱翊钧，即万历皇帝，明神宗。明代第十四个皇帝。1587年，这个当时的最高统治者下了一个决心：“怠工”。以往还能勉强戴着眼前垂着珠帘的皇冠，我估计作用就像明星戴墨镜，喜怒不形于色。但现在，他连这个道具也不想戴了。他托病不上早朝，不讲“经筵”，不批奏折，总而言之，是甩手不干了。原因不在于懒惰，也不在于耽于声色犬马，而在于“多少年来，文官已经形成了一种强大的力量，强迫坐在宝座上的皇帝在处理政务时摈弃他个人的意志。皇帝没有办法抵制这种力量，因为他的权威产生于百官的俯伏之中，他实际能控制的至为微薄。名义上他是天子，实际上他受制于廷臣。万历皇帝以他的聪明接触到了事情的真相，明白了自己立常洵的计划不能成功，就心灰意冷，对这个操纵实际的官僚集团日益疏远，采取了长期怠工的消极对抗”[2]。他有一份最令人羡慕的职业，但却没能感受到君临天下的快乐，相反，是处处受限，不能自主专由，更关键的是，他明白自己干与不干，结果都不能改变什么，他只是一个摆设，一个帝国的符号。

[2]黄仁宇：《万历十五年》，三联书店，1997版，第91页。

张居正，一人之下万人之上的首辅。1587年，这位煊赫一时、权倾一时的已故首辅被抄家。也就是说，这时张居正已去世5年了。有的人死了，他还活着，还在发挥影响和作用。用哲学的话语，就是“不在场的在场”。张居正有改革者的抱负、气魄和能力，办事决断果敢，实行“一条鞭”法、丈量全国土地等经济体制改革。但他又有另一个面目，剿灭异己、任用私人、滥用权力、生活奢靡等，甚至对皇帝，也就是自己的特殊学生，实行两套标准，对皇帝严，对自己宽。这些都使得他生前就陷于文官集团中的孤立地位，甚至皇帝知道真相后，也忍无可忍。他干的事，迟早要被清算。他只是没有算到自己会在年富力强的时候死去。“其人存，则其政举；其人亡，则其政息”，所以，他生前活得很彪悍，死后很凄惨，连带家人都没有好下场。

申时行，张居正的继任者。1587年，好像他并没有什么特别的事。他的特点可能就是没什么特别，就像他的名字：审时而行。他是一个明白人。他看到张居正的生前死后，知道张居正的路不通。皇帝得罪不得，文官集团也得罪不得，他的办法只有一个：调和。似乎想超越时代，搞和谐社会。种种努力之后，他得到的是表面上勉强的一团和气和勉强的平衡。他自己变得没有原则，而皇帝和文官集团都不买账，所以最后，他也下台了。

海瑞，清官、忠臣、孝子。1587年，他走到了生命的尽头。他太模范，所以显得他人太不堪，所以早有人盼着他死。海瑞以道德作为自己行事的最高典范，重民本，抑豪强，犯颜直谏皇帝，重刑法办劣贪，他就像鱼塘里的一条鲶鱼，游来游去，把文官集团的规则之网撞开几个口子，他这样不合时宜，所以经历了三废三立的政治生涯。作为清官，他也难以摆平家庭关系，是孝子，但好像不是一个好丈夫。他似乎也很超前，力主勤俭，过着超级低碳的生活，还这样要求别人。他是当时的明星官员，虽然没有狗仔队，但是有很多热情的民间粉丝——老百姓总是有清官情结的。但他只是一个孤立的偶像，没有人会照他的样子做。黄仁宇评说：“个人道德之长，仍不能补救组织和技术之短。”[1]

戚继光，一代名将。1587年，他也在年底殁了。他是万历年间最有才能的将领，但在重文轻武的统治理念里，要实现“保家卫国”的理想也是艰难的。当时国家的军备糟糕到了极点，正规军队的战斗力几乎与农村的民兵相去无几。戚继光的军队几乎等于一支私人军队，从财政到兵员，全仰赖戚继光。由于政府提供的火器质量太差，他的军队在战斗中竟不敢放手使用火器，这是多么荒谬的事情！戚继光已经把能做的都做了，他务实，知道人情世故，自己拉赞助，找后台，得到了张居正的有力支持。他振作武备，组建纪律严明、注重效率与技术的新型军队，使明朝军事与国际接轨，平定倭寇，北摄蒙古，成为民族英雄。因张居正，他也卷入与文官集团之间的矛盾漩涡，张居正倒掉也殃及他；此外，他声誉日隆，被猜忌兵雄危政，终被罢官弃用。死时一贫如洗，满目凄凉。

李贽，独立思想者。“1587年以前，他已经按照儒家的伦理原则完成了对家庭应尽的一切义务”[2]。第二年，他落发僧装，居佛寺中事佛。他性

[1] 黄仁宇：《万历十五年》，三联书店，1997版，第139页。

[2] 黄仁宇：《万历十五年》，三联书店，1997版，第211页。

格怪僻，独立不羁，好强善辩，崭然有异于时。他是儒家的信徒，又颠覆儒家思想，重物质，重功利，但却没有形成自己的体系，所以，他有点像一个后现代主义者，解构了但还没有建构。出家以后他又无情解剖自己："志在温饱，而自谓伯夷、叔齐；质本齐人，而自谓饱道饫德。分明一介不与，而以有莘借口；分明毫毛不拔，而谓杨朱贼仁。动与物迕，口与心违。"他还怀疑自己用佛门的袈裟遮掩了"商贸之行之心"，"以欺世盗名"。他声言，"弟学佛人也，异端者流，圣门之所深辟"，以此避开俗世干扰、免除应酬、辩解之劳，专心著述，但又有入世的渴望。这个人，处在思想的夹缝中，处在自我矛盾中，无法解脱。多年以后，他因行为与时人迥异，被控为"异端"、有思想危害、伤风败俗而自杀。

从君临天下的皇帝、位极人臣的宰辅、军功显赫的将领，到名动一时的思想家，用哲学的话语说，他们都是不自由的，个人不自由，集体也不自由；从黄仁宇的观点看，他们是个人战胜不了体制，所以都是失败者：

如此等等的问题，其症结到底何在……笔者以为，中国两千年来，以道德代替法制，至明代而极，这就是一切问题的症结。写作本书的目的，也重在说明这一看法。这一看法，在拙著《财政史》中已肇其端。本书力图使历史专题的研究大众化，因而采取了传记体的铺叙方式。书中所叙，不妨称为一个大失败的总记录。因为叙及的主要人物，有万历皇帝朱翊钧，大学士张居正、申时行，南京都察院都御史海瑞，蓟州总兵官戚继光，以知府身份挂冠而去的名士李贽，他们或身败，或名裂，没有一个人功德圆满。即使是侧面提及的人物，如冯保、高拱、张鲸、郑贵妃、福王常洵、俞大猷、卢镗、刘綎，也统统没有好结果。这种情形，断非个人的原因所得以解释，而是当日的制度已至山穷水尽，上自天子，下至庶民，无不成为牺牲品而遭殃受祸。❶

结尾复言："1587年，是为万历十五年，丁亥次岁，表面上似乎是四海升平，无事可记，实际上我们的大明帝国却已经走到了它发展的尽头。在这个时候，皇帝的励精图治或者宴安耽乐，首辅的独裁或者调和，高级将领的富于创造或者习于苟安，文官的廉洁奉公或者贪污舞弊，思想家的极端进步或者绝对保守，最后的结果，都是无分善恶，统统不能在事业上取得有意义的发展，有的身败，有的名裂，还有的人则身败兼名裂。因此我们的故事只好在这里作悲剧性的结束。万历丁亥年的年鉴，是为历史上一部失败的总记录。"❷

❶黄仁宇：《万历十五年》，三联书店，1997版，第4页。

❷黄仁宇：《万历十五年》，三联书店，1997版，第245页。

个人命运的失败，国运的失败，原因就在于，应运而生的文官集团到明万历年间已发展成社会的顽疾。整个文官集团是道德和实际利益的混合体、多面性的矛盾体。他们既标举“修身齐家治国平天下”的道德标准，又践踏道德；他们一边巩固既得利益，一边捞取更大利益。国家追求均衡，没有发展先进生产力的动力。又没有形成有效的制衡机制，这个利益集团的博弈对象只有皇帝。人民群众——财富的创造者的力量几乎看不到。利益集团的所有触须已经深入社会的方方面面，导致这个帝国的行政、司法、财政税收、军事、思想文化诸多方面呈现败象，最终走向灭亡。体制的不健全是这部记录失败的总因。帝国衰弱，日薄西山，大厦将倾，狂澜既倒，无可奈何也。

黄仁宇认为秦汉以来的两千年中国历史,形成了一种大体未变的社会模式,就像是美国的“潜水艇三明治”:“上面是一块长面包,大而无当,此乃文官集团；下面也是一块长面包,也没有有效的组织,此乃成万成千的农民。其中三个基本的组织原则，此即尊卑男女老幼，没有一个涉及经济及法治和人权，也没有一个可以改造利用。”[1]这种社会的最大特点,就在于它“不能用数目字来进行管理”。他想通过“技术的角度”、“数目字管理”,为中国发展寻出路。中国儒家的原则很可以作道德的根基,但在治理国家时,宗旨的善良不能弥补制度的粗疏。“人世间很多残酷的事都用道德的名义去施行，也是中外古今一律”[2]。

[1]黄仁宇:《万历十五年》，三联书店，1997版，第270页。

[2]黄仁宇:《万历十五年》，三联书店，1997版，第279页。

黄仁宇将历史的句读点在1587年，又自如地将镜头推到那一年的东北，时年29岁的努尔哈赤在白山黑水间崛起；那一年的世界，西班牙舰队正在为第二年全部出动征英的作准备。可以联想，50年后，西欧，一个尊崇科学、倡导民主的工业化时代即将来临；250年后，鸦片战争就要爆发。念及此，真隐隐听见雷霆之声。

三

《万历十五年》颇富争议。在种种肯定的声音中，也有对其不屑者，称黄学历史是半路出家，功底不够，专明史，而通史则常见错漏；又或说黄仁宇是“小说笔法”、“想象历史”；更甚说黄善于炒作，沽名钓誉，以过物质上有尊严的生活。

应该承认，《万历十五年》的明史解读是一家之言，能言之成理，但不可能全部合理。因为每一个时代的历史学家治史时，不免有一些“先见”——自身的学养、历史观、价值观和时代观等，而后才有他对历史的解读。姑且不论“以道德代替法制，这就是一切问题的症结”这样的结论是不是答案，也不论黄仁宇学术成就如何，能不能进入大师行列，笔者认为有不少意见是较为中肯的：如对于概念的界定并不十分清晰，如经常出现的“技术”，是与“道德”相对的一个较为抽象的概念，包括法律、制度的因素，又好像指具体操作，即分析、处理问题的手段与方式；又如数目字管理，也有语焉不详之嫌。

有的学者也指出黄仁宇在解读历史文献和评价历史人物方面存在某些疏漏。如第七章作者论证李贽没能以锐利的眼光看透社会的痼疾，立下“与汝偕亡”的决心，引用了李贽给侍郎周思敬的信：“今年不死，明年不死，年年等死，等不出死，反等出祸。然而祸来又不即来，等死又不即死，真令人叹尘世之苦海难逃也。可如何！”此处断章取义。结合“但等死之人身心俱灭，筋骨已冷，虽未死，即同死人矣。若等祸者，志虑益精，德行益峻，磨之愈加而愈不可磷，涅之愈甚而愈不可淄也，是吾福也。”“夫既以此受福，又以此销福，则祸来又何必避，苦海又安得不是我老者极乐之处耶！”等字句，看到的不是消极悲观的李贽，而是不惧患祸、以苦为乐的李贽。

应该说黄仁宇对李贽的看法是不够全面的。他认为李贽只是彰显个性，追求自由，但没有新思想，没有离经叛道。而李贽实际上是晚明思想的启蒙者。他的一些观点如：“就其力之所能为，与心之所欲为，势之所必为者听之，则千万其人者，各得其千万人之心，千万其心者各遂千万人之欲。是谓物各付物，天地之所以因材而笃也，所谓万物并育而不相害也”，这些言论，就是追求个性解放、自由竞争。他还认为天下之至道就在平民百姓的日常生活之中，发现了那其实是人人所同，却又为世人君子所极力掩盖的自然之心，就是所谓的“私”。人伦物理是生存之道，而不是道德之道。这正是个性解放。似乎可揭起历史的另一角：万历年间政局暗淡，文艺创作等却富有光彩，得益于主张顺适自然性情的启蒙思潮出现。汤显祖“树帜于词场，扬葩于艺苑”，《牡丹亭》“日日消磨肠断句，世间只有情难诉”的婉转吟唱，应该说是思想启蒙的产物。乃至可以说没有李贽，汤显祖难成伟大的《牡丹亭》。李贽长汤显祖23岁，万历十七年相见，两人建立亦师亦友的关系。黄仁宇的李贽，显然没有这个面相。

此外，《万历十五年》刚铺展“大历史观”，也有观点不成熟的地方，而且由英文转译而来，作者在美国生活时间长，语言西化色彩较重，也让人别扭。然而瑕不掩瑜，笔者认为，《万历十五年》的意义有二：

大一点来说，是把历史写给中国人看。黄仁宇这样说治史目的:我工作中最迷人之处,在于找出这个独特的西方文明如何打破另外一个不遑多让的独特文明——中国文明——的抵抗力,让中国分崩离析,而在中国重新恢复平静时,如何转而影响西方世界,让后者进行调适。也就是说,我的主要任务在于以一己之力密切观察,西方如何和东方交会,东方如何和西方融合,直到两者融而为一个完整的世界史。[1]又认为，“一旦认定17世纪的中国和20世纪的美国相似程度就像鱼和鸟”,就不能用一方的标准去评估另一方。相反地“如果呈现鱼或鸟的情况时,必须给予完整的解释,追踪历史文化特殊问题的根源”[2]。在20世纪70年代，黄仁宇置身于世界最发达之国家美国,在对岸看着故国的旧貌新颜，再回顾自己跌宕起伏的人生，应该是颇有感慨吧。正所谓：千里之外，去国怀乡；万重关山，追古思今。站在世界文明高度反思中国，和其他文明比较为中国思谋出路，也是深深埋藏在他内心深处的进行历史研究的动因吧。

❶黄仁宇:《万历十五年》，三联书店，1997版，第71页。

❷黄仁宇:《万历十五年》，三联书店，1997版，第78页。

20世纪中国史学大家王国维、陈寅恪、吕思勉、陈垣、钱穆等,灿若星辰。与前贤相比，黄仁宇在学术功底上可能仍然欠缺,难以比肩，但是和他们相比，黄仁宇也自有光芒。和陈寅恪等人纯学术的方式不同,黄仁宇的历史写作是相对通俗易懂的，他的目的也是使大众能有兴趣去了解本国之历史。历史是遥远的东西，仿佛可以不管。然而钱穆说得好，“不了解一国之历史则不配为一国之国民”。历史学家治史，当然有置身高塔的、非常学院的做法，大众是难以企及的，这是学术研究的一个路径；但也应该有一部分历史，是让大众读的，以让他们成为真正的国民。《万历十五年》的读者群就超过了史学界，实际上是中国人均可读。

能吸引大众去读，自然要写得好看。我们常见的历史书，《史记》、《中国通史》等，有以纪年、断代、纪传等体例做下来的书籍，还有很多演绎出来的历史小说，有的被认为是故纸堆，让人望而却步、敬谢不敏；有的又失于浅显无意味，不能引发人们的思考。黄仁宇的写法刚好能避免这两个弊端，有人称之为历史中的文学、历史散文、小说和历史的混杂体，又沉稳冷峻，深具哲学意味。厄普代克评价道，《万历十五年》尽管是一部严谨的学术作品，但却具有卡夫卡小说《长城》那样的超现实主义的梦幻色彩。可以说这部书并非纯文学,并非纯学术,浸透了沉重异常的现世关怀。我们的历史太长了，以至于中国人从文化意味上看，一生下来就很老了，就很沉重了。没有厚重感的书，很难激起我们的真兴趣。“表面的安宁永远是虚幻的”，这样的语言，在任何一个中国人读来，都充满了沉重的警示意味。所以我很固执地以为，这是写给所有中国人看的书。

小一点来说，《万历十五年》开启了明史热潮。明代是一段267年的纷杂历史，和前代相比，它一样扑朔迷离、跌宕起伏，但它缺乏自己的标签，我们说先秦思想，说汉唐盛世，说两宋繁华，说魏晋风度，但我们很难说“明朝什么”。但明朝对历史研究者来说，是特殊的。明代在中国历史上是一个具有特殊意义的朝代。有的朝代过于遥远，史料都被时间吞噬了，被加上很多灿烂的想象。明代距离我们并不久远，史料得以较为完整地保存。明代也可以说是中国传统社会发展找不到发展出路的时期，出现了不少封建社会历史上所没有的怪现象，如万历的怠政，但是国家却像一架老牛车依然缓慢前行。14世纪，明朝建立，也是西欧近代史的起点，17世纪中叶，明代灭亡，古老的中国已经赶不上西欧的发展了。中国近现代的衰弱，似乎在明时就有迹象。这就好比一场比赛，开始我们领先，后来人家换了一辆车，引擎发动，终令我们望尘莫及。明朝就是人家发动引擎的时刻，你说该不该研究呢？毫无疑问黄仁宇是明史专家，引领了非学院式读明史的风潮。

笔者认为，至今非学院派明史研究大体已有三波：

第一波，黄仁宇《万历十五年》。和以前明史研究不同的是摆脱了学院研究的教条、枯燥的面目，试图用通俗的语言来探讨明史背后的规律。早先的历史写作，僵化、陈词滥调、千篇一律，一种模式、一种角度，甚至是意识形态、政治宣传的一部分。《万历十五年》崭新的角度和视界，提供了一种对当时的中国人来说具有颠覆意义的叙述历史的方式。之后，模仿作品多了起来，进入了一个历史书写作和阅读的黄仁宇时代。吴思的《潜规则》、李亚平的《帝国政界往事》，还有易中天的作品等，都受到黄仁宇的影响。

第二波，吴思《潜规则——中国历史中的真实游戏》。吴思本人是中国人民大学新闻系毕业的，不赞同黄仁宇的观点和结论。他的书以利益为衡量，提出“潜规则”现象。该书特点很突出，强调了思想性而非学术性，不是纯粹讲明史，其中大多篇章是借明史剖析中国传统社会。吴思声称黄仁宇讲历史是水只烧到了99℃，没到沸点，而潜规则是更进一步，烧开了。试图用潜规则去探索历史背后的规律，又与现实如此契合，更有现实意义，引起读者的共鸣。但是毋庸置疑，吴思的史学功底和对史料的掌控远远不如黄仁宇，重在以史为鉴，所以能引起轰动。

第三波，当年明月《明朝那些事儿》。当年明月也不是学历史出身，工作之余在网站贴出系列，写得有气势，也很灵动，通俗易懂，让人觉得历史很好玩。同时又融入了时下商业炒作最喜欢的一些元素：人生励志、尔虞我诈的职场哲学等，用网络化的语言、流行的语言来解读历史。将明史更加大众化，甚至娱乐化，故事性强，《明朝那些事儿》就是一部明朝演义，好看，能普及明史常识。书有7本，又加上炒作，轰动一时，当年明月也被称为草根历史学家。但是由于知识背景以及网络写作风格的限制，难免有缺点，尤其是缺乏对明史背后规律的探讨、确凿的考证等，读时还应辅以其他厚重些的读物、严肃的历史著作。而且尽管当年明月非常低调，但由于商业炒作的惯性，也不得不露面增加卖点。当年明月之后，明史研究会走向何方？只希望不要在庸俗化的路上越走越远。

在我眼中，高手就是《天龙八部》中最后出场的扫地僧，看似平常，功夫奇绝。《万历十五年》是很薄的册子，但读来很厚，总觉得读不完，这应该是一本好书的标准吧。这归因于黄仁宇有深厚的学术功夫。《万历十五年》虽然通俗，但还是史料丰富、态度严谨、方法先进的，是一本严肃的历史学著作。黄仁宇啃过明史最基本也最大、当然也是最枯燥的资料库——《明实录》，133册，足足花了两年半，下的功夫不可谓不厚，意志不可谓不坚定。之后,又参考奏疏笔记、各地方志种、国内外有关的新旧著作。《万历十五年》中注释、文献的标注令人印象深刻，其他仿作、流行作品难以望其项背。

历史本无声，今人该如何言说？王小波有一篇好文《不新的〈万历十五年〉》，说道："古往今来的读书人，从经典里学到了一些粗浅的原则，觉得自己懂了春秋大义，站出来管理国家，妄断天下的是非曲直，结果把一切都管得一团糟。大明帝国是他们交的学费，大清帝国又是他们交的学费。老百姓说：罐子里养王八，养也养不大。儒学的罐子里长不出现代国家来。《万历十五年》是今日之鉴，尤其是人文知识分子之鉴，我希望他们读过此书之后，收拾起胸中的狂妄之气，在书斋里发现粗浅原则的热情会有所降低，把这些原则套在国家头上的热情也会降低。少了一些造罐子的，大家的日子就会好过了。"诚如斯言。

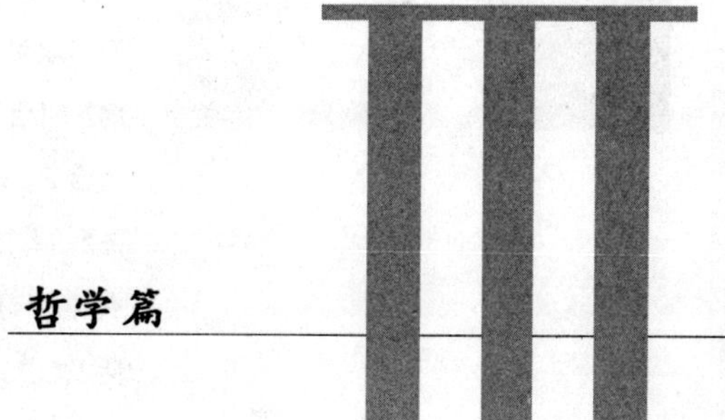

哲学篇

雷永生，1936年生于天津。1960年毕业于北京大学哲学系。先后在北京大学哲学系、河北大学哲学系、北京市社会科学院哲学所、中国青年政治学院社科部从事哲学教学和科研工作。现为中国青年政治学院教授、东方文化研究所所长。著有《西方认识论史纲》（合著）、《唯物史观形成史稿》、《皮亚杰发生认识论述评》（合著、主编）、《新编哲学教程》（合著、主编）、《别尔嘉耶夫》、《东西文化碰撞中的人——东正教与俄罗斯人道主义》等，译有《古代辩证法史》（合译）《历史唯物主义与文化问题》、《俄罗斯思想》（合译）、《自我认识——别尔嘉耶夫思想自传》等，发表论文150多篇，主编的丛书有《世界十大思想家丛书》、《世界现代十大思想家丛书》、《西方人道主义思想史丛书》等。

我们究竟怎样对待经典?
——从俄译圣经引起的风波谈开去

■雷永生

一

我们究竟怎样对待经典?这是一个似乎已经弄明白了的问题。对此，许多人会毫不犹豫地回答说：既要认真学习，又不能盲目崇拜；要以实践为检验真理的标准，坚持经典著作中为实践检验为真的内容，舍弃其中为实践检验为错或者过时的部分。在当今中国，这种态度的获得是不容易的，是一个巨大的进步。回顾中国历史，我们会看到一个长期盲目崇拜经典的非常可悲又可笑的时代，许多20世纪五六十年代的人几乎是费了毕生的努力才从这种盲目崇拜经典的思想牢笼中解脱出来，得到一种科学对待经典的态度。但是为时已晚，很难在文化上再有大的成就。也还有不少的人至今也没能从中解放出来，一辈子为过去的经典所束缚，造成终生的遗憾。

不过，说现在中国人已经有了一个正确对待经典的态度，这只是就一部分人来说的；如果从一般的意义上来说，这种况法还只是官样文字。至于在实际上是否从上到下都真正树立了这样的态度，还是一个大问题。君不见各种极端现象仍大量存在：或者“言必称马列”，或者“言必称孔孟”（尽管都自称是“马列主义者”）；甚至对于法定的作为指导思想的某种主义的经典，还是不大允许人们研究和批评，这类论文的发表还是甚为困难，甚至写作与发表这类文字还要冒被判为“资产阶级自由化”的风险。可见，如何对待经典，仍是一个值得讨论的问题。

二

俄罗斯著名哲学家、神学家弗罗洛夫斯基（1893～1979）在他的名著《俄罗斯神学之路》[1]中详细叙述了19世纪初俄国为翻译圣经所引起的一场大风波，读来颇为有趣。从原则上来说，这是一场经典崇拜者内部的斗争，但他们却为什么是真正的经典崇拜而打得头破血流。关于这一“闹事”事件的历史背景，张百春先生在其最近出版的《当代东正教神学思想》（上海三联书店，2000）一书中有很简要的说明。兹引用如下：用古斯拉夫文印刷的圣经在俄罗斯出版甚晚，“此前流行的圣经都是古斯拉夫文的手抄本。古斯拉夫文是教会通用文字，又称教会一斯拉夫文，9世纪由基里尔和梅福季兄弟创立，是当时斯拉夫各民族传播基督教的主要语言。……较早时期，古斯拉夫文字和古俄文很接近，但随着俄罗斯文化生活的发展，俄文发生了巨大的变化，与古斯拉夫文之间的距离越来越大，以至于不经过专门的学习，就无法使用古斯拉夫文。古斯拉夫文只是在教会和文化层次较高的人中间使用。但当时的俄罗斯教育水平极其低下，大多数教徒根本无法阅读古斯拉夫文的圣经，也无法使用这个教会的语言。这给东正教的传播和宗教生活带来了不便。于是，圣经的俄文翻译问题逐渐地突出了出来。”

其实，还在1816年就公开议论这件事情了。当时的沙皇亚历山大一世表示“希望俄罗斯人能用自己固有的俄语阅读神的话”（宗教事务和国民教育部大臣戈利岑传达的沙皇口谕）。但是，在给俄罗斯圣经协会的命令中还指出：俄译圣经完成后，不但在俄译本圣经中要附上斯拉夫文圣经，而且在教堂中仍要使用斯拉夫文圣经。俄译本圣经只是为了非正式的使用，为了家庭里阅读。沙皇政府把翻译圣经的任务交给宗教学校委员会主管，并委派大司祭和圣彼得堡神学院院长菲拉列特主持。菲拉列特极为认真地进行这项意

[1]（俄）弗洛罗夫斯基著，1937年出版于巴黎（俄文版）。作者在十月革命前毕业并任教于新俄罗斯大学（敖德萨），革命后不久即移居国外。先后在法国、南斯拉夫、捷克从事神学研究和教学，1948年受邀到了美国，曾任圣弗拉基米尔神学院院长、哈佛大学、普林斯顿大学教授，1979年在美国逝世。他是国际学界著名的神学家，对于东正教神学史尤为专长，《俄罗斯神学之路》是他的代表作，也是东正教神学的经典之作。俄罗斯东正教大司祭梅因道尔夫在1980年评论说：“《俄罗斯神学之路》乃是纪念碑式的著作，是检索俄罗斯宗教文化史的主要文献指南。作者没有局限于研究纯粹的神学著作，他也包容了所有同东正教有关的文献。虽然近10年出现了许多研究古俄罗斯和彼得大帝以前时代的文献，但是，弗洛罗夫斯基的观点和评述几乎永远也不能被称为过时了。”而对彼得大帝以后直至革命前的俄罗斯神学之分析，更是“不可替代的、价值很多的”、“无与伦比的”。该书中译本由吴安迪、徐凤林、隋淑芬译，上海世纪出版集团2006出版，书名改为《俄罗斯宗教哲学之路》。

义重大的工作，俄译本福音书译完和出版于1819年，全部新约全书译完和出版于1820年；随即开始旧约全书的翻译工作，为了严谨起见，旧约全部从希伯来文翻译。其中的摩西五经（旧约全书的前五篇）于1825年译完并印刷完毕，但是，怪事来了，它不仅没能出版，反而被查禁，最后甚至被销毁。因为这时掀起了一场反对俄译圣经的“闹事”风波。

用俄文翻译圣经的事业从一开始就遭到政府和教会高层的一些保守分子的怀疑和攻击。修士大司祭佛季和政府大臣（原海军上将）希什科夫是这些保守派的首领，闹事的阴谋就是他们策划出来的。他们为了捍卫基督教的经院哲学传统，坚持要把解释圣经和布道的权力垄断在少数神职人员手中，因而坚决反对把圣经译成俄文。他们声称：用俄语翻译圣经的想法就是最有害的异端思想。因为“在我们这里，斯拉夫语和俄语是同一种语言，只不过有高雅和低贱之分而已”。斯拉夫语是“信仰的语言”“教会的语言”，而俄语只是“情感的语言”和“戏院的语言”。把圣经译成俄文，就是把神的话从高尚的和庄严的语言改写成低下的语言，改写成戏院的和情感的语言。保守派愤怒地说：“他们竟敢更改令世人尊敬的出自神之口的语言!”至于说翻译圣经是为了让老百姓都能亲自读圣经，在他们看来更是站不住脚的，因为“这种需要是臆想的，它降低了圣经的重要性，它产生的后果正是异教徒和分裂派所希望的”。他们认为，家庭里备有圣经，“会发生什么呢?花了大量的金钱就是为了让如此庄重的福音书失去它的庄严性，就是为了弄脏它，撕破它，把它扔在凳子下面，用它包家里的杂物，既不用于启迪脑筋，也不用于启迪灵魂”。佛季更是经常向皇帝上书，直言用俄文翻译圣经的坏处：会引发革命和造反。因为人人都可直接用俄语阅读圣经，便都会按自己的意思理解和解释神的话，于是，“人人都打算出售真理”，各种观点都会以神的话为幌子而兜售出来，神的话便被歪曲，被利用，天下就会大乱。保守派的种种耸听的危言给圣经翻译工作造成了极大的困难，最终连沙皇也动摇了。于是，先是俄译圣经禁止出版，销毁已印好的摩西五经；接着又有支持翻译圣经的国务大臣戈利岑被撤职，并任命希什科夫为国民教育大臣。保守派获得了暂时的胜利。

然而，圣经俄译终究是大势所趋，统治者最终还是认识到让更多的人直接阅读圣经对于巩固统治秩序的好处，而利用神的话反对现存制度还只是一种可能，而不是现实的主要威胁。所以，新皇尼古拉一世继位后，尽管查封了圣经协会，但在查封的诏书（1926年4月12日）中还是说：“由圣经协会用斯拉夫文和俄文印行的圣经，同样可以用帝国居民使用的其他语言印行，朕允许继续用该书的定价向居民出售。”在1928年还解除了希什科夫的国民教育大臣职务，任命了前圣经协会的创建者LK．利文公爵来代替他。接下来，由菲拉列特带头，在神学院里用俄语讲课逐渐推广开来，并成为一种新的时尚[1]。

在人类历史上，对待经典的态度大体上可以分为两种，即经典崇拜和科学地对待经典。有史以来，经典崇拜占主导地位的时间很长，这与人类知识贫乏、自我意识缺欠直接相关，也与专制极权政治直接相关。本来，经典一词就带有让人崇拜的含义，它本是指讲解教义之书，从中演化出指导人们思想和行动之标准的书的意义。这样的书还能不崇拜吗?当人们的文化水平极低，尚不能获得自我意识的时候，会很自然地实行经典崇拜，再加上统治者的思想欺骗和专政镇压，便使经典崇拜延续很久。直到欧洲民主革命兴起，特别是健全的民主社会出现之后，才逐渐改变这种局面，科学地对待经典的态度才逐渐占了上风。但是，由于世界状况之复杂，直到当代还有一些国家和民族仍然是经典崇拜占据主导地位，因而使这些国家和民族在文化发展上受到极大的阻碍，大大落后于世界潮流。

在经典崇拜史上，也有不同的发展阶段。俄国出现的俄译圣经风波实际上就是两个阶段之转折时期的体现。在欧洲，这两个阶段的转变是以路德的宗教改革为标志的。在前一阶段，经典的神圣性不仅表现为内容的绝对性，而且表现为形式的绝对性：人们不仅要绝对服从其中所包含的训诫，按照它的要求去想，去做，去行动，而且对它的形式也不允许有任何的更动，这点特别表现为对于用另外的文字翻译经典的绝对禁止。这就是说，不仅经典的内容是神圣的、绝对的，而且连经典所体现的形式，即所使用的文字也是神圣的。进行翻译，就是用非神圣的语言去表述经典，那么，就会亵渎经典，歪曲经典。禁止翻译经典还有另外一个意义，就是不允许在某一民族里人人都能自由地阅读经典，而将解释经典的权利归于少数有特权的人。如果人人均可阅读经典，就会对同一部经典产生多义的理解和解释，其结果就会出现混乱，经典的神圣性、绝对性也就要遭到破坏。用解释学的话来说，这就是要维护文本的绝对性。显然，这一阶段里的思想统治是最为严酷的，人们不仅要绝对顺从经典的训诫，而且要绝对顺从那些有权解释经典的人的训诫。就宗教来说，人们不仅要顺从圣经，而且要顺从主教、神甫的话，因为他们是代表神说话。当然，即使在这一阶段人们也不可能完全顺从，彻底愚昧，总还是有人对这种经典崇拜提出质疑。

[1] 以上材料见弗洛罗夫斯基：《俄罗斯神学之路》，1937，巴黎，第153～180页。

随着各民族文化的发展，人民文化水平的提高，自我意识的出现，必然要求打破这种对经典之阅读权和解释权的垄断。这时，虽然人们对于经典的内容之神圣性与绝对性并不怀疑，但对其体现形式的神圣性与绝对性已经产生怀疑。于是，用本民族的语言文字阅读与解释经典的要求便油然而生。由此看来，俄译圣经还是符合历史潮流的事情，而反对者则是站在历史潮流的对立面，妄想维护阅读与解释圣经的垄断权。

三

这样的事情并非只发生在俄国，路德在宗教改革中的一个重要功绩就是将圣经译成德文（在这以前尽管已经有人做这件事，但成效甚微）。1522年路德所译德文圣经出版，1534年德文新旧约全书出版，1526年路德实行用德语举行弥撒（除了希腊文的重叠句“求主怜悯”[Kyrie eleiSon]以外，所有语句都用德文）[1]。这些都是路德所进行的宗教改革的组成部分，他的本意也是要让德国人能用自己的语言直接阅读圣经，打破教会对于阅读和解释圣经的垄断，使每个普通教徒能够直接与上帝交往。

普通人直接阅读和理解圣经（或者更广泛地说，阅读和理解经典），对于统治者来说，作用是双重的：既有不利的一面，即对圣经（经典）的解释权的冲击和破坏；也有有利的一面，可以扩大圣经（经典）的影响，甚至使人更自觉地信仰圣经（经典）。因而当潮流不可阻挡时他们也不会过于执拗。但是，当普通人终于获得阅读和理解圣经（经典）的权利时，他们的担心也就来了：人们都按自己的理解解释圣经（经典），思想必然会出现不统一、分歧甚至混乱，这样就会形成对自己统治的威胁。于是，他们就会想方设法地寻找对付的办法。我们在历史上看到，随着俄译圣经和德译圣经的出版，还有各种钦定的即由皇帝或教会审定的圣经解释书籍的编写和出版，诸如《基督教教义讲解》《基督教教义问答》之类的书。俄国人从拜占庭那里翻译了不少这类的书籍，俄译圣经的译者菲拉列特自己还亲自编写过这类的书，马丁·路德也编写过《基督教教义大问答》（供成人阅读）和《基督教教义小问答》（供儿童阅读）。教会和政府用这些经过审查的带有权威性的书籍来引导和统一有阅读能力的人的思想，以免他们“走火入魔”。于是，我们看到，路德和菲拉列特这些历史潮流的代表最终还是成了经典崇拜的牺牲品。

[1]以上资料引自罗伦培登：《这是我的立场——改教先导马丁．路德传记》，陆中石、古乐人译，译林出版社，1995。

这些事实证明，经典崇拜史上的两个不同的阶段虽然是文化发展的结果，在一定的意义上也是文明战胜愚昧的表现，但两个阶段的更替并不证明经典崇拜的实质有什么根本性的变化。这是由专制统治的本性决定的。统治者需要经典，因为他们只靠行政的和专政的手段进行统治是不够的，茨威格说过："独裁者可以被人怕，却未必被人爱：人们屈从于恐怖统治，却未必认为它正当合理。"[1]因此他们需要经典从精神上对其统治给予支持，用以证明其统治的合理与英明。也正因为如此，统治者一直是要把人们对经典的阅读和解释控制在有利于自己统治的范围之内。过去是普通人不得阅读，只能听从有特权的人的讲解；现在则是用审定的解经之书引导和统一对经典的理解。从方法上说，如今是更文明一些（历史潮流如此，不得不文明一些），但其实质则无变化。

[1]《异端的权利》，吉林人民出版社，2000，第41页。

统治者在钦定对于经典的解释之同时，也就必然要打击对于经典的"异端"解释。中世纪在欧洲的天主教宗教裁判所所制裁的异端分子并非都是提出与宗教观念相左的科学家，更多的是天主教内部的异端分子，其中许多人正是由于对圣经提出了与正统解释不同的新的解释而被治罪的。在俄国，在由牧首尼康提出、沙皇首肯的所谓教会改革中，由于对传统的教规教礼的不同解释而处罚了大批的神职人员。

任何真正的经典，都有其历史价值与文化价值。因而可以流传下来，有的甚至可能继万世不绝。但是，由于它们都是一定时代的产物，都不可避免地带有时代的烙印，因而也都不可能成为绝对真理。世界潮流有其自己的走向，决不以个人的意志为转移，逆潮流而动者将被历史所抛弃——马克思主义正是这样教导的。

赖辉亮，厦门大学哲学系毕业，现任中国青年政治学院副教授。主要讲授哲学导论、西方哲学史、马克思主义哲学、西方哲学经典著作选读及人道主义研究等课程。主要著述有《柏拉图传》、《波普传》（合著）及论文《德与福的争论——晚期古希腊哲学的伦理学特征》、《Humanism：人文主义或人道主义》、《复兴时代人道主义思想简论》《关于自由意志的争论—从古典希腊到文艺复兴》《爱的变奏》等；译著有《性别角色心理学》（合译），《人道主义问题》（合译）及译文《朱光潜在〈文艺心理学〉中的"克罗齐主义"》、《有神论伦理学的失败》等。

爱的升华与冲突[1]
——论但丁与彼特拉克的爱

■赖辉亮

一

从文艺复兴时期开始，西方文化发生了从神圣到世俗的转化，与此相关的是，爱的意义也发生了一次转向。在基督宗教里，爱的律令占有突出的地位，耶稣视爱的律令为最高的律法，倡导信徒要爱上帝、爱邻人；要爱人如己；不仅要爱义人，也要爱不义的人，甚至要爱仇敌。基督宗教所倡导的这种爱已跨越了种族、民族、国家或地域的限制，也超越了个人利益的计算，是一种对所有人一视同仁的圣爱，特别是要对处于物质和精神困境中的人提供力所能及的帮助。当然，这种圣爱是建立在基督宗教信仰上面的，人作为上帝的造物，具有上帝的形象，人当爱上帝；而人又都作为上帝的子民，也当相爱。也可以说，这种圣爱是一种基于基督宗教信仰的博爱。文艺复兴以

❶ 在《新的生活》中，但丁以全新的手法描绘了自己年幼时对蓓雅特莉齐的奇妙的爱，这种爱既给诗人带来无限的快乐，也给诗人带来巨大的痛苦；并且描述了由这种尘世的爱情发展到精神升华的过程，由此扫除了中世纪的阴郁之气，为现代欧洲带来了一股新气象。（但丁：《新的生活》，沈默译，东方出版社2007年版）。

《歌集》可以说是彼特拉克的内心生活史，诗人运用新语言刻画了自己复杂的思想与情感，其中充满种种矛盾与折磨。他对劳拉的爱，发乎情，止乎理。在他那里，爱情第一次成为情感生活的象征，并且与他的基督教生活观尽力调和起来。（彼特拉克：《歌集》，李国庆 王行人译，广州：花城出版社2000年版）。

降，爱的意义面临一次转向，由基督宗教超越的爱，对众人的博爱转为人世间的爱，对单个人的爱慕。它直接颠倒了基督宗教爱的秩序，不是从爱上帝到爱众人，而是因爱个人而上升到对上帝的爱。它从现实的人出发，肯定了人的感性，人的形体的美与自然情感的需要，从而走向了对人的情感的追求与歌颂，从圣爱转向情爱。这种情爱在但丁（Dante，1265～1321）和彼特拉克（Petrarca，1304～1374）的诗歌里得到强烈的表达。但在他们之间，在爱的状态和取向上却存在着差别。

二

根据但丁自述，在1274年，也就是他9岁时，初次偶遇年方8岁的蓓雅特莉齐，就被她的美丽的容貌及纯洁的形象所吸引，从此，她的身影就一直在心中陪伴着他，爱情的种子悄然萌发。9年后，但丁在街边再次邂逅蓓雅特莉齐，蓓雅特莉齐的注目与问候，使他欣然陶醉，于是，陷入了对她无尽的思念。后来，在一次婚宴上，他们又不期而遇，当但丁看到高贵的蓓雅特莉齐时，感觉到一种久违的战栗，爱情的力量使他视线模糊，神情恍惚。但丁写了一系列的抒情诗来赞赏她的美貌与高贵，并抒发了自己的内心情感的体验。1290年，蓓雅特莉齐不幸染病去世，但丁备受打击，悲痛万分，他又写了一些悼念的诗，寄托哀思，抚慰悲伤。但丁把这31首诗用散文加以连缀，结为一集，取名《新生》（又译为《新的生活》）。

在《新生》中，我们可以看到，但丁为蓓雅特莉齐美丽撩人的容貌和充满爱意的明眸而动容。“爱神对她说，‘你这凡间的人啊，/为何竟是这般纯洁，这般美艳？’/眼望着她，自言自语，喃喃发誓，/上苍一定要令什么东西，稀世罕见。/她的色泽，珍珠一般，恰到好处，/ 正是姑娘的色泽，没有过分，哪怕丝毫。/她啊，真是这自然世界的最完美缔造，/只是凭借着她，美丽才有了明证。/在她那明眸的闪动之间，那双眼睛里/流淌着的，是魂灵中沉浸的爱意绵绵；/那绵绵的爱，打动了看到她的一双双明眸；/缓缓走来，在每一个看到那心灵的人的身边，/你会看到曾经展现在她脸上的爱，/没有人能够矜持，不去专心凝视她的容颜。”[1]而她优雅高贵的神态，使接近她的人爱慕之情油然而生，领略到纯然宁静的甜蜜。“如此优雅，而又那样的纯然，/我的爱人啊，在问候别人时就是这样，/令所有的语言惊悚，使所有的嗓音哑然，/也让所有其他人的眼睛无法凝神去看。/她飘然走过，感受

[1] 但丁：《新的生活》，沈默译，东方出版社2007年版，第60～61页。

着人们的惊叹，/素雅的衣袂，带起丝绢轻轻淡淡，/就好像，她是那样一个/为了奇迹的出现从天国走到凡间。/她展现着欣喜，向着凝神注视的人送去，/凭借着那双清澈的眸子，显示着心底的甘甜，/不明此情此景的人，理解这事情，万难。/从她的唇边，走出来的是/那沉浸在爱的美妙之中的魂灵，/走过来却只是说，‘我不过一缕凄婉。’”[1]

对蓓雅特莉齐的爱慕使诗人坠入情网，品尝到爱的甜美与勇气。“爱情那样长久地在我心中驻留，/已把对我心的统治当做习以为常；/起初的他似乎对我严求苛刻，/现在时分，在我的心里却又那样甜香。”[2]“真诚的爱情把我攫住不放，/它有力的束缚着我，对爱情，/凡我说过的，都要尽力履行。//其他情感都没有这么重的分量——/除非那种爱情有益于别人，/即使面临死神也高高兴兴。”[3]无尽的单相思也让诗人体会到爱情的痛苦，令人憔悴。“那甜蜜的名字（蓓雅特莉齐——引者注）叫我心酸，/一看到纸上写着这个名字，/我心里就重又勾起悲痛。//痛苦使我消瘦不堪，/脸上出现忧伤的影子，/谁见到我都十分惊恐。//哪怕是最最轻微的风/也会把我吹走，我将浑身冰凉/坠在地上悄悄死去，/伴随我的将是痛苦；/我的心儿哀伤无比，/恨不得同她永远一起隐居。/我忆起那甜蜜而欢乐的脸儿，/天堂同它永远不能相比。”[4]蓓雅特莉齐的死使诗人跌入痛苦的深渊，悲伤撕扯他的心，令他放声哭泣，感怀伤逝。“愤懑的心绪令我深深的哀痛，/这时的我，在肃穆的思念中沉湎，/那思念，也令我想起她的身影已从我的心底消失。/时常的，我也想到死亡，/那样的甜蜜，走到我身边成为一种渴望，/使红润褪去，离开我的脸颊上。/那思念，丝丝将我缭绕，/周身的痛处，我竟能清晰地知道，/却令我深深陷入悲情渺渺；/也将我的羞赧，变成/我与众生的别离；/伴着我的哭泣，在我孤单的悲伤里，/我呼喊着蓓雅特莉齐，‘难道你真的已经死去？’/呼唤时，心已走入静谧。”[5]

显然，但丁对蓓雅特莉齐的深情爱意是一种人世间的爱。有甜蜜，也有痛苦；有欢乐，也有悲伤。在他那儿，爱情首先是一种世俗的情感，是有血有肉的。他说：“爱情本身并不是一个物件，而只是一种偶然的相遇。”“当我谈到他（爱神——引者注）时，他似乎是有血有肉的，似乎是一个人”。[6]在这里，但丁所描绘的爱神既不是希腊神话中充满肉欲的爱神，也不是抽象化的泛爱众人的上帝，而是在现实中可以触摸到的与自己生命息息相关的个人。这个人就是蓓雅特莉齐，他称她为爱神。正是她触动了但丁敏感的心弦，拨动了爱情，语言化成了诗篇，如他所说：“我是一个人，当

[1] 但丁：《新的生活》，沈默译，东方出版社2007年版，第107～108页。

[2] 但丁：《新的生活》，沈默译，东方出版社2007年版，第112页。

[3] 但丁：《但丁抒情诗选》，钱鸿嘉译，上海译文出版社1988年版，第43页。

[4] 但丁：《但丁抒情诗选》，钱鸿嘉译，上海译文出版社1988年版，第32～33页。

[5] 但丁：《新的生活》，沈默译，东方出版社2007年版，123页。

[6] 但丁：《新的生活》，沈默译，东方出版社2007年版，第101页。

爱情鼓动我的时候，我依照他从我内心发出的命令写下来。”[1]他爱美，欣赏美，但不占有美。他既赞赏蓓雅特莉齐美的形体，也歌颂她的美的德行。正是对蓓雅特莉齐真挚的爱使他的精神得到升华，获得新生。这是一种纯粹的精神之爱，在他那里，蓓雅特莉齐成了一个意象——美与爱的化身。

在《神曲》里，但丁“用人们写姑娘们时从未使用过的语言”[2]，来描绘蓓雅特莉齐。在《神曲》中，引领但丁游历地狱和炼狱的，是古罗马诗人维吉尔，他象征着“理性”，使人明白罪恶的可怕，从而弃恶从善。而引领但丁游历天堂的，是蓓雅特莉齐，她象征着“爱”，使人知道只有在“爱”的引领之下，才可以达到至善之境——天堂，得到真正的幸福。这样，但丁就从对凡人的精神之爱再次升华到对上帝的神圣之爱，超凡入圣。“但丁对贝亚德（蓓雅特莉齐——引者注）的本初之爱是对一人间美貌女子的爱，但正是这种爱引导他接近了‘他’，即上帝，使他把个人的性爱升华成对上帝、圣母之爱，升华成为那种上帝对全人类的爱。性爱被罩上了宗教的崇高的光晕，而宗教的苍白的脸也因性爱的充实而呈现出生命的血色。”[3]

作为一位从中世纪到文艺复兴时期的过渡人物，但丁的思想力求世俗生活与基督宗教信仰的一致，甚至在他那里，世俗生活是以宗教信仰为依归的。所以，表现在他的爱情诗中都具有浓浓的宗教情操，虔诚、纯净、圣洁。虽然他一脚还留在中世纪里，但另一脚毕竟已跨入新时代，也具有了新时代的特点。在这点上，但丁有着清醒的意识，正如他在《致斯加拉亲王书》中谈到《神曲》时所说的：“全书的主题，仅就字面来说，不外是‘灵魂在死后的情况’，因为整部作品是针对着和环绕着它而发挥的。但是，若从讽喻方面来了解这部作品，它的主题便是‘人，由他自由意志之选择，照其功或过，应得到正义的赏或罚。’”[4]人的尊严、地位和命运由此被凸现出来，而爱作为人的核心，自然也逃不过他的慧眼。“爱情啊，我实在无法让自己视而不见，/我要，带着我的尊严，/让自己去感受生命的高贵与甘甜。”[5]

[1]但丁：《神曲》，王维克译，人民文学出版社1980年版，第298页。

[2]但丁：《新的生活》，沈默译，东方出版社2007年版，第163页。

[3]徐葆耕：《西方文学：心灵的历史》，清华大学出版社2002年版，第37页。

[4]缪朗山：《西方文艺理论史纲》，中国人民大学出版社1985年版，第297页。

[5]但丁：《新的生活》，沈默译，东方出版社2007年版，第14页。

三

如果说我们在但丁那里，更多的是看到爱的升华，那么在彼特拉克这里，更多的是爱的冲突。

1327年4月6日，23岁的彼特拉克在阿维尼翁的圣克拉拉教堂，遇见年方

20的美丽姑娘劳拉，虽然两人没有更多的交谈，但彼特拉克对她一见倾心，美丽的倩影深深印在他的脑里，挥之不去。从此之后，他写了许多十四行诗，抒发对劳拉的爱慕与思念之情。1348年4月6日，横扫欧洲的黑死病夺走了她的生命，彼特拉克闻讯后不胜悲恸，又写了一些抒情诗表达他的感怀与哀思。对劳拉的爱伴随着他一生，也成为激发他诗歌创作的灵感。后来，这些多达366首，跨度近20年的诗作，结为《歌集》，成为彼特拉克的传世之作。

在第1首诗中，彼特拉克指出人们在他的诗里，可以看到他年轻时追求爱情的乐趣，但后来他认为这种世俗之乐只是暂时的。“从这些零散的诗句中，/诸君可以听到我心灵的哀叹，/那是我青春时期的幼稚之举，/自然与现在的我不能等同一般。//在期盼与痛苦之中，/我徒劳地哭泣，思绪缠绵，/有过体验的人都说这是爱情，/我希望得到理解，而不仅仅为我惜惋。//但是很快我就发现，很长时间/我成了人们嘲讽的笑料，为此/在心灵的深处我为自己感到羞愧难言。//徒劳地追求得到的结果只是难堪，/它使我悔恨，也使我清醒地意识到/世俗的欲念之乐只是稍纵即逝的梦魇！”❶

爱情的发生只缘于与劳拉的相遇，从而一发不可收拾，对劳拉的爱永久地占据他的心房。“这是一个值得纪念的时间，/那年那月那天的那个瞬间，/还有那个值得纪念的村庄，我被俘虏了，/而俘虏我的竟是她的那双美丽的碧眼。//多么美妙啊，那第一次甜蜜的痛苦，/我尝到了爱情的滋味不同一般；/神圣的弓箭射中了我呀，深深的，/一直扎进了我的肺腑和心肝。//我在许多诗歌里呼唤夫人，/你的芳名出现在诗的字里行间，/留下了我的叹息、眼泪和心愿……//幸福啊，美好的诗篇，我用它歌颂夫人，把她思念，/再没有别的女人能将这个位置侵占。”（第61首）“我是一团火呀，美丽的目光将我点燃，/我是一只鹰呀，我将扶摇直上，/用诗的赞美，把她带上蓝天。/我不会去爱另一个女人，/没有别人能把劳拉的倩影——/我的爱，从我心中驱散……”（第23首）

正是劳拉的美丽勾起他的欲火，点燃他的爱情。“当我有机会看见您那娇媚的面庞，/我就把世界上的一切全都遗忘，/我失神而又忘情地发出声声叹息，/任绵绵细雨般的泪水在脸上流淌。//当然，您那笑脸漾出的甜美酒浆/最终会平息我强烈的情火和欲望，/我也会摆脱痛苦的爱情折磨/直到目不转睛地看见您而心情舒畅；//当我看见您那美丽的眸子/从我身上挪开了它那温情的光芒，/我的心骤然变冷，似乎已被冻僵。//爱情的眸子最终还是打开了

❶彼特拉克：《歌集》，李国庆　王行人译，花城出版社2000年版，第1页。以后引自该书，只在文中注明篇数。

我的心房，/它从我的胸中一跃而出，跟随着您，/又怕与您的眸子分离而带来忧伤！”（第17首）

爱情给诗人的内心带来甜蜜、快乐与勇气，但也令他备受痛苦的煎熬。劳拉对他的冷遇，使诗人害了单相思，在他们之间犹隔着一层薄薄的面纱。“在爱神面前我毫无防范，/从眼睛到心灵全都门扉打开，/双眼变成热泪流淌的通道和源泉。//但我以为，此情此景之下，/用箭射中我并不是什么荣耀，/因为对您，一个有防范的人，它从不会放箭。”（第3首）“摘下您的面纱吧，不论是白昼还是晚上，/哦，夫人，面纱使我看不见您的面庞，/自从您发现我对您的倾慕之情以后，/我的心中就再也不曾萌生别的什么奢望。//当我尚能控制和驾驶/毁灭我理性的感情时，/我曾窥见过您慈祥的容光；但当爱神让您发现我的感情之后，//您那金色的秀发就被纱巾遮挡，/继又收回充满爱的目光。/我越是期盼着您，越是徒劳地惆怅。//面纱隔绝了您和我，/由于我的罪过呀，不论是严冬还是酷暑，/我将再也欣赏不到您那美目闪射的温柔之光！”（第11首）

即使是这样，诗人也从不埋怨劳拉，只恨自己命运不佳，他始终都坚持着对她的爱。“虽然她让我一见倾心地爱恋，/而她却不给我一点爱的机缘，/但这仍然不能将我的初衷改变。//金色的头发中隐藏着一丝情带，/爱神用它把我死死地系结相连。/美丽的眼睛射出的光芒使我发颤，/我的心也变得噤若寒蝉一般……/她那如同闪电似的目光，/只要在我的脑中展现，/我其他的欲望就会被涤荡，消散。//而后她人转过身去，/把恬静的面庞和金色的头发遮掩，/ 继而又将纯真的目光投向别的方向，/我心中也立即出现一种失落感。/既然我为爱情而死，虽死犹荣，/我又何必让爱神将情带解开或者剪断，/虽然这免不了痛苦和死亡，但我却心甘情愿。”（第59首）

诗人意识到，爱就是一种矛盾，有甜也有苦，爱就是一种甜蜜的折磨；为了永恒的爱，人的一生要经历许多痛苦和磨难。“如果这就是爱情，那么我的感受是什么？/如果这不是爱情，天哪，它的本质又如何？/如果它是凶残的，痛苦中为什么感到甜蜜？/如果它是善良的，美意中为什么又有折磨？//如果爱火出自情愿，那又何必哭泣难过？/如果情感出自无奈，怨天尤人岂不嫌多？/啊，爱情，你甜蜜而苦涩，让人欲死欲活，/你岂能违背我的意愿而随意摆布我？”（第132首）

劳拉的死给诗人带来了永久的伤痛，也使诗人陷入了无尽的牵挂与思念，对她的爱也因此而超拔，摆脱肉欲之思，进入神圣之境，最终称劳拉为

"我青春年华以及/我成年之后的圣母和丽娘"。(第288首)"她那娴静、天使般的形象突然消遁,/在此之后,我的情绪,我的灵魂,/深感痛苦,极度悲伤,陷于绝境,/为减轻痛苦,我常常表现出自言自语行为。//这深沉的痛哭使我怨恨,/她知道,爱神也知道得更加详尽,/我的心没有什么别的安慰,/我的一生都伴随着痛苦和创痕。//死神,你的手夺走了我唯一的慰藉,/大地啊,你真幸福,你掩埋了她那/美丽可爱的姣容,又日夜厮守她的躯身;//而我却被遗弃了,无人安慰,老眼昏花,/啊啊,我充盈着爱和闪闪发亮的目光/难道从此就完全失去,尽皆消遁?"(第276首)"我的灵魂劳拉,美中之至高至上,/在人间时,上天就对她格外恩偿,/如今她过早地回到了她的故乡——/那当之无愧的星宿,神圣的天堂。//……//啊,奇妙的艺术,艺术的奇妙,/我的诗和她的容貌相得益彰,/她使我德性净化,我为她获得荣光。"(第289首)

我们可以看到,在彼特拉克抒情诗里,充满了种种爱的冲突,肉体与灵魂,现实与理想,世俗与神圣交织在一起。一方面,他以多姿多彩的笔调,歌颂劳拉的形体美和灵魂美,勾勒出了这位尘世少女的动人的美好形象;他对她倾注了所有的爱,爱得这么热烈、真挚、深沉与哀婉,这么富有人性意味。可以说,对劳拉的爱不仅是他追求尘世快乐生活的一种直接的体验,更是一种要求。另一方面,他对劳拉的爱是纯洁的、神圣的,劳拉不仅是真实可爱的恋人,更是理想化的女性,是美德的化身;他爱她的灵魂胜于肉体,从此通向上帝之爱。这种尘世之爱与上帝之爱的冲突,真实地反映了彼特拉克内心的复杂与秘密。不仅在诗中,而且在他的日常生活之中,也表现出这种冲突。一方面,他谴责阿维尼翁城教会的腐败行径,另一方面,他又接收红衣主教及主教的招待和赞助。一方面,他作为教士应该守贞;另一方面,他也没忘记肉欲的快乐,与情妇调情,并生有两个私生子。一方面,他应该遵守教义,放弃尘世的功名;另一方面,他努力写作,为得桂冠而获不朽的声誉。总之,作为一位尘世中的人,他极力追求爱情与荣誉,追求世俗欲望的满足与现实的幸福,但作为一位虔诚的基督徒,他又主张过一种符合基督宗教的圣洁生活。这种矛盾与焦虑困扰了他的大半生,虽然最终以后者占上风获得了某种程度的解决。其实,彼特拉克这种内心冲突的根源就在于他的深刻的世界观矛盾,一方面,他坦承:"我不想变成上帝,或者居住在永恒中,或者把天地抱在怀里。属于人的那种光荣对我就够了。这是我所祈求的一切,我自己是凡人,我只要求凡人的幸福。"[1]另一方面,他又强调说,

[1] 北京大学西语系资料组编:《从文艺复兴到十九世纪资产阶级文学家艺术家有关人道主义人性论言论选辑》,商务印书馆1971年版,第11页。

“在我的恋爱中从未有过任何不光彩的东西，任何肉体的东西，任何人们可以谴责的东西”❶，“我的心灵的最深处是与基督在一起的”❷。但是，无论怎样，彼特拉克的意义就在于他预示了自他之后的西方世界世俗生活的上升与神圣生活的下降的总趋势。

❶北京大学西语系资料组编：《从文艺复兴到十九世纪资产阶级文学家艺术家有关人道主义人性论言论选辑》，北京：商务印书馆1971年版，第7页。

❷保罗·奥斯卡·克利斯特勒：《意大利文艺复兴时期八个哲学家》，姚鹏 陶建平译，译文出版社1987年版，第12页。

苏格拉底的生与死❸

■赖辉亮

苏格拉底（Socrates，公元前469年～公元前399年）出生于雅典的一个普通公民的家庭，其父为雕刻家，母为助产士。早年，他曾继承父业，后来，转向致力于哲学的探究活动，从此，哲学与他结下了不解之缘。哲学在他那里，不是一门书斋里的学问，也不是猎取功名的手段，而是一种生活方式。毋宁说，他的人生与他的哲学合而为一，他的哲学就是他的人生写照，他的人生就是他的哲学注释。生为了哲学，死亦为了哲学。

苏格拉底是那种以美丽的思想怡人，而不是以美丽的身体怡人的典型。扁平的脸庞，狮形的鼻翼，宽厚的嘴唇，意味着他不是一个形象出众的人。他经常腆着大肚子，穿着褴褛的外衣，赤着脚到处行走。人们在街道上，或在市场上，或在聚会上随时可以看到他与别人辩论的身影。在日常生活中，他不理家务，不事权财，节制寡欲，善豪饮而不致乱，面对巨大的诱惑能保持巨大的自制能力。他喜欢与青年人交谈，循循善诱，诘问穷理，目光炯炯有神，透出一种超人的智慧。有时，他会突然中断活动，陷入沉思出神的状态，甚至在关键时候会出现某种灵异——神圣的声音，决断他的行为。

一

苏格拉底所处的时代，正是希腊民主制走向衰落的时代，政治动荡，价值观混乱，使多数人感到迷惑茫然。苏格拉底深刻地意识到自己所处的这种

❸《申辩篇》、《克里托篇》、《斐多篇》为柏拉图早期著作，在这三篇对话中，柏拉图为大家刻画出一个栩栩如生的苏格拉底的形象，展现了在苏格拉底的最后日子里，面对他人的指控和生存困境，他是如何对待生与死，如何追求过一种善的有意义的生活。《申辩篇》是苏格拉底针对别人的指控在雅典法庭向公民发表的自我辩护词，其中谈论到他的生平和活动，充满批判和怀疑的精神，呼唤雅典公民要关心自己灵魂的完善，并表现出对不公正判决的不妥协的决心。《克里托篇》是苏格拉底在监狱里与他的老朋友克里托的对话，克里托想方设法帮助苏格拉底越狱逃跑，但都被苏格拉底拒绝，其间他们探讨了法律与公正的问题，苏格拉底明确主张勿以恶抗恶，守法即正义。《斐多篇》是苏格拉底临死前与他的学生斐多的最后对话，在一定程度上可以说是他的哲学遗言，他主张

一位真正的哲学家是不惧死亡的，死不是意味着结束，而是意味着新生，使灵魂获得不朽。（《申辩篇》、《克里托篇》、《斐多篇》可参见《柏拉图全集》（第一卷），王晓朝译，人民出版社2002年版）。

❶《申辩篇》，见《柏拉图全集》（第一卷），王晓朝译，人民出版社2002年版，第20页。

社会环境，他清醒地认识到，政治上的不清明与不公正，一个人若要参与政治，做一个正直的人，有时是要付出生命的代价。他说：

> 凡是凭良心反对你们，或者反对任何别的有组织的民主制的人，公开阻止他的国家犯下重大错误和做不法之事的人，都不可能保全性命。正义的真正斗士，如果想要活下来，哪怕是很短暂的时间，也一定要把自己限制在私人生活中，远离政治。❶

正是据于这种考虑，苏格拉底不愿参政，担任公职，除了履行法律义务，服过兵役与担任过公民大会主席团成员之外。他以为，在私底下劝告他人为善，关心自己的灵魂，就无丧命的危险。他万万没想到，政治不修明的险恶之处就在于：一个维护正义的人，不仅在公职上，而且在私底下，有时也难于保全生命。

苏格拉底虽然想要远离政治，但政治并不曾远离他。事实上，苏格拉底在私底下对雅典民主制的批评，对大众流俗意见的批判，坚持追求真理与正义，就已经卷入了政治旋涡之中。他最后被起诉被判死刑就是一个明证。

他是雅典民主制的批评家，他反对那种公民通过抽签轮流执政的制度，也反对所有公民在公民大会上具有同等的参政权。他看到了直接民主制的缺陷就在于：公民的参政权与参政能力的不协调。因此，他批评外行执政，主张内行执政，认为民主也需要具有政治才能的执政者。他也看到了多数公民为了一己之私，受到了政治蛊惑家的鼓动，失去了正常的判断力，而滥用民主权力，民主在他们手里已经成为追逐私利的工具，而置城邦利益于不顾。正因为如此，苏格拉底深感自己肩负的使命，并把自己说成是神的使者，来拯救雅典公民，以便唤醒他们的理性、正义和责任。可悲的是，此时的雅典公民已不是伯利克里时代的人，他们已经丧失了昔日的光辉与朝气，变得狭隘与自私，民主成了大众意见的暴力。

他批判大众浑浑噩噩，缺乏理性精神，不辨正义与真理，为传统和流俗意见所左右，使雅典处于危险困境之中。他通过诘问法揭露那些以不知为知的人，在诘问的过程中，他也意识到他之所以比别人智慧，就在于自知自己无知，即自己意识到自己没有知识。所谓“知识”，在苏格拉底那里，就是关于“是什么”这一问题的回答，即寻求概念的定义，它不是一己之见或流俗的意见，而是普遍性的真理，只不过苏格拉底把知识限定在伦理范围内。

他的诘问法通常是由对方先提出一个概念的定义，由此前提推论出相互矛盾的结论，从而证明原来概念定义的错误。他正是通过诘问法，或者达到揭露对方无知的目的，或者迫使对方改变原来的看法，提出新的见解，去逼近真理。可以说，苏格拉底重要的是教给雅典人一种思考问题的方法，一种追求真理的方法，一种怀疑批判的精神。任何一个概念或理论，任何一个权威或大众意见，只要没有经过理性的思考，就既不要盲目地接受，也不要盲目地排斥，一切以理性为衡量标准。正是在这个意思上，我们才能够充分理解他所说的“未经思考的人生没有意义”这句话的意义。苏格拉底所过的人生就是一个不断思考的人生，不断怀疑批判的人生，不断追求真理的人生。

苏格拉底不仅自己使用诘问法，还教导青年使用诘问法，去挑战权威观念，挑战大众意见，揭露他们的无知和偏见。他也因此遭受到这些人的怨恨和恶意中伤，正是这些人向雅典的法庭提出诉讼，控告苏格拉底犯有两条罪：腐坏青年；引进新神，不信旧神。面对这些人的诬告，苏格拉底在法庭上慷慨陈词，据理力争，但最后仍然没有逃脱出被判死刑的命运。对于死刑的判决，苏格拉底坦然地接受了，因为在他看来，死亡并不意味着就是一件坏事，他认为那些畏惧死亡的人，好像他们知道死亡是最大的不幸，是典型的无知；真正困难的不是逃避死亡，而是逃避罪恶。

二

海德格尔说，人是向死而生存的。其实，死亡是人的生命的最终结局，每个人都要面对死亡。从某种意义上说，人一出生就意味死亡终将会降临。

知死，方能知生。所谓知死，并不是说人们能够了解到死亡降临时刹那间的生理活动。死，当然是人们不能体验到的。生时，人们不能经验到死；死时，人们已无法言说，不能把死的瞬间经历传达出来。严格地说，死了的人已经不是“人”了，而是无生命的物。正如伊壁鸠鲁所说：“死亡无非就是感觉的剥夺而已……我们活着时，死亡尚未来临；死亡来临时，我们已经不在了。”[1] 所谓知死，是指知道死是什么，为何而死，这倒是生时可以明了的。人们活着时，可以对死进行解释。对死的不同解释，就赋予死以不同的意义；不同意义的死，就会演绎出不同的人生观；不同的人生观，造就了不同的人生道路。可以说，知死就是一种解释，尽管人们对它可以做出种种不同的解释。

[1] 苗力田主编：《古希腊哲学》，中国人民大学出版社1989年版，第647页。

人们知道死是什么，为何而死，对死所抱有的态度，往往会影响到对生所抱有的态度，从而决定了人们的当下行为和生活的意义。庄子视死为自然现象，故妻死而能鼓盆而歌；伊壁鸠鲁把死看成是原子的分解，感觉的剥夺，故死不足惧。孔子虽说："未知生，焉知死？"[1]但他也说："志士仁人，无求生以害仁，有杀身以成仁。"[2]知道生的意义，也就知道死的意义，生为求仁，死为成仁。这也就是孟子所说："生亦我所欲也，义亦我所欲也；二者不可得兼，舍生而取义者也。"[3]其实，知道为何而死，也就知道为何而生；知道为何而生，也就知道为何而死。这两者是相通的，只不过死往往是理想与现实发生冲突，人们为了理想而做出选择的结果。

苏格拉底对死是什么，为何而死有充分的了解。可以说，谈论死是他的哲学主题，在《申辩篇》、《克里托篇》和《斐多篇》中，我们都可以看到他对死的解释。表面上看，苏格拉底不是在教人如何生，毋宁说，是在教人如何死。

苏格拉底被法庭判处死刑后，他直接面临的问题也就是哈姆雷特面临的问题：生还是死，这是一个问题。为了生，他可以乞怜于法庭，博得陪审团的同情；也可以接受罚款或自我流放；甚至在监狱时，可以越狱逃跑。但所有这些机会他都放弃了，宁愿接受死亡。在多数人视死亡为一件恐惧的事情时，他却把死亡看成是一件好事，视死如归。所有这些行为，都是超出常人的见识，但我们可以从他的人生哲学中找到合理的解释。

在苏格拉底的人生哲学中，贯穿着一条理性主义总的原则，即他认为一个正直的人唯一应该考虑的就是他的行为的是非与善恶，而不应该只计较个人生命的安危；只有当人们在理性上提出充分的理由时，才能说明一个行为是正当的。他说：

如果你认为一个人要在掂量了生存与死亡之后才决定是否值得在某件事上花时间，那你就错了。他在采取任何行动时只考虑一件事，这就是他的行为是否正确，无论善人还是恶人都一样。[4]

你知道，我决不从任何朋友那里随便接受建议，除非经过思考表明它是理性提供的最佳办法。这并非我的新想法，而是我的一贯做法。[5]

正是据于此，我们可以从不同的层次分析苏格拉底之所以慷慨殉道的具体理由。

❶《论语·先进》。
❷《论语·卫灵公》。
❸《孟子·告子上》。
❹《申辩篇》，见《柏拉图全集》（第一卷），王晓朝译，人民出版社2002年版，第16页。
❺《克里托篇》，见《柏拉图全集》（第一卷），王晓朝译，人民出版社2002年版，第38页。

三

作为一个好公民，苏格拉底首先表现在服从外在的规范上，认为个人的行为要受到外在的行为准则与法律的约束。在《克里托篇》中，苏格拉底阐述了他对个人行为准则与法律的认识。在《克里托篇》中，苏格拉底的朋友克里托劝他越狱逃跑，苏格拉底不从，他认为除非经过理性思考，认为逃跑是一种避免死亡的最佳方法，否则，就不应该如此行动。

在苏格拉底看来，一个人真正重要的事情不是活着，而是活得好；而活得好与活得高尚、活得正当是一回事。

所谓活得正当，首先是不以怨报怨、以恶报恶。他说："人在任何处境下都一定不能作恶。"❶"作恶在任何意义上对作恶者来说都是恶的和可耻的。"❷这表明，尽管苏格拉底认为法庭对他的判决实质上是不公正的，是一种恶的行为，但他之所以不越狱逃跑，就在于他认为逃跑本身就是一种恶行，以逃跑对待审判的不公，就是以恶报恶。这种通过报复来保护自己的行为，他认为是不正确的。作为个人行为准则，不以恶报恶，只有在政治清明并具有自纠能力的时候，它才是一种美德，它宽容了个人的过失或集体的失误；而在政治昏暗、秩序混乱的时候，它则是一种犯罪，它纵容了褊狭与邪恶，放纵了不公不义的行为。苏格拉底的不以恶报恶的行为准则，就如同他对雅典民主制的批评一样，都表明他对希腊的政治还是寄予希望的。

活得正当的第二义就是守法，苏格拉底认为守法即正义。城邦的法律是公民一致制定的协议，它规定公民应该做什么和不应该做什么。一个公民因法律而获得许多权利，却因获罪就要撕毁协议，逃避法律的制裁，摧毁法律，这在苏格拉底看来显然是不正义的。

苏格拉底尽管认为法庭对自己的审判是错误的，实质上是不正义的，但它却是符合法律程序的，有原告，有陪审团，自己也享有法律所赋予的辩护权利，最后陪审团以多数判处自己有罪，符合形式的正义。因而，他就得履行这一判决，才体现法律的公平。如果以逃跑来摆脱法律制裁，就是一种不正义的行为。因为雅典法律的原则是："任何雅典人，只要到达成年，自己能够认识国家的政体和我们这些国家的法律，如果他对我们不满，都允许他带着他的财产去他喜欢去的地方……另一方面，如果你们有人亲眼看到我们的统治是公正的，我们其他国家机构的统治是公正的，那么我们认为他实

❶《克里托篇》，见《柏拉图全集》（第一卷），王晓朝译，人民出版社2002年版，第43页。

❷《克里托篇》，见《柏拉图全集》（第一卷），王晓朝译，人民出版社2002年版，第42页。

际上就应当执行我们要他做的任何事情。”[1]事实表明，苏格拉底长期住在雅典，无疑与雅典订立了协议，这就等同于誓言要信守雅典的法律，而逃跑的行为正好违反自己许下的诺言。所以，在他看来，公民首要的义务就是服从城邦法律，城邦秩序高于个人利益；不服从法律就是一种罪恶，就是不正义。

[1]《克里托篇》，见《柏拉图全集》（第一卷），王晓朝译，人民出版社2002年版，第46页。

在这里，苏格拉底遇到了一个实质正义与形式正义的问题。有时候，形式正义并不能保证达到实质正义。如果法律规定是大家同意的，审判程序也是合乎法律规定，审判结果也采取了法律的形式，那么导致审判的不公正，并不是法律本身的问题，而是陪审团成员的理性判断能力与公心的问题。如果法是恶法，即使形式再正义，陪审团再理性，也无法达到实质正义，因为在严格意义上恶法不是法。在这个意义上，说守法是正义，无疑是为犯罪张目。正义应该高于法，成为判断善法与恶法的标准。

苏格拉底对法律的坚守，说明他还是赞同伯里克利时代的民主政治的精神，民主政治不是为少数人所独占，而是为多数人所共有；它是按照法律来统治的，在法律面前人人平等。他恪守法律，对于不合法的行为，予以抵抗。正如色诺芬所说，苏格拉底“宁愿守法而死，也不愿违法偷生”[2]。

[2]色诺芬：《回忆苏格拉底》，吴永泉译，商务印书馆1984年版，第162页。

四

第二个层面表现在内在的道德自觉上，这就是他的“美德即知识”说。

在希腊语中，美德（arete）即指物的长处与优点，对于人来说就是指人的优秀品质。苏格拉底把智慧、自制、勇敢、正义、友爱等都视为人的美德，体现了人的道德本性。

美德即知识，表明苏格拉底所要探讨的对象不是自然知识，而是道德知识，也表明他反对智者派道德上的相对主义立场。他继承了早期希腊自然哲学的理性主义传统，把它运用到道德领域之中，去寻找道德的普遍性，寻求各种美德的定义。

在苏格拉底看来，美德不仅关乎知识，更关乎实践，它不仅仅是一种理性知识，更是一种实践知识，它关涉到行为的善恶。他说：

正义和一切其他德行都是智慧。因为正义的事和一切道德的行为都是美而好的；凡认识这些事的人决不会愿意选择别的事情；凡不认识这些事的人也决不可能把它们付诸实践；即使他们试着去做，也是要失败的。所以，智慧的人总是做美而好的事情，愚昧的人则不可能做美而好的事，即使他们试着去做，也是要失败的。既然正义的事和其他美而好的事都是道德的行为，很显然，正义的事和其他一切道德的行为，就都是智慧。[1]

所谓“美德即知识”，在苏格拉底那里，就是指行德以知德为前提，人们只有知道了哪些事是应该做的，哪些事是不应该做的，才会选择做该做的事，避免不该做的事，从而达到行为的善。所以，他说“善出于知，恶出于无知”，“无人有意作恶”。反过来说“知识即美德”也同样能成立，知德必行德，行德是知德的必然结果，如果只知不行，就不是真知，而是假知。所以，知与行在他那里是内在的统一，这种统一的基础就在于理性。理性不仅能认识何谓美德，而且理性还是一种力量，要求把认识中的美德付诸实践，使行为合乎道德规范。

美德即知识的另外意义还在于它反对以往的一个流俗的意见：美德即惯例。遵守惯例、习俗、传统与权威，就是美德，而不省察这些事情是否合乎理性。美德即知识就在于打破这一观点，要求用理性去衡量旧事物是否合理，是心智觉醒的一种表现，也是一种带有颠覆性的行动。遵守城邦的法律，服从以前的哲学权威，听从大众的意见，即是遵从旧惯例，所有这一切，统统是苏格拉底要加以怀疑的。他恪守理性，顺从心灵的良知，引进新知识与新道德标准，无疑是向旧势力宣战，他的悲剧也就由此埋下了。

对于美德即知识的观点，亚里士多德是持批评态度的。他指出，苏格拉底往往把美德看做知识，因而只与灵魂的理性部分有关，而与灵魂的非理性部分无关，这实际上也就取消了美德与激情和性格的联系。在亚里士多德看来，知与行是不一样的。知德与行德有联系，并不等于知德就必行德。行德是一种实践行为，要把知德转换为行德，光有理性是不够的，必须有激情和意志的参与。一个具有道德知识的人，并不一定就是一个道德的人，正如知道公正的人不会马上变得公正一样。[2]亚里士多德对苏格拉底的批评是有道理的，苏格拉底的“美德即知识”不具有普遍性，在现实生活中，确实存在知德不行德的现象。不过，在苏格拉底那里，这两者并不存在不一致，他是从理想的角度去追求一种完美的人格，即知与行的合一。他是这么说的，也是这么做的。

苏格拉底的知行合一也不同于儒家的知行合一。在苏格拉底那里，道

[1]色诺芬：《回忆苏格拉底》，吴永泉译，商务印书馆1984年版，第117页。

[2]苗力田主编：《古希腊哲学》，中国人民大学出版社1989年版，第223页。

德是一种概念的知识，可以推理获得；所谓道德实践，就是把道德知识应用于现实的个人行为，使行为合乎道德知识的要求。道德知识既是行为的出发点，也是行为的目标。在儒家那里，道德是一种德性之知，一种亲知，一种道德功夫，而不仅仅是一种概念知识，它必须在较长的实践过程中才能掌握，最后达到孔子所说的“从心所欲，不逾矩”的境界。在苏格拉底那里，人的道德行为是道德知识指导与应用的结果；在儒家那里，人的道德行为是由道德修炼、道德功夫而升华的道德境界的自然结果。

可以说，亚里士多德的伦理学是常人的伦理学；苏格拉底的伦理学是哲人的伦理学；儒家的伦理学是圣人的伦理学。

正是由于这种内心的道德自觉，苏格拉底愿意为自己的道德理想而死。

五

第三个层面表现在他的形而上学上，即他的灵魂学说，这是《斐多篇》中谈论的主题。

“关心你的灵魂”是苏格拉底的箴言。在希腊语中，美德原指物的长处，正是苏格拉底把美德引向了内在的善，即追求灵魂的善，强调关心灵魂比关心身体与权财等外在的善更为重要。这样，美德由指物的长处，转向指人的优秀，特别是指人的灵魂的优秀。因此，他经常规劝人们首先要关注的不是自己的身体或职业，而是自己灵魂的最高幸福，他常对别人说财富不会带来美德，但美德会带来财富和其他各种幸福。

在《斐多篇》中，苏格拉底认为，人由灵肉两部分构成。人有肉身，既是一种现实，也是一种桎梏，因为人的肉身欲望总会侵袭灵魂的纯洁性。正如老子所说：“吾所以有大患者，为吾有身也。及吾无身，吾有何患？”[1]现实中的人总是感受到灵与肉的冲突，唯有哲学家强烈地意识到这种冲突，并且要求从这种冲突中解放出来。所以，他主张“哲学家要练习死亡”。所谓死亡，在苏格拉底看来，无非是灵魂与肉体的彻底分离，灵魂永不受欲望的纠缠。哲学家作为活着的人，也有肉身，因而他们只能是练习死亡，即用自己的理性去控制欲望，不受欲望的诱惑，不被欲望牵着走，使自己完全听从理性，成为自由之身。这就是苏格拉底赋予灵魂所具有的伦理功能，也即是他常常告诫人们要关心自己的灵魂的意思。当灵与肉、理想与现实的冲突不可调和时，人们要么背叛自己的理想，无原则地求生，要么坚持自己的

[1]《老子》第13章。

理想，选择死亡。在苏格拉底看来，这时，人们选择死亡并不是不可以接受的，死亡反倒成了一种正当的行动，这种死并不是一种痛苦，一种恐惧，而是一种幸福。他说：“真正的哲学家为他们的信念而死，死亡对他们来说根本不足以引起恐慌。”[1]

在苏格拉底那里，灵魂不仅具有伦理功能，还具有认识功能。灵与肉的对立在伦理上表现为理性与欲望的对立，在知识论上则表现为理性与感性的对立。他认为，正是理性认识了真理，认识了善、美、正义、自制、勇敢、爱等自身，才使善行成为可能。知识论上的理性不只是一种思维能力，更是一种对真理的把握，知识理性成为了实践理性的基础，知德成为了行德的前提。那么，人如何才能认识真理？按照苏格拉底的看法，感官对事物的认识是不可靠的，通过感官去认识事物，会使灵魂完全变瞎，唯有灵魂能够认识到事物的实质。他说：“如果我们要获得关于某事物的纯粹的知识，我们就必须摆脱肉体，由灵魂本身对事物本身进行沉思。”[2]这就意味着，只有在人死后，灵魂与肉体彻底分离，才能获得纯粹的知识，人活着，只能接近它而已。这样，在苏格拉底那里，也就预设了灵魂的独立存在。作为活着的哲学家，他的灵魂只能接近真理，唯有死亡，他的灵魂才拥有真理而获得真正的不朽。哲学家的灵魂“通过追随理性和做哲学的永久同伴来免除欲望，它通过对真实的、神圣的、不可推测的事物的沉思来从中吸取灵感，因为这样的灵魂相信这是它生活的正确方式，当肉身死后，它可以达到一个与它自身性质相关和相同的地方，在那里可以永远摆脱凡人的疾病”[3]。

所以，在苏格拉底那里，灵魂还具有形而上的意义，他预设了灵魂的独立存在与不朽，成为人死后实现最后公正的前提。他说：

> 如果死亡是一种摆脱一切的解放，那么它对恶者来说是一种恩惠，因为借助死亡，他们不仅摆脱了身体，而且也摆脱了他们与灵魂在一起时犯下的罪恶，然而实际上，由于灵魂是不朽的，因此除了尽可能变得善良和聪明以外，它不能逃脱恶而得到平安。[4]

灵魂因其善恶而将受到奖罚。恶的灵魂将被贬下地狱，善的灵魂将被升上天界；恶的灵魂因其不能摆脱欲望或犯罪转世只能成为不同等级的动物，善的灵魂因其自制或彻底摆脱欲望转世而成为体面的人或哲学家。

苏格拉底在《斐多篇》中极富想象力地解释大地、河流、天界的形成，

[1]《斐多篇》，见《柏拉图全集》（第一卷），王晓朝译，人民出版社2002年版，第65页。

[2]《斐多篇》，见《柏拉图全集》（第一卷），王晓朝译，人民出版社2002年版，第64页。

[3]《斐多篇》，见《柏拉图全集》（第一卷），王晓朝译，人民出版社2002年版，第89页。

[4]《斐多篇》，见《柏拉图全集》（第一卷），王晓朝译，人民出版社2002年版，第121页。

并结合希腊神话，赋予它们不同的道德意义，从而为不同的灵魂找到适当的居所。不过，对这种超自然的解释，苏格拉底还是有相当自觉的，他说："有理性的人一定不能坚持说我所描述的情景完全是事实。但是我的描述或其他类似的描述真的解释了我们的灵魂及其将来的居所。因为我们有清楚的证据表明灵魂是不朽的，我想这既是合理的意向，又是一种值得冒险的信仰，因为这种冒险是高尚的。我们应当使用这种解释来激励我们自己的信心。"[1]什么信心呢？这就是他终生强调的追求灵魂的完美。美好的灵魂才能去一个美好的居所，在那儿，它将获得永生。他说："有一个办法可以使人免除所有对自己灵魂将来命运的担忧，这就是在生前抛弃肉体的快乐与装饰，对他的目的来说，这些东西带来的损害大于好处，献身于获得知识的快乐，以此使他的灵魂不是拥有借来的美，而是拥有它自身的美，使他的灵魂拥有自制、良善、勇敢、自由、真理，使它自己适宜旅行去另一个世界。"[2]

[1]《斐多篇》，见《柏拉图全集》（第一卷），王晓朝译，人民出版社2002年版，第128页。

[2]《斐多篇》，见《柏拉图全集》（第一卷），王晓朝译，人民出版社2002年版，第128页。

苏格拉底能视死亡为幸福之事，正是出于他这种的灵魂完善与不朽的信仰，灵魂因摆脱欲望而完善，因拥有真理而不朽。这样的灵魂在人死后就能达到自由自在的永生世界，神圣灵魂的世界。对神灵世界的信仰，是他从容赴死的理由之一。

六

苏格拉底殉道的最后根据还与他的宗教信念有关。表面上看，他的宗教信念与他的彻底怀疑的理性精神是不协调的，但从某一方面看，它们的内在精神是相通的。

在苏格拉底年代，信奉宗教是人们日常生活的一部分，在这一方面，苏格拉底并没有否定雅典人所信仰的神。苏格拉底不同于其他的雅典人，在于他赋予神以新的意义。

首先，苏格拉底所指的神已不同于雅典人所信奉的神。后者主要以荷马和赫西俄德的人格神为信仰体系，这种神与人同型同性，具有人的优点和缺点，只不过在程度上比人强大，神与神之间，神与人之间相互嫉妒、争斗、欺骗、犯上作乱、乱伦通奸，等等。在苏格拉底看来，神应是善良的、智慧的、不说谎的。在《申辩篇》中，他说是神派遣他来拯救雅典的，让雅典恢复昔日的光辉，成为希腊的榜样。在求证神谕说苏格拉底是希腊世界最有智慧的人的过程中，他得到的结论是神谕没有说谎，他发现神谕说苏格拉底有智慧，其意思在于别人以不知为知，而他自知自己无知。在这一点上他比别人有智慧，而且神谕也正是要通过这一点进一步说明人只能追求智慧，只有神才拥有智慧。这是苏格拉底对希腊宗教人格神的改造，具有重大意义，关系到他对自己人生使命的理解。

其次，苏格拉底相信灵异（Daimon）这种超自然的活动，他说“我有过惊人的体验。我已经习惯了灵异的声音，它在过去一直是我的伴侣，如果我将要做什么错事，无论事情多么微小，它都会加以阻止。”[1]他又认为，相信有超自然的活动，就必然相信有超自然的存在，正如相信有马的活动，就必然相信马的存在，这超自然的存在就是神。也正是如此，他否定人们指控他不信神，不敬神的行为。

按色诺芬的理解，其他雅典人求教于异兆或祭祀避开不利的事情，这是神通过这些媒介向他们显示的，但苏格拉底“照着心中的思想说话，因为他说，灵异是他的劝告者。”[2]灵异向他显示什么是不该做的，从而使他避免不利的事情，在这一点上，他与那些求助于异兆的人一样，相信神的存在，但神在苏格拉底这里已经有了新的意义。所谓按照灵异行事，就是按照心中的思想行事，它阻止苏格拉底做不该做的事，不阻止他做该做的事。这种灵异可以理解为一种理性直觉的应用活动，对当下的行为发出应当或不应当的命令。因此，灵异在苏格拉底那里尽管是一种神秘经验，但已具有理性的色彩。因此，他所说的神已不是希腊宗教的人格神，而是具有理性品格的神。在《申辩篇》中，他就强调灵异并没有出现，来阻止他接受死刑的判决，因此，他认为赴死就是一个正当的行为，也是神的一种安排。

第三，苏格拉底把诘问他人，追求智慧的哲学生活看成是一种有意义的人生，是一种神圣的使命，因而很容易与传统的神的信念联系起来，相信这是神赋予他的历史使命。他声称，自己是神的使者，是神赐给雅典的礼物，像马虻刺激慵懒的马一样，神要他来唤醒、劝导昏睡麻木的雅典人。他宣告，是神指派他过一种哲学的生活，对自己和他人进行考察。因此，他要尽一切力量去完成他的宗教义务。他说：

我宁愿服从神而不服从你们，只要我还有生命和能力，我将永不停止实践哲学，对你们进行规劝，向我遇到的每个人阐明真理。我将以我通常的方式继续说，我的好朋友，你是一名雅典人，属于这个因其智慧和力量而著称

[1]《申辩篇》，见《柏拉图全集》（第一卷），王晓朝译，人民出版社2002年版，第30页。

[2]色诺芬：《回忆苏格拉底》，吴永泉译，商务印书馆1984年版，第2页。

于世的最伟大的城市。你只注意尽力获取金钱，以及名声和荣誉，而不注意或思考真理、理智和灵魂的完善，难道你不感到可耻吗？[1]

[1]《申辩篇》，见《柏拉图全集》（第一卷），王晓朝译，人民出版社2002年版，第18页。

七

以上种种描述表明：苏格拉底是为了法律的公正，道德的理想，灵魂的净化与宗教的信念而死。他对死亡的意义有着深刻的了解，这使他的死亡行为显得平静、自然。在他那儿，死并不是悲剧，悲剧的解释是我们加予他的，因为我们如同他所批评的那些人一样，把死当成了一件不好的事。我们总认为一个不应该死的人死了，不免具有几分悲剧的色彩，但在苏格拉底看来，死是应该的，是人成其为人的行为，而非苟且偷生，背叛自己的信念。死亡是理想不屈服于现实，灵魂不屈从于肉欲，德性不屈就于快乐的结果。我们虽然无法用苏格拉底的道德标准来衡量每个人的行为，但我们也无法否认一个人可以为了自己的信仰而舍去最可贵的生命，无论这种信仰是科学的真理、社会的真理、宗教的真理，还是道德的理想。苏格拉底的死体现了人的尊严与高贵，他不是一个卑微的人，而是一个名副其实的大智大勇的人。他的死不是他个人的悲剧，而是社会的悲剧，一个社会无法使自己最优秀的人物生存下去，不能不说是这个社会的大悲剧。就个人而言，苏格拉底的死是美丽的，他把死亡的行为升华到审美的境界。

在苏格拉底那儿，生为了哲学，他充满怀疑和批判的精神，追求真理，关心公众事务，被后人树为好公民的典型；死亦是为了哲学，他不背叛自己的理想与信仰，与黑暗的现实不妥协不投降。他活得纯粹，不苟且，死得坦然，不悲戚。哲学在他那里原来就是一种生活方式。他一生过着一种热爱智慧的生活，最后为追求智慧奉献出自己的生命。正是这种爱，使他乐于牺牲。他懂哲学，也用哲学。

肖峰，哲学博士，毕业于中国人民大学，现任中国青年政治学院教授，图书馆馆长，华南理工大学和山西大学博士生导师，兼任中国技术哲学研究会常务理事、中国自然辩证法研究会科技文化专业委员会副主任、北京市哲学会理事等社会职务。曾在美国麻省理工学院、英国爱丁堡大学进修和研究。在《中国社会科学》、《哲学研究》、《哲学动态》、《自然辩证法通讯》、《自然辩证法研究》、《光明日报》等刊物上发表论文和学术文章共200余篇；出版个人专著11部、合著和译著20余部；主持国家社会科学基金项目、教育部人文社会科学基金等项目多项；获得过北京市优秀教师、北京市哲学社会科学优秀科研成果一等奖和广东省哲学社会科学优秀科研成果二等奖等多项荣誉。

多元汇聚的信息技术决定论
——初读媒介思想家的几本当代经典

■肖 峰

在信息时代，不少当代思想家表现出对“信息技术”之社会功能的极大兴趣，形成一股强大的“信息技术决定论”的思想潮流，实际上成为信息主义的社会哲学或历史哲学形态。在这个领域中，麦克卢汉和波斯特的观点成为典型代表，而反映这些观点的《理解媒介——论人的延伸》、《信息方式》等，也已经或正在成为可以帮助我们阅读信息时代的经典。

一、麦克卢汉的媒介决定论

马歇尔·麦克卢汉（Marshall McLuhan，1911～1980），加拿大传播

理论家，是20世纪60年代最走红也最富有争议的思想家之一。20世纪90年代他被认为是“IT时代的先知”，其主要著作有《机器新娘：工业人的民俗》（1951）、《谷登堡星汉璀璨：印刷人的诞生》（1962）、《理解媒介——论人的延伸》（1964）、《文学之声》（二卷，1964 / 1965）、《语言•声像•视像探微》（1967）等。《纽约先驱论坛报》把他誉为“继牛顿、达尔文、弗洛伊德、爱因斯坦和巴甫洛夫之后的最重要的思想家”，说他是“电子时代的代言人，革命思想的先驱[1]。”因为他并没有活到数字时代的完全来临，他于1980年的最后一天去世，“差不多就倒在个人电脑革命的门槛上”[2]，在互联网兴起的前夜离开了这个世界。从他第一本书（《机器新娘》）出版的1951年直到他去世的时候，电视完全支配着人们的公共生活和私人生活，但他对新的媒介的分析却远远走在时代的前面，以至于“他已经去世20年，但是他还是我们这个世界的导游[3]。”还可以说，“数字时代既可以用麦克卢汉来解释，也可以使麦克卢汉的思想更加凸显出来[4]。”而且，由于他的“媒介”并未专指电子信息技术，所以更具有广义性，其对社会的影响也就更具较大的历史跨度。[5]再则，他弟子的思想对其结合数字时代特征的重新解读，使其有了重返社会舞台的趋势。尤其是1999年他的朋友和门人莱文森出版了麦克卢汉的传记《数字麦克卢汉——信息化新纪元指南》，使得麦克卢汉的复兴从某种程度上落到了实处，莱文森则被称为“数字时代的麦克卢汉”。以下介绍的内容就包含了莱文森对麦克卢汉思想的概括和发挥。

麦克卢汉的一个总体观点是“媒介塑造历史”，此话出自他的一段评语：“汤因比一点不了解媒介是如何塑造历史的。”[6]其中所体现的他的看法是：人类的发展史就是一个由媒介的发展所决定的历史。他不仅有媒介历史观，而且还有媒介本体论的思想；他对媒介如此重视，以至于他的思想被有的国内学者称为“媒介哲学”，在国外则有人称之为“麦克卢汉主义”。他的这种理论直接与他参与创立的“多伦多学派”的主张是一致的。多伦多学派或多伦多传播学派是20世纪60年代由加拿大多伦多大学学者哈罗德•英尼斯（Harold Innis）、艾瑞克•哈夫洛克（Eric Havelock）和麦克卢汉共同创立的，其研究重点是寻求某一时代起主导作用的媒介科技与社会之间的关系，主要研究媒介对社会的影响、媒介与社会整合、社会变化之间的关系等问题。这一学派一开始就被评价为一种带有“媒介中心论”倾向的技术决定论，因为它过于集中地探讨某种特定的媒介科技导致社会变迁的问题，而轻视其他因素。例如，英尼斯就明确地将连续的古代文明的典型特征归结于当

[1] [美]保罗•莱文森：《数字麦克卢汉——信息化新纪元指南》，何道宽译，社会科学文献出版社，2001年，译序第2页。

[2] [美]保罗•莱文森：《数字麦克卢汉——信息化新纪元指南》，何道宽译，社会科学文献出版社，2001年，第1页。

[3] [美]保罗•莱文森：《数字麦克卢汉——信息化新纪元指南》，何道宽译，社会科学文献出版社，2001年，第19页。

[4] [美]保罗•莱文森：《数字麦克卢汉——信息化新纪元指南》，何道宽译，社会科学文献出版社，2001年，第59页。

[5] 严格的狭义的“媒介”是指传播信息符号的物质实体。施拉姆认为：“媒介就是插入传播过程中，用以扩大并延伸信息传送的工具。”参见威尔伯•施拉姆等：《传播学概论》，陈亮等译，新华出版社，1984年，第123～129页。

[6] [加]马歇尔•麦克卢汉：《理解媒介——论人的延伸》，何道宽译，商务印书馆，2000年，第46页。

时盛行和占主导地位的传播方式。

在“媒介决定论”中，麦克卢汉阐述了这样的基本观点：任何技术都倾向于创造一种全新的社会环境，信息技术也不例外，尤其是信息传播方式的任何一次变革都会引起社会的巨大变化，以至于一个时代的标志便是这个时代所用的媒介。历史文化中一切的变化，都是媒介变革的结果，都可以从媒介中得到理解。媒介可以帮助我们理解历史的一切进程和现象，传播媒介是区分不同社会形态的标志。

在麦克卢汉看来，三种主导媒介决定了历史的三大宏观阶段：一是无文字、非拼音的象形文字或会意文字，这种主导媒体决定了第一阶段的文化：整个原始文化和拼音文字以前的那些古文明（如埃及、两河流域、克里特、小亚细亚、印度河流域、中国、中亚等）；二是从拼音文字到印刷媒介的出现，这是西方文化在分散世界史中的阶段，以及现代社会在西方兴起并向全球扩张，把全球带入统一世界史的阶段；第三阶段以电力媒介（通常又译为“电子媒介”）为主导，从电报（1844）、电话（1877）、电影（1895）、广播（1906）到电视在20世纪五六十年代普及，显出电力媒介进入主导地位。根据媒介技术的不同可以将文化史的时代区分为：口头文化—书写文化—活字文化—电子文化，相应的技术时代则可区分为：原始技术—活字或机械技术—电子技术；由此媒介技术与人类文化的历史发展形成对照。当然，随后还有麦克卢汉没有看到的电脑和网络在90年代的普及，其社会特征便是由许多思想家都已论述过的“信息社会”。

更简要地说，麦克卢汉认为人类历史上爆发了三次伟大的媒介革命：口语、拼音文字和机器印刷、电子媒介，由此使得人类社会经历了三个发展阶段：部落化、非部落化（机械文明）和重新部落化（电子文明）。在原始社会，口语是主要的传播媒介，由于听力的物理限制，人们必须生活在空间狭小的部落群体之中，以相互保持近距离的密切联系；文字和印刷媒介产生之后，人们的交流和传播不再以物理空间的接近性为前提，人类可以分散到广阔的地域，人与人的关系变得疏远，部落社会便发生了解体。电子媒介尤其是互联网的普及再次改变了这种状况，它们以接近于实时的传播速度和强烈的现场感把遥远的世界拉得很近，人与人之间的感觉距离大大缩小，于是人类在更大的范围内重新部落化，整个世界变成了一个新的“地球村”。目前，由于不同媒介对处于不同文化形态的地域的影响，使得“西方正由于电子媒介而经历着非西方化，非洲则因印刷术而经历非部落化”[1]。所以媒介史

[1] [加]马歇尔·麦克卢汉：《理解媒介——论人的延伸》，何道宽译，商务印书馆，2000年，第130页。

就是人类的文明史：媒介工具通过控制和改变人类活动的尺度与形式，引起了社会文化乃至社会形态的变迁。

媒介影响和决定历史还表现在许多具体的方面，例如媒介技术造就了人际关系的性状："正如机器在塑造人际关系中的作用是分割肢解的、集中制的、肤浅的一样，自动化的实质是整体化的非集中的、有深度的。"[1]这种影响不仅仅是个体性的，更是整体性的："使用一个媒介时，它对社会产生的深刻影响，比个人用这个媒介具体做什么更加重要。"[2]或者也可以这样解释：一种新的传播媒介一旦出现，无论其传递什么样的具体内容，这种媒介本身就会给人类社会带来某种信息，对人的生存方式产生影响。所以"我们对任何传播媒介的使用产生的冲击力，远远超过它传播的特定内容。换句话说，媒介所能传输的东西——比如看电视的过程，对我们生活的影响，远远超过了我们看的具体节目或内容。"[3]这里明显地表达出一种技术主义进而信息技术决定论的旨趣。

在这里，他的"媒介即讯息"的著名观点也随之凸显出来。他甚至认为，媒介的外在形式决定着媒介的内容表达，比如，广播的语言文字和电视的语言文字是有着很大的不同的，而广播、电视的语言文字和报纸的语言文字差异又是很大的。按照他的说法，呈现内容的技术和内容本身是一样重要的。例如，个体通过报纸、电视节目或互联网获得有关总统大选的消息时，新闻内容本身是相同的，但是，个体如何感受这些消息却随呈现信息的媒体形式的不同而有所不同。

在麦克卢汉看来，媒介还决定了社会治理的不同理念和模式的出现："从社会角度来说，印刷术这种人的延伸产生了民族主义、工业主义、庞大的市场、普及识字和普及教育……它把个人从传统的群体中解放出来，同时又提供了一个如何把个体凝聚成一股强大力量的模式。"[4]他认为轮子和道路是形成集中制的媒介，因为它们造成了辐射模式即中央边缘模式，"中央权力到达边缘地区要借助道路和轮子"；"然而，加速运转超过某个程度，当它通过汽车和飞机而达到这个程度时，它就在原有的集中制之内造成非集中化的过程。"广而言之，"一切电力形态都有非集中化的效果"。[5]再如，广播就造成了一种特殊的政治治理模式：可听不可问，不能记录任何相左意见和反对声音，听广播的人就像家中匍匐在父亲脚下的孩子，造成了举国一家的政治格局。广播时代也造就了20世纪最强大的四位政治领导人：斯大林、希特勒、丘吉尔和罗斯福，所以麦克卢汉说，"倘若电视出现在电台之前，

[1] [加]马歇尔·麦克卢汉：《理解媒介——论人的延伸》，何道宽译，商务印书馆，2000年，第33页。

[2] [美]保罗·莱文森：《数字麦克卢汉——信息化新纪元指南》，何道宽译，社会科学文献出版社，2001年，第5页。

[3] [美]保罗·莱文森：《数字麦克卢汉——信息化新纪元指南》，何道宽译，社会科学文献出版社，2001年，第49页。

[4] [加]马歇尔·麦克卢汉：《理解媒介——论人的延伸》，何道宽译，商务印书馆，2000年，第220页。

[5] [加]马歇尔·麦克卢汉：《理解媒介——论人的延伸》，何道宽译，商务印书馆，2000年，第234～235页。需要指出的是，麦克卢汉的媒介概念是广义的，它不仅指语言、文字、印刷物、电信和广播电视，而且包括各种交通运输工具在内。当然主要还是信息技术意义上的媒介，本文也主要是从这个角度来阐释的。

希特勒这样的人是不会出现的”[1]。电视时代造就了肯尼迪，他不仅说得漂亮，而且长得漂亮。“肯尼迪在许多方面是第一位上电视最成功的总统，他继承了罗斯福广播讲话的驱力和热情”[2]。但是，这两种媒介又有共同性，“广播电视只造就领袖和明星，而不是普通的大众成员”[3]。而电子媒介则与此不同，这就是莱文森所作的进一步延伸到对因特网的政治效应的分析：人们可以在因特网上直选，参与国家大事，因特网上的地球村本来就是一种治国机制，在因特网上“信息的撒播正在创造一个新的权力结构：‘处处是中心，无处是边缘。’”[4]网络时代对政府的权力集中构成强大的挑战，“政府控制信息的企图，一般说是不成功的”。“政府越是集权，它越是不能控制信息”[5]。所以，“电视也好，广播也好，书籍也好——过去的媒介没有一个能够像因特网一样提供类似的一揽子机会和冲击力”[6]。某种意义上，电视政治就更是一种“精英政治”，相比之下，网络政治更容易被视为一种“大众政治”。

在麦克卢汉看来，信息或媒介的形式决定了文明的形式，“西方文明的整个观念也是从发明拼音文字派生出来的”[7]。与此相反，中国发明的印刷机，比欧洲的谷登堡至少要早500年，可是它为什么没有用印刷机来推动报纸和书籍之类的大众媒介呢？麦克卢汉意识到，中国的会意文字不太适合互换性的活字排版，由此形成了与西方不同的文明。而总体上，“媒介的成功与否，在一定程度上依赖与其他媒介的兼容性”[8]。会意文字与拼音文字对人和社会的不同影响是广泛的，甚至可视为文明文化的不同风格从而发展路径不同的内在要素之一，今天我们谈论“中西文化差异”时，一个不能忽视的方面就是表达或承载文化信息的文字形式的差异，以及由此造成的其他表层的差异，从中足以看到在媒介层面上显示出来的文明演化的历史根源。

这就是说，有什么样的媒介，就有什么样的文化；因为有什么样的媒介，就有什么样的感知模式，从而就有什么样的世界结构。这就是媒介对人的普遍改变：“任何媒介的使用或人的延伸都改变着人际依存模式，正如它改变我们的各种感觉的比率一样。”[9]例如：“麦克卢汉首先关心的一个问题，是拼音字母和印刷机对人的影响。这两种媒介鼓励我们把世界看成是一串分离的源头和碎片，使我们与之拉开距离。合上书就是与书拉开距离的例子。麦克卢汉认为，这种抽象的、序列的视野取代了过去的‘声觉’方式。按照过去的‘声觉’方式，我们对世界的感觉是同时完成的，我们把周围的整个世界作为一个整体，觉得我们自己和世界互相渗透，世界是我们的延

[1] [美]保罗·莱文森：《数字麦克卢汉——信息化新纪元指南》，何道宽译，社会科学文献出版社，2001年，第98页。

[2] [美]保罗·莱文森：《数字麦克卢汉——信息化新纪元指南》，何道宽译，社会科学文献出版社，2001年，第221页。

[3] [美]保罗·莱文森：《数字麦克卢汉——信息化新纪元指南》，何道宽译，社会科学文献出版社，2001年，第103页。

[4] [美]保罗·莱文森：《数字麦克卢汉——信息化新纪元指南》，何道宽译，社会科学文献出版社，2001年，第8页。

[5] [美]保罗·莱文森：《数字麦克卢汉——信息化新纪元指南》，何道宽译，社会科学文献出版社，2001年，第87页。

[6] [美]保罗·莱文森：《数字麦克卢汉——信息化新纪元指南》，何道宽译，社会科学文献出版社，2001年，第222页。

[7] 埃里克·麦克卢汉，弗兰克·秦格龙编：《麦克卢汉精粹》，何道宽译，南京大学出版社，2000年，第364～365页。

[8] [美]保罗·莱文森：《数字麦克卢汉——信息化新纪元指南》，何道宽译，社会科学文献出版社，2001年，作者中文版序第1页。

[9] [加]马歇尔·麦克卢汉：《理解媒介——论人的延伸》，何道宽译，商务印书馆，2000年，第127页。

伸，我们也是世界的延伸。”[1]

不仅不同的媒介形式决定了不同时期的文化特征，而且媒介的交错影响，又造成了一些新的文化演变格局，“电力时代的加速度对偏重文字和线性逻辑的西方人的破坏性，和罗马的纸路（印刷术和道路）对部落村民的破坏力一样大”[2]。所以，媒介是巨大的社会象征，它们不仅传递信息，而且告诉我们存在着什么样的世界；它们不仅激发并愉悦我们的感官，而且通过改变我们使用传感系统的比例来改变我们的性格，因为媒介决定并限制了人类进行联系与活动的规模和形式。

甚至可以说，印刷术造就了现代性，而电子媒介则是今天的“阿基米德支点”：“印刷术是复杂手工艺的第一次机械化。它创造了分布流程的分析性序列，因此就成为接踵而至的一切机械化的蓝图。印刷术最重要的特征是它的可重复性。这是一种可以无限生产的视觉性表述。它的可重复性是机械原理的根源。谷登堡以来使世界为之改观的就是这个机械原理。印刷术产生了第一个整齐划一的、可重复生产的产品。同样，它也就造就了福特牌汽车、第一条装配线和第一次大批量生产的商品。活字印刷是一切后继的工业开发的原型和范型。没有拼音文字和印刷机，现代工业主义是不可能实现的。我们需要认识到这一点：作为印刷术的拼音文化不仅仅塑造了生产和营销，而且塑造了生活的一切其他领域，从教育到城市规划都是如此。”[3]也就是说，工业革命是由印刷术引起的，近代和现代西方的一切文明，似乎都是印刷术产生的。而到了电子信息时代：“电子媒介成为阿基米德所说的能移动地球的‘支点’，它站在了人们的眼睛、耳朵、神经和脑子上，让世界按其意愿以任何速度和模式运动。”[4]在他看来，只有电子媒介是人的神经系统的延伸，以前的一切媒介都是人的部分的延伸，而目前，书籍正在被电子媒介挤压到靠边的位置。电子媒介正在成为主导媒介。这种媒介结束了陈旧的二分观念，即文化与技术、艺术与商务、工作与闲暇的二分观念，其重要意义在于：谁掌握了电子媒介，谁就左右这个世界。

信息技术的形式还决定了人的特征。例如，印刷术也有心理和社会的影响，这些影响突然改变了以前的文化边界和模式，粉碎了束缚部落人的枷锁，“使之爆炸而为具有个性的个体”[5]。而电子时代的人是“信息采集人”[6]，是感知整合的人。于是“电视一代”与“书本一代”之间代沟的存在自然就具有了媒介的原因。在新的时代通常我们还会问道：在网络、电视、广播和电话上，我们的身体发生了什么变化？除了血肉之躯不复存在外，我

[1] [美]保罗·莱文森：《数字麦克卢汉——信息化新纪元指南》，何道宽译，社会科学文献出版社，2001年，第7页。

[2] [加]马歇尔·麦克卢汉：《理解媒介——论人的延伸》，何道宽译，商务印书馆，2000年，第103～131页。

[3] [加]埃里克·麦克卢汉，弗兰克·秦格龙编：《麦克卢汉精粹》，何道宽译，南京大学出版社，2000年，第370页。

[4] [加]马歇尔·麦克卢汉：《理解媒介——论人的延伸》，何道宽译，商务印书馆，2000年，第105页。

[5] [加]马歇尔·麦克卢汉：《理解媒介——论人的延伸》，何道宽译，商务印书馆，2000年，第218，219页。

[6] [加]埃里克·麦克卢汉，弗兰克·秦格龙编：《麦克卢汉精粹》，何道宽译，南京大学出版社，2000年，第10页。

们的身体还发生了什么变化呢？它成为可以刹那之间传输到任何地方的精神，这就是从实体运输到虚体传播（传播与运输的不同之处），或许也类似于在量子信息学中所正在热烈探讨的“量子隐形传态”，抑或说电子时代还会使人成为“无形无象之人”。

麦克卢汉及其后继者的思想引起了相关领域的极大重视，也获得了高度的评价。美国虚拟实在哲学家海姆（Michel Helm）在他的《虚拟实在的形而上学》中，甚至将麦克卢汉与海德格尔相提并论，认为这两个人是20世纪的大智者，在欧洲和北美享有盛誉。这两位智慧巨人都将技术看做是20世纪的中心问题：海德格尔给出了技术是一种实在的身份，而麦克卢汉则发现一切都逃不出电子媒介的网眼。此外，麦克卢汉以科技作为动因解释社会变迁的观点中的合理成分，启发了人们对于（作为当代科技重要组成部分的）传媒技术的重要作用的思考。

二、波斯特的“信息方式”

美国学者、加州大学厄湾校区历史学教授马克•波斯特（M.Poster）在其1990年出版的同名著作中提出了“信息方式”（the mode of information）这一概念。在他自己为该书的中文版所写的序言中说：“《信息方式》探讨了后结构主义理论与电子媒介交流的关系，指明前者如何使后者可被理解，而后者又是如何破坏并改变前者的轨迹。因此，《信息方式》首开一种思考方式，但并未将其触觉伸及它的所有意蕴……其后，我于1995年出版的《第二媒介时代》一书则力图纠正这本书的某些不足。我特别对后结构主义和电子传播的结合提出来的一些政治问题，开始进行更为详细的考察。”[1]故两本书构成了波斯特信息方式理论的主体。

[1] [美]马克・波斯特：《信息方式》，范静哗译，商务印书馆，2001年，中文版序言第2页。

波斯特将信息方式类比于马克思的生产方式，认为可以从这个新的视角来考察社会的变化。在他看来，如果说马克思是按照生产方式的变化对过去进行区分和分期（区别不同的生产手段与生产关系的组合），那么“我所谓的信息方式也同样暗示，历史可能按符号交换情形中的结构变化被区分为不同时期”；如果说马克思的生产方式作为对资本主义时期的隐喻：它强调经济活动，把它看做是“终极的决定性因素”，那么“当今文化也使‘信息’具有某种重要的拜物教意义”，“信息已变成我们文化中一个备受瞩目的术语……信息被当做当代生活的钥匙呈现在人们面前”[1]。正因为如此，他要用“信息方式”来替换马克思的“生产方式”，作为说明当今社会以及整个历史的基点，这就使得他的“信息方式”不仅具有了“社会语境”的意义，也具有了他所反复强调的“历史语境”的意义[2]；抑或使得“信息方式的出现……带来了改变社会形态的前提”[3]。

信息方式的一个重要方面是信息的传播方式。波斯特认为人类的信息传播方式经历了“口头传播”、“印刷传播”和“电子传播”三个阶段，不同的阶段有不同的特征，并形成了不同的人际关系结构。例如，第一个阶段即口头传播时是符号的互应，人和人是一种面对面的关系，所以人被构成了语音交流中的一个位置；第二阶段即印刷传播时则是意符的再现，此时的自我被构建成一个行动者，它处于理性与想象的自律性的中心；第三阶段即电子传播时是信息的模拟，该阶段的持续的不稳定性使自我失去了中心化位置，成为分散化和多元化状态。在每个阶段，语言与社会、观念与行动、自我与他者的关系各不相同。[4]在这个意义上，传播史就是人类文明史，作为传播技术的信息技术的演变建构了整个人类历史的演变。

波斯特在他后来的《第二媒介时代》中又将信息技术的发展分为“第一媒介时代”和“第二媒介时代”：“信息制作者极少而信息消费者众多的播放型模式占主导地位的那个时期，亦即我所称的第一媒介时期”[5]，而在第二媒介时代，“当大众媒介转换成去中心化的传播网络时，发送者变成了接收者、生产者变成了消费者、统治者变成了被统治者，这样，用来理解第一媒介时代的逻辑就被颠覆了”[6]。但这样的分法并不改变其媒介技术决定历史分期的看法。

媒介决定历史是通过媒介决定历史的活动者——作为主体的人——来实现的。在波斯特看来，主体是在交往行动中及交往结构中被构成的，也就是被作为传播技术的信息方式构成的。交往模式影响着主体的构成方式。当语言从口传包装和印刷包装，转换到电子包装时，主体和世界的关系也就要被重新构造。“社会场景越来越由电子媒介交流所组成”[7]，于是，起操纵作用的信息方式往往塑造着人们行为的特征。于是，主体的建构是在信息方式中进行的，不同的信息方式形塑了不同的主体。

历史的一个重要特征体现为不同的思想文化传统，而思想文化传统也是和当时的信息方式分不开的。一个最典型的事例是，启蒙运动这一思想传统的根源就是印刷文化。从传播媒介的角度看，印刷的句子排列、页面上文

[1] [美]马克·波斯特：《信息方式》，范静哗译，商务印书馆，2001年，第13，15页。

[2] 波斯特虽然规定“电子媒介交流就是所谓的‘信息方式’”（《第二媒体时代》第83页），但由于也使用“信息方式的改变”的说法以及论及到历史上不同的信息方式，因此可以认为有更广义的含义，即包括历史上所有媒介形式的信息方式，形成所谓“狭义信息方式”与“广义信息方式”之别。

[3] [美]马克·波斯特：《信息方式》，范静哗译，商务印书馆，2001年，第85页。

[4] [美]马克·波斯特：《信息方式》，范静哗译，商务印书馆，2001年，第13～14页。

[5] [美]马克·波斯特：《第二媒介时代》，范静哗译，南京大学出版社，2000年，第6页。

[6] [美]马克·波斯特：《第二媒介时代》，范静哗译，南京大学出版社，2000年，第45页。

[7] [美]马克·波斯特：《信息方式》，范静哗译，商务印书馆，2001年，第20，28页。

字的稳定性、白纸黑字系统有序的间隔、出版物的空间物质性等特性使读者能够远离作者，个体能站在政治、宗教等相关因素的网络之外独立地阅读思考，这就促进了具有批判意识的个体的形成。与口传文化中话语的稍纵即逝相比，印刷文化提升了作者、知识分子和理论家的权威与地位。而在电子媒介交流中，用于交流的语言发生了重要的变化。“电子传播把巨大的距离和时间的瞬时性结合起来，使说话人和听话人相互分离又彼此靠拢。语言不再表征现实，不再是用来强化主体的工具理性的中性工具：语言变成了，或者更确切地说，重构了现实。”[1]电子媒介中的“电子书写”“使西方思想的伟大传统所描绘的主体形象失去稳定性”[2]，这实际上造成了我们今天所说的“后现代”的文化特征，而印刷文化所造就的则是具有“现代性”的文化特征。

信息方式的演变不仅造成了个人以及人际关系结构和文化特征的变化，而且“信息保存和传输的每一种方法，都深深地交织在构成一个社会的诸种网络中”，并制约着社会的状况，“例如，人口达到一定规模后，如果没有文字记录，政府便不可能扩展。口头传信员只能依赖记忆，这严重限制着国力”[3]。由于政治事件、社群形态、经济体制都得由交流媒介进行协调，所以信息技术的状况极大地影响着社会的运行乃至社会的全部状况，或者说信息（传播与处理）方式的任何一次变革都会引起社会的巨大变化，造成社会秩序的重大改变。所以借用马克思的说法，认为如果手推磨与封建社会相联系、蒸气磨与资本主义即现代社会相联系，那么电子化通信手段则正在导致我们超越现代社会：电子“信息方式意味着马克思所知的工人阶级的结束。随着电脑被引进工厂担负起工人与机器之间关系的中介作用，一种新的工人/主体得以构建，该工人/主体的劳动已不再是工业资本主义时期典型意义上的劳动。劳动已不再是一种体力行为，倒更像是一种脑力运作，是阐释监视器上的符号这样的认知行为”[4]。

在他所侧重的当代社会中，“电子媒介的交流系统，改变了我们思考主体的方式，也带来了改变社会形态的前提，电子文化促成了个体的不稳定身份，促成了个体多种身份形成的连续过程，并且提出了一种超越现代的社会形式的问题，提出了后现代社会的可能性这个问题”[5]。如果再结合他前面进行的技术分期，则可形成这样的“信息方式—社会面貌”图景：口头传播为主的信息技术与前现代社会相对应，印刷传播为主的信息技术与现代社会相对应，而以电子传播为主的信息技术与后现代社会相对应，三种主要形态的

❶［美］马克·波斯特：《第二媒介时代》，范静哗译，南京大学出版社，2000年，第87页。

❷［美］马克·波斯特：《信息方式》，范静哗译，商务印书馆，2001年，第135页。

❸［美］马克·波斯特：《信息方式》，范静哗译，商务印书馆，2001年，第15页。

❹［美］马克·波斯特：《信息方式》，范静哗译，商务印书馆，2001年，第174页。

❺［美］马克·波斯特：《第二媒介时代》，范静哗译，南京大学出版社，2000年，第85页。

信息方式的跃迁造就了人类历史的最宏观的分期。

在波斯特以上的“信息方式历史观”中，可以看到两个明显的“转变”，一是从生产方式到信息方式的转变：如果说马克思的生产方式强调生产活动是首要地位并以此作为历史分期的标准，那么波斯特则强调交流（交往）在人们的社会活动中的核心地位，并以此作为新的历史分期的标准。二是从当代信息技术到全部信息技术的转变，即从“电子介入”的说明方式可以进一步扩展为“信息技术介入”的说明方式，并用后者考察人类整个文明社会的历史进程，从而使我们看到：传播史决定文明史，而传播史就是信息技术史。[1]“信息保存和传输的每一种方法，都深深地交织在构成一个社会的诸种关系的网络中”[2]。而不同历史时期社会的性质和整体面貌，无非就是这里提到的“社会的诸种关系的网络”。

当然，波斯特的重点还是在于当代信息方式与后现代的关系，他说道：“我总的论题是，信息方式促成了语言的彻底重构，这种重构把主体构建在理性自律个体的模式之外。这种人所熟知的现代主体被信息方式置换成一个多重的、撒播的和非中心化的主体，并被不断地质询为一种不稳定的身份。在文化层面上，这种不稳定性既带来危险又提出挑战，如果它们成为政治运动的一部分，或者与女性主义、少数种族或人种群体以及同性恋立场的政治相联系的话，它们可能会引发对现代社会制度和结构的根本挑战。”[3]因此他的重点是关注电子信息对人类行为产生何种影响，以及它又会产生何种新型的社会构型。他指出，在电子媒介中，一套新的语言/实践冲击了面对面及印刷文字下的种种既存语言/实践；电子媒体引发了电子语言，这种语言既无处不在又处处不在，既永远存在又从未存在。它可谓是物质/非物质。电子媒介对言说与书写的区别提出质疑，同时也对与此对应的传播史提出质疑。信息方式开始了对以前的所有语言形式的再思考。[4]“在信息方式中，主体要想辨明能指流‘背后’的‘真实’存在已越来越困难，甚至可以说毫无意义。结果是，社会生活已部分地变成一种操作，将主体的目的定位成接收并阐释信息”[5]。这也表明，后现代的许多特征以及许多思潮的出现都是与电子传播的信息方式相关的，或者是由其决定的。当然进一步看，两者之间的关系也是互动的：一方面，电子媒介对后现代语境中的话语和主体的构成都起着重要的决定性作用；另一方面，以后结构主义为代表的后现代主义思潮的出现和迅速发展，可能又印证了提出信息方式概念的迫切性和合理性。但总的来说，波斯特还是更强调信息方式在信息时代的决定性作用，并把这一作用

[1][美]马克·波斯特：《信息方式》，范静哗译，商务印书馆，2001年，第14页。

[2][美]马克·波斯特：《信息方式》，范静哗译，商务印书馆，2001年，第15页。

[3][美]马克·波斯特：《第二媒介时代》，范静哗译，南京大学出版社，2000年，第84页。

[4][美]马克·波斯特：《信息方式》，范静哗译，商务印书馆，2001年，第117页。

[5][美]马克·波斯特：《信息方式》，范静哗译，商务印书馆，2001年，第24页。

与后结构主义思潮，诸如福柯、德里达、利奥塔和鲍德里亚的思想相联系起来，认为这些所谓“后现代”或“后结构主义”思潮的出现是信息方式决定的结果，正是信息方式的改变、电子传播媒介的崛起导致的歧见、矛盾以及反总体化的效果，形成了批判理论如上所述的那些当今形式。

可以说，波斯特的信息方式试图在两方面仿照马克思的生产方式概念的功能，即划分历史时期的功能与对历史的决定性的功能。波斯特的逻辑似乎是，技术导致了文化领域中的质变，从媒体使交流方式发生改变的角度来认识社会的变化。他的这种观点类似于提出“信息（技术）的形式决定了文明的形式”这样一种广义的“信息技术决定论”。

三、信息方式与媒介决定论：差异性与统一性

波斯特晚于麦克卢汉，它的信息方式是从直接描述电子信息技术、网络社会、数字时代而产生的，而麦克卢汉的“媒介”虽然被有的人认为预测了数字时代的到来，但毕竟只是描述了电视出现为止的信息技术，因此在“新旧”程度上两者有所不同。

波斯特的“信息方式”即使从广义上，从超出了电子信息技术的意义上，也还是主要局限于信息技术，例如他对媒介的理解就是如此：“这样定义媒体也许更恰当些，即把媒体定义为传播系统，这些系统构建了一个未知的接收者群体，换言之，它们拥有抽象的受众。如若这样，媒体便是一些信息中心，向广大公众传递话语及图像。”[1]而麦克卢汉的媒介技术，则在没有确指的基础上，含义模糊，包括了许多非媒介的技术，常常是泛指“技术”的用语，例如在《理解媒介》中，他专列了近30种媒介：口语词、书面词、道路、数字、纸路、服装、住宅、货币、时钟、印刷品、滑稽漫画、印刷词、轮子、自行车、飞机、照片、报纸、汽车、广告、游戏、电报、打字机、电话、唱机、电影、广播电台、电视、武器、自动化。而作为媒介的技术，一个基本功能就是使人得到延伸：“一切技术都是肉体和神经系统增加力量和速度的延伸。而且，除非力量和速度有所增加，人体新的延伸是不会发生的，发生了也可能被抛弃。”[2]这里足见“媒介”作为一般技术的含义。在通常的理解中，媒介只是延长大脑和神经的技术，而在麦克卢汉看来，只有电子媒介是人的神经系统的延伸，以前的一切媒介都是人的部分的延伸。

如果把“媒介”也视为“信息技术”的话，波斯特和麦克卢汉其实对

[1] [美]马克·波斯特：《信息方式》，范静哗译，商务印书馆，2001年，第62页。

[2] [加]马歇尔·麦克卢汉：《理解媒介——论人的延伸》，何道宽译，商务印书馆，2000年，第127页。

“信息技术”的理解既有同也有异。除了上面所述之异，他们还有相同，这就是我们今天也常常需要从狭义和广义的不同层次上去理解信息技术，如狭义的信息技术就是指当代信息技术，主要是由与通信相结合的计算机技术和互联网技术所组成，同时还包括专家系统、成像技术、自动化技术、机器人技术、传感技术和机械电子技术等。而广义的信息技术则指凡是能够提高和扩展人类信息能力的方法和手段。在这种区分的意义上，波斯特和麦克卢汉都是后者的使用者。

在对信息或媒介技术的历史阶段以及人类文明发展历程的阶段的划分上，麦克卢汉持“媒介传播四期说”和“文明发展三阶段说”；波斯特虽然没有对与此对应的社会文明作出明确的三阶段划分，但从他对“主体”存在的三种不同方式所对应的信息方式的三阶段，足可以见到类似的思想。如果把麦克卢汉的“拼音文字传播”和“机器印刷传播”合为一个大的阶段，则与波斯特的三阶段说完全吻合，而事实上它们也是一个大阶段所细分的两个小阶段，这个大阶段就是从古希腊开始的掌握了拼音文字的西方文化直到电力媒介的出现，对应的文明形式就是所谓“非部落化”时期，是现代社会在西方兴起并向全球扩张，并把全球带入统一世界史的阶段，而拼音文字和印刷媒介是这一阶段的主导媒介。

波斯特后来也多使用“媒介”一词，将信息技术史分为“第一媒介时代”和“第二媒介时代”，并对媒介技术本身的区分提出一种基于信息学的看法：“人们可以从纯技术的角度考察媒介，以它们传递信息单元的能力对媒介进行评价，从某种程度上说这是可行的。于是人们所要问的问题便是：能有多少信息会以多么少的噪音按何种速度跨越多远的距离传递到多少地点?”[1] 在此基础上他也倾向于“媒介决定论”。虽然波斯特对技术决定论有所批判，但实质上所主张的仍是这一观点。

[1] [美] 马克·波斯特：《第二媒介时代》，范静哗译，南京大学出版社，2000年，第36页。

可见，他们所主张的基本都是“三段论”，这种划分方法也和“信息社会”理论的分法一致：农业社会、工业社会、信息社会，或前工业社会、工业社会、后工业社会，或前现代、现代、后现代……只不过，信息社会理论中，没有用信息技术去说明它对前两个阶段的影响，而在这里波斯特和麦克卢汉则用信息技术去说明了它对全部人类历史的影响，于是在这一点上，他们又形成了一致：实际上是类似于提出了“信息技术的形式决定了人类文明的形式”这样一种广义的“信息技术决定论”，从而成为一种新的历史哲学。

如果认为信息技术决定历史，显然会引出一个技术哲学的问题：媒介

（信息）技术在技术系统的特殊地位问题，它是否具有不同于一般技术的特征，是否总具有高于一般技术的重要功能，是否总具有“划时代”（即划分历史时期）的意义？如果在“技术决定历史”的基础上进一步认为“媒介技术决定历史”，就隐含了媒介（信息）技术决定一般技术的关系，尤其是媒介技术决定生产技术的关系。或者说，不仅当代信息技术起到了“主导技术”的作用，而且历史上的信息媒介技术也起到了“主导技术”的作用，这样的观点是否成立？至少在麦克卢汉和波斯特那里是成立的，例如他们对印刷技术的分析就得出了近代工业社会是由其导引出来的结论。由于当代的技术革命标志——信息技术，既是媒介技术，也是产生技术，两者的合二为一使得两种技术的关系问题并不突出。而作为近代技术革命的重要方面，媒介技术革命（印刷技术的出现）与生产技术革命（蒸汽机）则是分离进行的，于是必然产生出两者之间的关系问题：蒸汽机确实是印刷机的产物或逻辑延伸吗？谁更能作为近代技术革命的标志？中国的活字印刷术比西方出现得更早，难道仅仅是因为如同麦克卢汉所说的不是拼音文字的印刷术，所以才没有导致蒸汽机从而工业革命的出现吗？由此还可以追问，媒介（信息）技术和生产技术分离时的技术特征与社会特征是什么？而两者结合时又是什么技术特征和社会特征？一个社会的技术水平和标志，是看其生产技术的水平还是媒介（信息）技术的水平？凡此种种，都可以视为从技术哲学需要进一步走向信息技术哲学的问题，也是信息技术决定论背后的未竟问题，需要我们更深入地去加以探讨。

包锡妹，女，山东临沂人。山东曲阜师范大学政治系学士，北京大学法律系法学硕士。现为中国青年政治学院教学评估处副教授。讲授经济法、竞争法等课程。撰有专著《哲学争鸣录》（齐鲁出版社1989年6月）、《企业法市场主体法的基础理论与实务》（人民法院出版社1999年12月）、《反垄断法的经济分析》（中国社会科学出版社，2003年7月）；论文《外商投资企业法中的几个问题》（《东方论坛》2001年第2期）、《我国经济法调整对象研究述评》（《中国青年政治学院学报》2003年第3期）、《经济法的产生与发展》（《东方论坛》2003年第4期）、《消费者权益立法问题研究》（《中国青年政治学院学报》2004年第3期）等。

❶《逃避自由》[美]E.弗洛姆著，北方文艺出版社，1987年6月第一版。

内容简介：

《逃避自由》一书是当代西方著名心理分析学家弗洛姆（Erich Fromn，1900～1980）所写的一本哲学著作，也是他众多著述中比较著名的一本。该书以现代社会的“自由”为主线，从“自由”给现代人带来的双重意义，到试图逃避自由的心理机制，以及如何摆脱消极意义上的自由等方面进行了独到的分析。尽管弗洛姆给出的答案并不是最佳的选择，也没有完全解决现代人的困惑，但弗洛姆的观点至少让我们明白了自由给人带来了独立与理性，这是人类文明的开始，也是人类文明的标志。而所有这一切对于我们今天重新反思“自由”的价值具有重要意义。

我看弗洛姆的《逃避自由》

■包锡妹

人活在世上，不管男女老少，总会经历一些在自己看来不能忘却或是值得回味的人或事。我这里要说的是一本书——《逃避自由》❶。

初识《逃避自由》是在1987年底，我正经历着失去父亲的痛苦，生活中缺失了蓝天，迷失了方向。王府井新华书店偶遇《逃避自由》，映入我眼帘的是“逃避”，当时的我对这两个字极为亲近。初次阅读，囫囵吞枣，却在心里有一种似曾相识的感觉。此后时常翻阅，有对自己青葱岁月的回忆，也有对书的细细品味和新的感悟。我一直保留着这本已经泛黄、封面和纸张在现在看来过于朴素和简单的小书。岁月如白驹过隙，鬓角已染上白霜，我依然对这本小书爱不释手。只是现在的我有了对“逃避”和“自由”重新的解读，或许少了些幻想与浮躁，沉淀下来的是平和与守望。因为岁月让我逐渐明白了生命的厚重是要用经历去积累的。

一

在我看来，阅读《逃避自由》一书，首先要了解两个概念：一是逃避；二是自由。

“逃避”从字面上理解有逃离、逃脱、避开、躲开之义。之所以要“逃避”意味着想躲开、远离不愿意看到或者不敢接触的事物。如果进一步引申“逃避”一词的意义，它还意味着不愿意承认现实或不愿意承担责任。我初读《逃避自由》一书时，恰恰是我不想面对也不愿意承认父亲已经离我远去的事实。“父亲”犹如我的天空，这对每个儿女来说并不难以理解。当天空塌陷之时，我没有了“家”，我不愿意长大，因为长大意味着要担当，要面对，我想逃避。人的一生中总会经历一些难以选择、难以面对的事情，所以想要逃避的心理人皆有之。“逃避”在我看来也是一种解决问题的办法。逃避就是不去直接面对，让时间冲刷一切，让时间消磨矛盾和困境。当然这是一种消极的对策。既然是消极面对，就是有选择的，并不能解决所有的问题。

与“逃避”相对应的，表现出的积极的心态是迎接、面对、承认，更深层面上的意义则是责任，是担当。勇于“迎接和担当”是一种积极的对策，是一种胸有成竹的面对，不是一时的莽撞和豪言壮语，是要有条件的，不仅是物质上的准备，更是心理上的接纳。

“自由”一词理解起来较为复杂。哲学上讲自由，法律上讲自由，政治学中也讲自由。但是作为我们一般人来说，更愿意这样理解“自由”。自由就是我想做什么就做什么，我不想做什么就不做什么。此时“自由”总是同这样的词语相联系：自由奔放，自由自在、无拘无束。自由与蓝天、白云同在；自由与阳光、氧气相伴。自由表示了一种独立，一种主张，一种个性，一种与别人的不同。

与自由相对应的是束缚、约束、控制。束缚意味着捆绑，使受到限制，使停留在狭窄的范围里。控制则是指掌握，并使其不能任意活动或超出范围。束缚、控制使你的身体不能够自由舒展，你的思想不能够自由表达。历史上的仁人志士曾经这样说过：“不自由，毋宁死”；“生命诚可贵，爱情价更高，若为自由故，二者皆可抛”。自由被赋予了比生命更高的价值，自由是多么的令人神往。

“自由”之如此美妙，为什么现代人还要去逃避自由？

二

弗洛姆在《逃避自由》一书中对现代人逃避自由的心理状态进行了分析。他提出不论是个人的生命成长过程，还是人类社会的发展历史，都会经历从渴望自由再到逃避自由的过程。

从单个人的生命成长史来看，婴儿脱离母胎，呱呱坠地，成为一个独立的生物个体，这是个体生命存在的开始。但是这时的婴儿与母亲并没有完全分离，特别是在心理上，婴儿与母亲紧紧地依偎在一起，并且要经过一段相当长的时期。弗洛姆将这种心理依附关联称为“原始关系”。这种关联对孩童来说是必要的，因为这种“原始关系”不仅为孩童遮风避雨，而且给予孩童以安全感、相依感和附着感。但这种关联的代价是孩童在母亲的视野之内和控制之下，缺少的是“自由”与独立。正如弗洛姆所说“只要个人尚未完全割断这个把他与外界连接在一起的‘脐带’，他便没有自由”。

当孩童的身体日渐成长，心智、情绪和精神等方面日益成熟，从少年到青年，不断挣脱“原始关系”，渴望自由与独立的要求也就越发强烈。一个由个人意志和理性引导的，有组织的“构造”在日渐发展。弗洛姆把这一有组织而完整的“构造”称做是“自我”（self）。“自我”的认知是“个人化成长过程的一面，即自我实力（self-sterngth）的成长”，也是对个性、自由、独立的不断认知。 当孩童、少年从世界“脱颖”而出，并逐渐发现自己与这个世界并不一致时，人的觉醒开始了。人突然意识到自己与这个世界不同。“我”是一个独立和有意识的生物体，“我”要主宰自己的命运；展现自己的个性，表现自己与别人的不同。自主、自立，自由的心声从心底里迸发出来。

然而，个性化成长过程的另一面则是“日益的孤独”。“原始关系”对于成长中的个人来说，虽是一种束缚，但却是一种安全，一种依附。当人意识并获得了独立与自由时，孤单、孤独的情感也就相伴而生。因为你与这个世界不同，你与其他的个体相区别，你是自由的，却又是孤单的。孤单的个体面对变化莫测而又难以掌控的世界时，便是“日益的孤独”。正像弗洛姆所说，只要一个人是这个世界的完整的一部分，只要他没有觉察到个人行为的可能性与责任，那么他便不必害怕这个世界。而当一个人成为一个独立的整体时，他便觉得孑然孤立而面对着一个充满危险的世界，此时想要放弃个人独立的冲动，想要把自己完全隐没在外界中，即以克服孤独及无权力的感觉便油然而生，他想逃避，逃避由自由而带来的孤独与无助。

可见“个人化过程”是渴望并争取自由的过程，也是生命在生理和心理上的一次“断乳”经历，而人对于自身的认识则是喜忧参半的，是渴望自由与逃避自由在人的心理中纠结相伴而行的。这种心里感觉随着人的不断成长和成熟愈发的强烈和明显。

人类社会对自由的梦想与单个生命个体的成长经历有着相似的过程。

弗洛姆认为，在动植物种类的演化史上，人类历史也是伴随着渴望获得自由又逃避自由的日渐“个人化”的过程。当人类试图摆脱强制性本能时，便开始脱离人类以前的阶段。在动物界可以观察到这样一种明显的趋势。就发展的程度而言，越是低等的动物，越能适应大自然，其活动也越易受本能及其反射行为机制的控制。而越是发展程度较高的动物，适应自然的程度和本能的发展反而越低。人类使这种状态达到了巅峰。初生的时候，人类是所有动物中最不能自立的。人类之适应自然，主要是靠学习的过程，而不是靠本能的决定。正像弗洛姆在书中所引用的一句话所说的“在高等动物，尤其是在人类方面，本能若不是一个日益消失的，也是一个日益萎缩的东西”。当人类的本能不再能够抵御大自然的侵蚀时，人类要生存，要发展，就要用其他的方式来补救自己本能的不足，于是文化的产生与发展就成为必然。

人类本能的弱化，文化的发展也可以说是日渐获得自由的过程。人类发展史就是冲突与奋斗的历史。在日渐个人化的过程中，人类每前进一步，便遭到新的不安全的威胁。原始的束缚一旦被割断了，便不会再修复。一旦丧失了天堂，人类就不能重返天堂。只有一个可能的办法，可以解决已个人化的人与世界的关系，那就是：积极地与所有的人联合起来，以及他自发自愿的活动——爱与工作——借着这种办法，而不是借着原始关系，以一个自由而独立的个人身份，再度把他与这个世界连接起来。对此弗洛姆以中世纪与现代社会的比较为例进行说明。他指出，中世纪与现代社会的不同特点在于，中世纪缺少个人自由。在中世纪的初期，每一个人都被锁住了，在社会的秩序里，他只能扮演指定的角色。每一个角色生根在一个结构固定的整体中，没有自由，但却有安全，而这种安全又是以牺牲自由为代价的，是把人束缚、固定起来的。中世纪后期，这种社会结构与人的人格发生了变化。中世纪社会的统一性与集中性变得微弱了，模糊了。文艺复兴、新兴资本主义的发展打破了中世纪的一统、集中的天下，也打碎了中世纪对人的束缚。人被从神的禁锢中解救出来。清新的空气，蔚蓝的天空，自由的飞翔。“中世纪封建社会的瓦解，对社会各阶层，都具有一项重要的意义：他自由了……他成为自己的主人，可以按照自己的能力来过生活——不必听命于他人。”他可以随性地作为和独立地思考，人们获得了久违了的自由。然而，在弗洛姆看来这种自由具有双重的结果。即人获得自由的同时，也失去了他以前曾经拥有过的安全感和归属感。天堂永远地失去了，人类孤独地面对着这个世界，犹如一个陌生人置身于无边无际且危险重重的世界。自由带来的不安、无助、怀疑、孤独以及焦虑一齐涌上心头。自由，看似是人类不朽的追求，人们热爱它，推崇它，但在弗洛姆的眼中，“自由”也就意味着孤独，自由会令不成熟的任性感到害怕，甚至崩溃。人们追逐自由，又逃避自由。

三

弗洛姆认为，自由对现代人来说具有双重意义，一方面，人在现代社会中脱离了中世纪时的传统权威，人在社会秩序中的位置不再是被中世纪的种种清规戒律束缚、禁锢，因而他获得了自由，成为“独立的个人”。但是另一方面，独立的个人在解脱了以往那种一度使生命意义缺失的束缚之后，也就失去了中世纪时代生活在固定的社会结构中的安全感与归属感，于是他感到孤立与不安全。可见，弗洛姆所说的自由具有两面性。从积极的方面来说，自由使个人摆脱束缚，独立自主；从消极的方面来说，个人因此失去了过去依附和安全的纽带，变得无能为力、微不足道。以往人们只注意和强调自由的美好、积极的一面，不注意或忽略其消极的一面。而自由的消极的一面，在更深层面上的含义是孤独，即给你自由也就意味着你要去承受孤独，要去独立担当责任。弗洛姆在《逃避自由》一书中提到“自由是表示人类存在的一个特征，以及人类只发现其为一个独立而个别的生物的程度不一，而自由的意义则视此种发现的程度而改变。”

由此可见，弗洛姆所说的现代人为什么要逃避自由，并不是不要自由，而是不愿意面对自由之后要面临的孤独。我们不禁要问人类为什么害怕孤独？害怕什么样的孤独？

就我个人理解，害怕孤独是因为还没有做好“独立”的准备。独立与孤独不同。孤独有孤单、孤立之意，既不能得到同情与援助，又与其他事物不相联系，形单影只。而孤独在心理上表现得更为强烈的是恐惧，是一种从身体到心灵都渗透着冷清、孤单的恐惧。正如自由的另一对立面是依靠、依附、归属。对于没有长大的孩子，或是在心理上还没有做好“独立担当”准备的人来说，更愿意有所依靠，有所归属。独立是一种做好了准备的自立，是可以不依靠、不隶属、不受制于他人的自立，是一种耐得住寂寞且能够自我排解、自我升华的自立。害怕孤独还是对变化多端、不确定的外在世界所表现出来的一种无能为力的反应和无助，所以恐惧，所以想逃避。正如古希腊克利斯蒂尼时期所实行的“贝壳放逐法”[1]，当一个孤立的个人面对充满敌意的大千世界时，一定是孤独而又无助和恐惧的。所以，现代人要逃避，要逃避自由带来的孤独。那么，如何逃避，逃到哪里去？弗洛姆分析了逃避的三种心理机制：

一是极权主义。这是弗洛姆所谈到的第一种逃避的心理机制，它是指个人有放弃其自己独立自由的倾向，而希望与自己不相干的某人或某事结合起来，以便获得他所缺少的力量。换句话说，也就是去寻求新的第二个束缚，来代替其已失去的原始约束。这种心理机制最明显的表现就是企图服从与支配他人。对于企图服从的这类人主要是他们想要轻视自己，使自己软弱而不愿去主宰一切。他们有一种显著的象征，就是愿意倚靠别人、组织，以及大自然或自身以外的任何力量。弗洛姆分析说，正如孩童不能重新投入母胎中的情形一样，在心理上，他也不能倒转个人化的过程。如果想要回到“原始关系”的状态，就必须采取“服从”的态度。但是在服从的过程中，权威与服从此权威的孩童之间的基本矛盾并未曾消除。在意识上，孩童、少年会有一种安全感与满足感，但是随着时间的推移他发现他所付出的代价是放弃自己的力量及完整性，即放弃自己为之奋斗而获得的自由。因此服从的结果与当初想要服从的目的正好相反；服从不仅增加了孩童、少年的不安全感，同时产生了敌意和更大的反抗。与此相对的是另一类支配他人的人。弗洛姆提出一个人希望去统治或伤害他人，虽然不是一件好事，但却是一件自然的现象。正像霍布斯（hobbs）所说“这不过是人类通常的倾向”，也可以说是“人类对权力欲望永无止境的嗜好，”对他来讲权力的欲望并无罪恶，完全是人类为了自身享受与安全的一种合理的现象。权力的欲望亦是人类的天性，也是强者生存的合理的生理现象。上述两类人的极端表现就是被虐待狂与虐待狂。弗洛姆认为上述两种情况都是忍受不了自由带来的孤独而逃避自由的结果。

二是破坏行为。弗洛姆所说的破坏行为是产生于个人无法忍受的无权力感及孤独感。破坏行为是一种深藏人心中，时刻在等待时机与以发泄的癖

[1] 贝壳放逐法（Ostracism），也被翻译为“陶片放逐制”、“陶片流放法”、或“贝壳放逐制”等。贝壳放逐法是古希腊雅典等城邦实施的一项政治制度，由雅典政治家克利斯蒂尼（Cleisthenes）于公元前510年左右创立，约公元前487年左右陶片放逐法才首次付诸实施。雅典公民可以在陶片上写上那些不受欢迎人的名字，并通过投票表决将企图威胁雅典民主制度的政治人物予以政治放逐。被放逐的人失去了身份，没有保护，成为一个危机四伏的人。

性。破坏性与上述的极权主义不同在于它的目的不在于主动还是被动，而在于想消灭它的目的物。正是因为“我”把外在的东西摧毁了，所以“我”可以免除我自己无权力的感觉。如果“我”成功地消灭了外在的目的物，我还是孤独的和孤立的。但是，“我”这种孤独是一种绝佳的孤立状态，在这种孤立的状态中，外在的目的物之力量，不能再压服于我了。对此，弗洛姆的解释是，“生命有其自己的内在动力；生命有生长及表现自己的倾向。如果这种倾向受到阻碍，以发展生命为目的的精力，便会走上分解的过程，并且转换为以破坏为目的的精力。换句话说，求生的冲动与要破坏的冲动，是一对相辅相成的互相依赖的关系。求生的冲动受阻越大，想要破坏的行动也越强；生命力实现得越多，则破坏行为的力量越小。破坏行为是生命力发展受阻的结果，因为压抑生命的种种个人的以及社会环境，便产生了想要破坏的欲望。”

三是舍己的自动适应——为了克服自己不重要的感觉，有的人放弃其个人人格的完整性，有的人则摧毁他人。弗洛姆认为，这些方法并不是避免孤独与焦虑的唯一方法。另一种方法，也是唯一的一种有创造性的方法就是人类和自然自动自发地建立关系，这种关系是在不否定个人的情况下，把个人与世界联系起来。这种关系——其最大极致的表现就是爱与创造性的工作。这是弗洛姆提出的所谓积极的、具有极大社会意义的逃避现实的心理机制。这个逃避现实的心理机制是大多数正常人在现代社会中所发现的解决办法。简而言之，就是：个人不再是他自己，他完全承袭了文化模式所给予他的那种人格。因此他就和所有其他的人一样，并且变得就和他人所期望的一样。这样，“我”与世界之间的矛盾消失了，对孤立与无权力的恐惧感也就消失了。由此可见，当一个人放弃了他独有的个性，变得和周围的人一模一样，便不会再感到孤独与焦虑，这就是弗洛姆所说的“舍己的自动适应”。

弗洛姆认为，上述逃避自由的三种路径能够帮助人忘记自己是孤独的个体，但由于牺牲了个人的自我完整性，所以得到的不过是不堪一击的安全感。由此，西方现代文明的“自由”又使人再度陷入新的枷锁之中。于是弗洛姆又提出了建立“积极性自由状态”的主张。他认为，“人可以是自由而不孤独的，可以具有批评能力，而不会充满怀疑，可以独立而仍然是全人类的完整的一部分。获得自由的方法，是自我的实现，是发挥自由的个性。”

四

或许弗洛姆给出的答案并没有完全解决现代人的困惑，弗洛姆的三种路径只是他自己的分析与推测，并不是最佳的选择，或许在解决困境的路上还有第四种、第五种，但弗洛姆的观点至少让我们明白了自由给人带来了独立与理性，这是人类文明的开始，也是人类文明的标志。

人类在精神上有两种需求：一是对自由的追求，这是人类的梦想。人的存在与自由自始至终就密不可分。在亚当和夏娃偷吃了禁果的那一刻，人类就开始了找寻自由、实现独立梦想的历程。自由是人的本性，追求自由是个体成长发育的内在需求。因为他（她）希望与众不同，他（她）希望别人承认自己，他（她）希望自己能够在人群中脱颖而出，实现自我。二是人类天性中的“归属感”的需求，它深植于人类模式的本质与生活实践中。人是社会中的人，人离不开人群，荒岛上的鲁宾逊[1]的生活状态并不是他自己的选择，那是一种无奈和无助，他一定要回到人群中间来，人类社会才是他的归属地。由此看来，渴望自由、追求独立的人类，也要为自由付出代价，因为自由使人陷于孤独、充满忧虑、软弱无力。因为孤独所以逃避。

弗洛姆的《逃避自由》让我们对自由有了重新的诠释，也让我们明白了在这个社会中，我们每天都有很多事情想去做，做不了；有很多事情想去逃避，却逃避不了。当人陷入这样的一种境地时，我们应该做什么？生活给予我的启示是：接纳与面对。

生活的长河中，得与失相伴，胜与败交织，不会永远都是鲜花，也不会总是处处荆棘。生活中的不如意之事，是生活中的一部分，因为生活本来就是由甜酸苦辣组成的。学会接纳生活中给予你的一切，学会接纳自己，学会接纳别人。去做你能够完成的事情，去面对你能够改变的，去接纳你不能改变的。接纳不是逃避，接纳与鸵鸟政策[2]不同，接纳也是一种面对。自由会使人孤独，孤独会让人恐惧，但自由也是人类觉醒的开始。享受自由带给你的孤独，体验孤独带给你的感受。孤独也是一种独立，寂寞也是一种美丽。孤独可以让你有时间去审视自己，去扪心自问。思想的自由驰骋恰恰是孤独者的足迹。

人有悲欢离合，月有阴晴圆缺，这是自然赐予我们的不可抗拒的规律。而人类的趋利避害、趋乐避苦的本性又使我们永远都会伫立在追求与逃离、向往与避开的矛盾之中。正如边沁所说，人类由快乐和痛苦主宰——自然把

[1] 鲁滨逊：小说《鲁滨逊漂流记》（英文原名：Robinson Crusoe，又译作鲁宾逊漂流记，直译作鲁宾逊·克鲁索）中的人物。1719年3月英国作者丹尼尔·笛福根据水手亚历山大·塞尔柯克的一部分经历和自己构思，完成了自己的著名作品《鲁滨逊漂流记》。小说讲述一个在海难中逃生的水手在一个荒岛上凭借着自己的智慧与勇气，战胜险恶的自然环境，终于获救回到英国的故事。

[2] 鸵鸟政策：指不敢正视现实的政策（据说鸵鸟被追急时，就把头钻进沙里，自以为平安无事）。“鸵鸟政策”是个广泛使用的国际性成语，在欧洲各主要语言中，如英语、法语、俄语、德语中都有，而且被吸收为汉语成语。这个成语原自非洲，最初见于1891年9月1日英国的一家刊物上，后来陆续进入其他许多民族的语言中，成为一个世界普遍通用的形象比喻，常用来指那些不愿正视现实的政策或不敢面对险情的行径。

人类置于这两种力量的支配之下，它指示着我们应当干什么，决定我们将要干什么。是非标准，因果联系，俱由其定夺。[1]然而，需要做出选择的是我们自己，选择什么样的生存方式依然是我们自己。只是不要忘记在忙碌繁杂、眼花缭乱的世界中留心和滋润自己的精神家园，那是你灵魂存放的地方，也是你的心灵之乡。

阅读经典不同的人有不同的诠释，不同的时期有不同的感受。阅读经典是同伟人的一次人生对话、畅谈，你不必向经典低头，向权威谄媚。平等、自由是经典的骨骼。阅读经典是同伟人的一次生活探讨、辩论，你可以向经典质疑，向权威挑战。然而不变的是经典的精髓和永恒总能让你从中获得真谛。

去阅读经典吧，你会找到一片属于自己的天空。

[1]（英）边沁著：《道德与立法原理导论》北京：商务印书馆，2000年第一版，第57页。

后　记

此书的编辑及写作经过了多次讨论：到底要以一条什么样的线索结构全书，什么样的文章适合于入选等问题，多有争执。最后，入选“读经解典”的标准大抵有两个：其一，要能反映各学科老师们的新近的研究成果，关注20世纪90年代以来学术研究的最新趋向和理论；其二，要是一种学生读得懂的、喜欢的、自然生动的文体，而不是那些读起来太“硬”而丧失了文风的学术期刊体。为了做到这两点，大家一起反复讨论，多次重新校订、修改稿件，最后的成品就是摆在读者面前的这虽有瑕疵而不掩其光彩的“读经解典”系列的第一卷。

我们想为带动人文研究向教学深入作一点实质性的贡献。这几年北京市也相当重视提高大学生的人文知识水平，连续几年的大学生人文知识竞赛都意在提升大学生的丰厚的人文知识素养。在近些年的教学中，我们发现：原先期望大学生能直接阅读经典，但许多大学生与这一期望渐行渐远，他们较多沉溺于网络游戏或“奇幻文学”等，疏远经典，轻视经典。我们希望通过这一有目的性的“读经解典”，将他们的目光更多地引向人文思考，这就是这本书的最初创意：提升青年学子的人文素质。而整本书诞生的每一步，得到了校领导的大力支持，教务处相关负责人提出整体创意并与责任编辑共同策划，所有的撰稿老师热情参与、认真负责，特别是雷永生老师为本书命名“读经解典”，在此，一并向为此书工作的所有老师表示感谢！

最后，我们想就本书再讲二点：第一，这是第一次完全由本校教师针对本校学生的人文教育展开的全方位的“读经解典”，它提供了对一系列中西人文经典的较为详尽的理论分析和批判的视野。第二，这是一本把“趣味”隐藏于分析之中的交流之书。正因为它是一本交流之书，所以有许多文章都重在提出教师个人对经典的创见，这其中当然也难免一些错误与疏漏，希望读者多提宝贵意见。我们相信“读经解典”会继续编下去，也相信它们会对大学生人文素质的提升有所帮助。